# Code minier
# de la République de Guinée

**5-7, rue de l'Ecole-Polytechnique, 75005 Paris**

http://www.harmattan.fr
diffusion.harmattan@wanadoo.fr
harmattan1@wanadoo.fr

ISBN : 978-2-343-09208-9
EAN : 9782343092089

**RÉPUBLIQUE DE GUINÉE**
TRAVAIL JUSTICE SOLIDARITÉ
Ministère des Mines et de la Géologie

# Code minier de la République de Guinée

bilingue français-anglais

Code minier de la République de Guinée (le « Code minier (2011) »),
institué par la loi L/006/CNT du 9 septembre 2011,
tel qu'amendé par la loi L/2013/053/CNT du 8 avril 2013.

L'Harmattan

# PRÉFACE

Dès mon élection en 2010, j'ai placé le secteur minier au cœur des reformes à engager pour l'amélioration de l'environnement des affaires en Guinée. Mon ambition étant de faire de la Guinée un pays minier de classe mondiale dont le développement profite à tous les guinéens dans un cadre de partenariat gagnant-gagnant, la modernisation du code minier de 1995 était donc une priorité pour doter le pays d'un cadre légal et réglementaire propice à l'investissement et permettant d'instaurer une meilleure gouvernance dans le secteur minier.

Le premier code minier qui a précédé celui de 1995 fut adopté en 1986 par l'État Guinéen pour organiser la recherche, l'exploitation, le transport et la commercialisation des ressources minérales. Ce code peu connu, n'a pas permis d'atteindre les objectifs fixés. L'environnement socio-économique ayant nécessairement conduit à l'amélioration du cadre institutionnel et juridique, un nouveau code minier a été élaboré et adopté en 1995.

Le caractère relativement attractif du code de 1995 a permis la découverte des grands gisements de fer et bauxite économiquement exploitables. Aussi, la libéralisation du secteur a été approfondie en 1998 par le passage de société d'économie mixte à celui de société anonyme. Ces différentes reformes n'ont pas permis de développer le secteur minier à la dimension de son potentiel pour faire de la Guinée un grand pays minier. Face à cet état de fait, il était impérieux d'opérer une reforme en profondeur tant aux niveaux institutionnel, structurel, juridique et organisationnel du secteur minier. C'est dans ce cadre que le présent code minier a été adopté en 2011, et amendé en 2013 à l'issue de larges consultations avec le secteur privé, les partenaires au développement et d'autres parties prenantes. Ce code a permis d'adapter le cadre légal aux meilleures pratiques internationales, de créer les conditions d'un développement responsable du secteur, d'assurer la compétitivité internationale et des incitations financières à l'investissement. Le tout, dans l'objectif ultime de renforcer l'attractivité du secteur minier guinéen et d'optimiser les revenus de l'État et les retombées des activités minières sur les communautés riveraines.

Les reformes menées lors de mon premier mandat ont permis de poser les bases du développement minier de la Guinée en améliorant l'attractivité du secteur. L'objectif du présent mandat est de parachever ces reformes, atteindre l'essor effectif du secteur minier pour qu'il assure amplement son rôle de levier de transformation de l'économie et participe directement à une réduction significative de la pauvreté.

Le développement du secteur sur une base libérale met évidemment l'investisseur privé au cœur de nos actions. L'amélioration du cadre d'investissement est donc un impératif pour la Guinée. Au delà de ce code minier, le Gouvernement a déjà engagé la restructuration du ministère des mines et de la géologie à l'issue d'un audit institutionnel indépendant, la modernisation du cadastre et la création d'un guichet unique pour les projets miniers intégrés, et le renforcement des capacités de l'administration minière pour une amélioration significative de la facilitation et du suivi des projets miniers. Aussi, l'amélioration de la transparence et de la gouvernance dans le secteur constitue un gage de protection de l'investissement minier.

La relance de l'économie est la priorité pour le gouvernement avec un accent particulier sur celle du secteur minier. La mise en œuvre de ce code garantit la réalisation effective des intérêts de toutes les parties prenantes, avec la mise en valeur des ressources minières immenses et diverses de la Guinée.

Pr. Alpha CONDE
Président de la République

*

*Le document qui suit est une reproduction du Code minier de la République de Guinée (le « **Code Minier (2011)** »), institutué par la loi L/006/CNT du 09 septembre 2011 tel qu'amendé par la loi L/2013/053/CNT du 08 avril 2013 (la « **Loi Modificatrice** »). Veuillez prendre note que ce document est fourni à des fins de référence et de convenance seulement. Certaines dispositions du Code Minier (2011) qui n'ont pas fait l'objet d'amendements législatifs dans le cadre de la Loi Modificatrice ont néanmoins été modifiées dans le texte qui suit de sorte à être harmonisées avec la Loi Modificatrice. En conséquence, seuls le Code Minier (2011) et la Loi Modificatrice peuvent faire office de référence.*

*En outre, quant à la version anglaise qui est fournie, le Traducteur s'est efforcé, le plus possible, de refléter le libellé de la version française originale. Veuillez prendre note, toutefois, que dans la mesure où la version anglaise n'a pas été préparée par des traducteurs certifiés, celle-ci demeure une traduction de convenance. En conséquence, seules les versions françaises du Code Minier (2011) et de la Loi Modificatrice peuvent faire office de référence.*

*

*The following is a reproduction of the 2011 Mining Code of the Republic of Guinea (the "**2011 Mining Code**"), as amended by the legislation amending the Act L/2011/006/CNT of 09 September 2011 enacting the Mining Code of the Republic of Guinea (the "**Amending Legislation**"). Please note that this document is for provided for ease of reference and convenience only. Certain Articles of the 2011 Mining Code which were not amended in law by the Amending Legislation have nonetheless been amended in the following text so as to be harmonized with the Amending Legislation. Accordingly, only the 2011 Mining Code and the Amending Legislation should be relied upon.*

*Furthermore, with respect to the English translation provided, the Translator has tried to reflect, to the extent possible, the wording of the original French version. Please note, however, that as the English translation has not been prepared by certified translators, it is provided for convenience only. Accordingly, only the French versions of the 2011 Mining Code and the Amending Legislation should be relied upon.*

| SOMMAIRE | TABLE OF CONTENTS |
|---|---|

**CHAPITRE V : DROIT DE SE LIVRER A DES OPERATIONS MINIERES OU DE CARRIERES**

Article 15 : Droit des personnes

Article 16 : Droit de l'Etat

Article 17 : Actes conférant le droit de mener des Activités minières ou de carrières

Article 18 : Convention minière

**TITRE II : TITRES MINIERS ET AUTORISATIONS DIVERSES**

**CHAPITRE I : TITRES MINIERS**

**SECTION 1 : PERMIS DE RECHERCHE**

Article 19 : Droits conférés et obligations

Article 20 : Nombre de Permis

Article 21 : Superficie et forme

Article 22 : Attribution

Article 23 : Validité

Article 24 : Renouvellement

Article 25 : Prolongation

Article 26 : Programme et début des travaux

Article 27 : Libre disposition des produits

**SECTION II : PERMIS D'EXPLOITATION**

Article 28 : Droits conférés

Article 29 : Superficie et forme

Article 30 : Attribution

Article 30-I : nature de l'acte, modalités et personnes pouvant bénéficier du Permis d'exploitation

Article 30-II : composition et modalités d'examen du dossier constitutif de la demande d'attribution du Permis d'exploitation

Article 30-III : Statut du permis de recherche après attribution du Permis d'exploitation

**CHAPTER V: RIGHT TO CARRY OUT MINE OR QUARRY OPERATIONS**

Article 15: Rights of Individuals

Article 16: Right of the State

Article 17: Deeds Conferring the Right to Perform Mining or Quarry Activities

Article 18: Mining Agreement

**TITLE II: MINING PERMITS AND MISCELLANEOUS AUTHORISATIONS**

**CHAPTER I: MINING PERMITS**

**SECTION I: EXPLORATION PERMIT**

Article 19: Conferred Rights and Obligations

Article 20: Number of Permits

Article 21: Area and Form

Article 22: Grant

Article 23: Term

Article 24: Renewal

Article 25: Expansion

Article 26: Program and Start of Work

Article 27: Free Disposal of Products

**SECTION II: OPERATING PERMIT**

Article 28: Conferred Rights

Article 29: Area and Form

Article 30: Grant

Article 30-I: Nature of the instrument, procedure for grant of and persons entitled to an Operating Permit

Article 30-II: Content and evaluation of the application for the grant of an Operating Permit

Article 30-III: Status of the Exploration Permit after the grant of an Operating Permit

Article 30-IV : Publication des actes relatifs au Permis d'exploitation

Article 30-IV: Publication of documents relating to the Operating Permit

Article 31 : Indemnisation de l'Inventeur

Article 31: Finder's Indemnification

Article 32 : Validité

Article 32: Term

Article 33 : Renouvellement

Article 33: Renewal

Article 34 : Début des travaux d'exploitation

Article 34: Commencement of Mining Operations

**SECTION III : CONCESSIONS MINIERES**

**SECTION III: MINING CONCESSIONS**

Article 35 : Droits conférés

Article 35: Conferred Rights

Article 36 : Superficie

Article 36: Area

Article 37 : Attribution

Article 37: Grant

Article 37-I : Nature de l'acte, modalités et personnes pouvant bénéficier de la Concession minière

Article 37-I: Nature of the instrument, procedure for the grant of and persons entitled to a Mining Concession

Article 37-II : Composition et modalités d'examen du dossier constitutif de la demande d'attribution de Concession minière

Article 37-II: Content and evaluation of the application for the grant of a Mining Concession

Article 37-III : Statut du Permis de recherche après attribution de la Concession minière

Article 37-III: Status of the Exploration Permit after the awarding of a Mining Concession

Article 37-IV : Publication des actes relatifs à la Concession

Article 37-IV: Publication of instruments relating to the Concession

Article 38 : Indemnisation de l'Inventeur

Article 38: Finder's Indemnification

Article 39 : Validité

Article 39: Term

Article 40 : Renouvellement

Article 40: Renewal

Article 41 : Début des travaux d'exploitation

Article 41: Start of Mining Operations

**CHAPITRE II : AUTORISATIONS DIVERSES**

**CHAPTER II: MISCELLANEOUS AUTHORISATIONS**

**SECTION 1 : AUTORISATION DE RECONNAISSANCE**

**SECTION I: STAKING PERMITS**

Article 42 : Droits conférés et obligations

Article 42: Conferred Rights and Obligations

Article 43 : Attribution

Article 43: Grant

Article 44 : Libre disposition des produits

Article 44: Free Disposal of Products

Article 45 : Validité et renouvellement

Article 45: Term and Renewal

# TITRE PREMIER DISPOSITIONS GENERALES

## CHAPITRE 1er : DEFINITIONS

Article 1er : Définitions

Au sens de la présente Loi, on entend par :

Acheteur : personne physique ou morale de nationalité guinéenne ou étrangère propriétaire ou gérant d'un Comptoir d'Achat de diamants ou d'un Bureau d'Achat Agréé d'or.

Actionnaire : comprend (i) tous les actionnaires d'une société de droit public ou privé, qu'ils soient titulaires d'un droit de vote, ou identifiés dans les registres de la société, ou usufruitier ou autre ; ou (ii) tous les détenteurs de plus de 5% des actions avec droit de vote, quelque soit la classe (class) des actions de la société.

Activité minière : toute opération de reconnaissance, de recherche ou d'exploitation de Substances minières.

Activité de carrières : toute opération de reconnaissance, de recherche ou d'exploitation de Substances de carrières.

Administration : toute Administration de la République de Guinée.

Administration minière : Ministère chargé des Mines et l'ensemble de ses services centraux et/ou déconcentrés.

Agent collecteur : personne physique de nationalité guinéenne autorisée à collecter et à acheter aux producteurs de l'or, des diamants et autres Gemmes provenant de l'exploitation artisanale pour les revendre aux Acheteurs.

# TITLE I: GENERAL PROVISIONS

## CHAPTER I: DEFINITIONS

Article 1: Definitions

For the purpose of this Act, it is understood that:

Purchaser (*Acheteur*) means an individual or a legal entity of Guinean or foreign nationality that is the owner or manager of a diamond Buying House or an Accredited Buying Agency for gold.

Shareholder (*Actionnaire*) includes (i) all shareholders of a public or private company, whether holding a right to vote, or identified in the company's registers, or usufructuary or other, or (ii) all holders of more than 5% of shares having a right to vote, whatever the class of the shares of the company.

Mining Activity (*Activité minière*) means all activity with respect to staking, exploration or mining operations of Mineral Substances.

Quarry Activity (*Activité de carrières*) means all activity with respect to staking, exploration or development operations of Quarry Substances.

Administration (*Administration*) means all Administrations of the Republic of Guinea.

Mining Administration (*Administration minière*) means the Ministry in charge of Mines and all of its central and/or decentralized services.

Collection agent (*Agent collecteur*) means an individual of Guinean nationality authorised to collect and purchase from producers of gold, diamonds, and other Gemstones from artisanal operations in order to resell them to Purchasers.

Agent permanent ou Agent Spécial : Ingénieur des Mines ou Ingénieur Géologue, Officier de Police Judiciaire (Commissaire de Police ou Gendarme).

Amodiation : un louage pour une durée déterminée ou indéterminée sans faculté de sous-louage, de tout ou partie des droits attachés à une Autorisation d'exploitation de carrières, à un Permis d'exploitation minière industrielle ou semi-industrielle, ou à une Concession minière moyennant une rémunération fixée par accord entre l'amodiant et l'amodiataire.

Audit environnemental démarche tendant à la connaissance de la situation d'une entreprise, d'un site ou d'une exploitation au regard de l'environnement pour :

- mesurer et analyser l'impact que peut avoir l'activité exercée et les méthodes d'exploitation utilisées sur tel ou tel aspect du milieu, apprécier la conformité des méthodes d'exploitation aux prescriptions imposées par la législation, la réglementation et les engagements contractuels,

- dresser un bilan de l'impact de l'activité antérieurement exercée sur le site, puis soit prescrire les mesures de remise en état du site, soit vérifier la conformité des mesures prises ou à prendre par rapport aux prescriptions légales, réglementaires et contractuelles.

Autorisation : document de l'Administration minière conférant des droits de reconnaissance, de recherche ou d'exploitation de Substances minières ou de carrières. Il existe quatre catégories d'Autorisations :

- Autorisation de reconnaissance de Substances minières ou de carrières ;

- Autorisation de recherche de carrières ;

- Autorisation d'exploitation artisanale de Substances minières ou de carrières ;

- Autorisation d'exploitation de Substances de carrières (Autorisation permanente ou temporaire).

Permanent Agent or Special Agent (*Agent permanent / Agent spécial*) means a Mining Engineer or Geological Engineer, Judicial Police Officer (Police Commissioner or Gendarme).

Lease (*Amodiation*) means leasing for a definite or indefinite period of time, without the ability to sub-lease, all or part of the rights attached to a Mining Operation Permit for a Quarry, an Industrial or Semi-industrial Mining Operation Permit, or a Mining Concession for a fixed fee remuneration determined by agreement between the lessor and lessee.

Environmental Assessment (*Audit environnemental*) means the procedure to assess the status of a company, site or operation with regard to the environment, in order to:

- measure and analyze the potential impact of an activity and the operating methods used on a given aspect of the area, assess the compliance of this method of operation with the requirements set forth in the legislation, regulations and contractual commitments;

- draw up a report of the impact of the activity previously carried out at the site, and then either prescribe site restoration measures, or verify the compliance of the measures taken or to be taken with the legal, regulatory and contractual requirements.

Authorisation (*Autorisation*) means a document from the Mining Administration granting rights for the staking, exploration or operation of Mine or Quarry Substances. There are four categories of Authorisations:

- Staking permits for Mineral or Quarry Substances;

- Quarry exploration permits;

- Artisanal operating license for Mineral or Quarry Substances;

- Mining operation permits for Quarry Substances (permanent or temporary permit).

Banque nationale des données géologiques : fonds documentaire rassemblant, après examen, interprétation et saisie, tous les renseignements relatifs aux travaux de fouilles et de reconnaissance du sol et du sous-sol national (géophysique, géochimie, géologie, hydrogéologie, etc.)

National Geological Data Bank (*Banque nationale des données géologiques*) means a documentary collection compiling, after review, interpretation and seizure, all information relating to excavation and staking works on national soil and sub-soil (geophysical, geochemical, geological, hydrogeological, etc.).

BCRG : Banque Centrale de la République de Guinée

BCRG (*BCRG*) means the Central Bank of the Republic of Guinea.

BNE : Bureau National d'Expertise de Diamants, Or et Matières Précieuses.

BNE means the Bureau National d'Expertise de Diamants, Or et Matières Précieuses.

Cadastre Minier : registre public contenant le répertoire de tous les Titres miniers et Autorisations assorti de leur représentation cartographique permettant de les localiser sur le territoire national.

Mining Cadastre (*Cadastre Minier*) means the public register containing the inventory of all Mining Permits and Authorisations along with their cartographic maps enabling their localisation in the national territory.

Carrière : gîte de matériaux de construction, de matériaux pour l'industrie céramique, de matériaux d'amendement, de sel gemme, et d'autres substances analogues, à l'exception des phosphates, nitrates, sels alcalins, et autres sels associés dans les mêmes Gisements. Les tourbières sont également classées parmi les carrières.

Quarry (Carrière) means a deposit of construction materials, materials for the ceramics industry, materials for soil improvement, rock salt, and other similar substances, with the exception of phosphates, nitrates, alkaline salts, and other associated salts in the same Deposits. Peat lands are also classified as quarries.

Centre de Promotion et de Développement Minier (CPDM) : guichet unique relevant du Ministère en charge des Mines et servant d'interface entre les investisseurs et l'Administration.

Mining Promotion and Development Centre (MPDC) (*Centre de Promotion et de Développement Minier (CPDM)*) is a single agency under the authority of the Ministry in charge of Mines that serves as an interface between investors and the Administration.

Code Minier : (ou présent Code), la présente Loi et ses textes d'application.

Mining Code (or the present Code) (*Code Minier*) means this Act and its implementing regulations.

Communauté locale : ensemble des collectivités affectées par l'Activité minière exercée dans le cadre d'un Titre minier ou d'une Autorisation.

Local Community (*Communauté locale*) means all the communities affected by the Mining Activity carried out under a Mining Permit or an Authorisation.

Commission Nationale des Mines : Commission composée des représentants de l'Etat et des autres composantes de la Nation, chargée de participer, sur la base des dispositions du Code Minier, à l'examen des demandes d'octroi, de renouvellement, de transfert, de prorogation et de retrait des Titres miniers.

National Mining Commission (*Commission Nationale des Mines*) means the Commission made up of representatives of the State and other components of the Nation, responsible for participating, based on the provisions of the Mining Code, in examining applications for the grant, renewal, transfer, expansion and revocation of Mining Permits.

Comité Technique des Titres : Comité interne de l'Administration minière chargé d'instruire les dossiers de demande d'octroi, de renouvellement, de prorogation et de prolongation ainsi que les dossiers de retrait des Titres miniers préparés par le CPDM.

Technical Committee of Titles (*Comité Technique des Titres*) means the internal Committee of the mining Administration responsible for examining applications for the grant, renewal, expansion and continuation as well as revocation of Mining Permits prepared by the MPCD.

Concession minière : Titre minier, portant sur un périmètre délimité par des coordonnées géographiques, octroyé par décret du Président de la République autorisant son titulaire à exploiter, sans limitation de profondeur, un domaine public ayant fait l'objet de découverte de Gisement dont l'évidence est dûment établie par une étude de faisabilité et dont l'exploitation nécessite des travaux et des investissements d'une importance particulière.

Mining Concession (*Concession minière*) means a Mining Permit, relating to a limited area with geographic coordinates, granted by decree of the President of the Republic authorising its holder to mine, without limitation as to depth, a public domain where a Deposit has been discovered, the existence of which has been substantiated by a feasibility study and the development of which requires significant work and investment.

Convention de développement local : convention entre le titulaire d'un Titre d'exploitation minière et la Communauté locale incluant notamment les dispositions relatives à la santé et la formation des populations locales et la mise en œuvre de projets à vocation économique et sociale.

Local Development Agreement (*Convention de Développement Local*) means an agreement between the holder of a Mining Operation Permit and the local Community including, notably, provisions relating to the health and training of the local population and the implementation of economic and social projects.

Convention minière : contrat définissant les droits et obligations des Parties relatifs aux conditions juridiques, techniques, financières, fiscales, administratives, environnementales et sociales applicables à une Concession minière.

Mining Agreement (*Convention minière*) means a contract that sets out the rights and obligations of the Parties relating to the legal, technical, financial, fiscal, administrative, environmental and social terms applicable to a Mining Concession.

Date de première production commerciale : la première des deux dates suivantes : la date à laquelle la mine atteint une période continue de soixante (60) jours de production supérieure à 30% de sa capacité de production telle qu'établie dans l'étude de faisabilité ou le rapport de faisabilité et qui a été notifiée au Ministre en charge des Mines et à celui du Commerce après avis motivé et certifié par les administrations compétentes ; ou la date de la première expédition à des fins commerciales.

Date of First Commercial Production (*Date de première production commerciale*) means the earlier of either: the date on which the mine reaches a period of sixty (60) consecutive days of production in excess of 30% of its production capacity, as established in the feasibility study or feasibility report, and which was communicated to the Minister in charge of Mines and the Minister in charge of Commerce following the issuance of a reasoned opinion certified by the competent administrative authority; or the date of the first shipment for commercial purposes.

Direction : Direction Nationale des Mines et Direction Nationale de la Géologie ou toutes structures exerçant des fonctions identiques ou similaires au sein de l'Administration minière.

Authority (*Direction*) means the National Mining Authority (*Direction Nationale des Mines*) and the National Geological Authority (*Direction Nationale de la Géologie*) or any structures performing identical or similar functions within the Mining Administration.

Environnement : ensemble des conditions naturelles et humaines déterminant le milieu de vie dans une zone donnée et incluant l'écosystème et les populations.

Environment (*Environnement*) means all of the natural and human conditions determining the living environment in a given area and including the ecosystem and population.

Etat : République de Guinée, ou toute entité lui appartenant ou dont il contrôle le capital et agissant dument en ses lieu et place.

State (*État*) means the Republic of Guinea, or any entity belonging to it or whose share capital it controls and duly acting in its place.

Etude d'impact environnemental et social : document comportant l'analyse de l'état initial du site et de son environnement naturel et humain, l'énoncé des mesures envisagées pour supprimer, réduire et/ou compenser les conséquences dommageables sur l'Environnement, et l'estimation des dépenses correspondantes, ainsi que la présentation des autres solutions possibles et des raisons pour lesquelles, du point de vue de la protection de l'Environnement, l'Activité minière envisagée est possible.

Environmental and Social Impact Study (*Étude d'impact environnemental et social*) means a document containing the analysis of the initial state of the site and its natural and human environment, a description of the proposed measures to eliminate, reduce and/or offset consequences which are harmful to the Environment, and an estimate of the corresponding expenses, as well as a presentation of alternative possible solutions and reasons why, from an Environmental protection perspective, the proposed Mining Activity is sustainable.

Exploitant : titulaire d'une Concession, d'un Permis d'exploitation minière ou d'une Autorisation d'exploitation de carrières.

Operator (*Exploitant*) means the holder of a Mining Concession, a Mining Operation Permit or Authorisation for the mining operation of quarries.

Exploitation : ensemble des travaux par lesquels on extrait des Substances minières ou de carrières pour en disposer à des fins utilitaires et/ou commerciales.

Operation (*Exploitation*) means all of the work by which Mineral or Quarry Substances are extracted for operational and/or commercial purposes.

Exploitation artisanale : toute exploitation dont les activités consistent à extraire et concentrer des Substances minières et à récupérer les produits marchands par des méthodes et procédés manuels et traditionnels.

Artisanal Operation (*Exploitation artisanale*) means any operations the activities of which consist of extracting and accumulating Mineral Substances and recovering tradable products using manual and traditional methods and processes.

Exploitation industrielle : toute exploitation dont les activités consistent à extraire et concentrer des Substances minières et à récupérer les produits marchands par des méthodes et procédés modernes et mécanisés.

Industrial Operation (*Exploitation industrielle*) means any operations the activities of which consist in extracting and accumulating Mineral Substances and recovering tradable products using modern and mechanized methods and processes.

Exploitation minière : ensemble constitué par les réserves extraites et préparées et les minerais abattus, les infrastructures au sol et dans le sous-sol, les ouvrages au sol et dans le sous-sol, les installations au sol et dans le sous-sol, les bâtiments, les équipements, les outils et les stocks, ainsi que tous les éléments incorporels qui s'y rattachent ;

Mining Operation (*Exploitation minière*) means the operations consisting of extracted and prepared reserves and blasted ore, infrastructure on the soil and in the sub-soil, structures on the soil and in the sub-soil, installations on the soil and in the sub-soil, buildings, equipment, tools and inventory, as well as all intangibles relating thereto.

Exploitation semi-industrielle : toute exploitation minière de petite taille, permanente, fondée sur la justification de l'existence d'un Gisement, utilisant selon les règles de l'art, des procédés semi-industriels et dont la production annuelle en régime de croisière n'excède pas un certain tonnage du produit commercialisable (minerai concentré ou métal) fixé par substance et par la réglementation minière.

Semi-industrial Operation (*Exploitation semi-industrielle*) means any small scale, permanent mining operation, based on the proven existence of a Deposit, using, in accordance with generally accepted methods, semi-industrial processes and whose annual production at full capacity does not exceed a certain tonnage of marketable product (concentrated ore or metal) fixed for each substance and by mining regulations.

Exploration minière : exécution des études géologiques et géophysiques relatives aux structures et à la géologie souterraine, des travaux d'évaluation par excavation, sondage et forage, d'analyse des attributs physiques et chimiques des minéraux et l'examen de la faisabilité économique du développement et de la mise en production d'un Gisement.

Mining Exploration (*Exploration minière*) means the conduct of geological and geophysical studies in connection with the structures and sub-surface geology, evaluation works by excavation, boring and drilling, analysis of physical and chemical attributes of minerals and examination of the economic feasibility of the development and the commencement of production of a Deposit.

Extension : tous travaux ou toutes acquisitions contribuant à accroître la production selon la réglementation en vigueur.

Expansion (*Extension*) means all works or acquisitions which contribute to the increase in production under existing regulations.

Extraction : ensemble des travaux visant à retirer du sol et sous sol des Substances minières ou de carrières.

Extraction (*Extraction*) means all works for the purposes of removing Mine or Quarry Substances from the soil and sub-soil.

Fonctionnaire : tout employé ou représentant d'un ministère du gouvernement guinéen, d'un département ou d'une agence ou de toute autre entité ou organisation détenue ou contrôlée par un département ou une agence du gouvernement guinéen, indépendamment de la nature des activités exercées par ce département, agence, entité ou toute autre organisation, que ces activités soient désignées ou décrites comme étant gouvernementales, commerciales ou autre.

Civil Servant (*Fonctionnaire*) means any employee or representative of a ministry of the Government of Guinea, of a department or an agency or of any other entity or organization owned or controlled by a department or an agency of the Guinean government, regardless of the nature of the activities carried out by such department, agency, entity or any other organization, whether or not such activities are designated or described as governmental, commercial or otherwise.

Fonds de Développement Economique Local (FDEL) : Fonds alimenté par la Contribution au développement local destiné au financement des projets communautaires dans le cadre de la mise en œuvre de la Convention de Développement Local.

Local Economic Development Fund (*Fonds de Développement Economique Local (FDEL)*) means a fund that is funded through of Contributions to local development intended to finance community projects within the framework of the implementation of the Local Development Agreement.

Force majeure : tout événement, acte ou circonstance qui est imprévisible, irrésistible et hors du contrôle ou de la volonté d'une Partie et qui entrave ou rend impossible l'exécution par cette Partie de ses obligations légales, réglementaires ou contractuelles.

Force Majeure (*Force majeure*) means any event, act or circumstance that is unforeseeable, unavoidable and beyond a party's control or power and which hinders or renders impossible the performance by that Party of its legal, regulatory or contractual obligations.

Gisement : tout gîte naturel de substances minérales économiquement exploitable.

Deposit (*Gisement*) means any economically exploitable natural deposit of mineral substances.

Gîte : toute concentration minérale naturelle pour laquelle la rentabilité de l'exploitation n'est pas encore prouvée.

Mineral Deposit (*Gîte*) means any natural mineral concentration for which the profitability of the exploitation has not yet been proven.

Gîte géothermique : gîte de minéraux naturels à haute ou basse température et dont on peut extraire de l'énergie sous forme thermique, notamment par l'intermédiaire des eaux chaudes et vapeurs souterraines qu'ils contiennent.

Geothermal Deposit (*Gîte géothermique*) means a deposit of natural minerals of high or low temperature and from which energy can be extracted in thermal form, including by using subsurface hot waters and steam contained within them.

Gouvernement : Gouvernement de la République de Guinée.

Government (*Gouvernement*) means the Government of the Republic of Guinea.

GNF : Francs Guinéens.

GNF (*GNF*) means Guinean Francs.

Haldes, terrils de Mines et résidus d'exploitation de carrières : tout rejet, déblais, résidus d'exploitation minière et de carrières.

Dumps, mining slag heaps and quarry waste (Haldes, terrils de Mines et résidus d'exploitation de carrières) means any waste, excavated soil, or residue from mining and quarry operations.

Indice : tout renseignement certain, contrôlé directement, de l'existence en un point donné d'une minéralisation.

Indication (*Indice*) means any ascertained information, directly verified, of the existence at a given point of a mineral occurrence.

Inventeur : titulaire d'un Permis de recherche qui a fait la découverte d'un Gîte d'une Substance minérale indiquée sur son titre et sur le périmètre autorisé.

Finder (*Inventeur*) means the holder of an Exploration Permit who has discovered a Deposit of a Mine Substance indicated on its title and in the authorised area.

Master : personne physique de nationalité guinéenne autorisée à exploiter artisanalement le diamant et autres Gemmes ou l'or.

Master (*Master*) means an individual of Guinean nationality authorised to engage in artisanal mining of diamond and other Gems, or gold.

Métaux précieux : Argent, Or, Platinoïdes, Palladium, Rhodium

Precious Metals (*Métaux précieux*) means Silver, Gold, Platinum Group Metals, Palladium, Rhodium.

Mine : selon le cas :

- gîtes de toutes Substances minérales non classées dans les carrières, à l'exception des hydrocarbures liquides ou gazeux.
- tout lieu d'exploitation de substances minérales, à ciel ouvert ou souterrain, y compris les installations et les matériels mobiliers et immobiliers affectés à l'exploitation.

Mine (*Mine*), as the case may be, means:

- deposits of any unclassified Mineral Substance in quarries, with the exception of liquid or gaseous hydrocarbons.
- any open-pit or underground mineral substance mining site, including facilities and movable and immovable property pertaining to the mining operation.

Minerai : substance minérale provenant d'un Gisement.

Ore (*Minerai*) means a mineral substance derived from a Deposit.

Ministre : le Ministre responsable du Département en charge des Mines et de la Géologie.

Minister (*Ministre*) means the Minister in charge of the Department of Mines and Geology (*Département en charge des Mines et de la Géologie*).

Parties : titulaire d'un Titre minier ou d'une Autorisation et l'Etat.

Parties (*Parties*) mean the holder of a Mining Permit or an Authorisation and the State.

Permis d'exploitation minière, industrielle ou semi-industrielle : Titre minier, portant sur un périmètre délimité par des coordonnées géographiques, octroyé par décret du Président de la République, autorisant son titulaire, dans les limites de son périmètre et sans limitation de profondeur, le droit exclusif de reconnaissance, de Recherche, d'exploitation et la libre disposition des Substances minières pour lesquelles il est délivré.

Industrial or Semi-industrial Mining Operation Permit (*Permis d'exploitation minière, industrielle ou semi industrielle*) means a Mining Permit relating to an area defined by geographic coordinates, granted by decree of the President of the Republic, conferring upon its holder the exclusive right to search, Prospect and develop and freely dispose of the Mine Substances for which it is issued, within specified areas and without limitation as to depth.

Permis de recherche, industrielle ou semi-industrielle : Titre minier, portant sur un périmètre délimité par des coordonnées géographiques, octroyé par arrêté du Ministre en charge des Mines autorisant son titulaire, dans les limites de son périmètre et sans limitation de profondeur, le droit exclusif de Recherche du type de la Substance minière pour lequel le Permis est délivré.

Industrial or Semi-industrial Exploration Permit (*Permis de recherche, industrielle ou semi-industrielle*) means a Mining Permit relating to an area defined by geographic coordinates, granted by order of the Minister responsible for Mines, conferring upon its holder the exclusive right to Prospect for the Mine Substance for which it is issued, within specified areas and without limitation as to depth.

Pierre gemme (ou Gemme) : pierre fine, précieuse ou ornementale formée dans un gîte naturel.

Gemstone (or Gem) (*Pierre gemme (ou Gemme)*) means a fine, precious or ornamental stone formed in a natural deposit.

Pierre précieuse : Pierre gemme de haute valeur : diamant, rubis, saphir ou émeraude.

Precious stone (*Pierre précieuse*) means a high value Gemstone: diamond, ruby, sapphire or emerald.

Plan de gestion environnementale document défini à l'issue de l'étude d'impact sur l'environnement et en faisant partie, qui comporte les engagements du titulaire du titre minier en matière de protection de l'environnement sur l'ensemble de l'assiette foncière du gîte minier. Ces obligations concernent toutes les actions que le titulaire du titre minier mettra en œuvre pour prévenir, réduire, supprimer ou compenser les effets néfastes de ses Activités minières sur l'environnement et sur la santé de la Communauté locale.

Environmental Management Plan (*Plan de gestion environnementale*) means a document drafted after completing the environmental impact study and constitutes a part thereof, which contains the mining titleholder's undertakings with respect to environmental protection for the entire surface area of the mineral deposit. These obligations apply to all of the actions to be implemented by the mining titleholder to prevent, reduce, eliminate or off-set the adverse effects of its Mining Activities on the environment and the health of the local community.

Pots-de-vin : (ou « offres, promesses, dons, présents ou avantages quelconques ») tout bien de valeur, corporel ou incorporel, quelle qu'en soit la valeur financière, y compris les biens, services, faveurs, emploi, recommandations pour un emploi, opportunités d'investissement, de fonctions ou d'admission au sein d'une entité ou toute autre organisation.

Bribes (*Pots-de-vin*) (or "offers, promises, donations, gifts or any benefits whatsoever") means anything of value, whether tangible or intangible, regardless of the financial value, including goods, services, favours, employment, recommendations for employment, opportunities for investments, positions or admission to an entity or any other organization.

Plus-value de cession : gain résultant de la différence entre le prix de cession ou la valeur de transmission du Titre minier et le coût des investissements réalisés sur le Titre minier. Dans le cas d'échange ou de cession d'action, la plus-value est calculée sur la base de la valeur des actions.

Capital Gain (*Plus-value de cession*) means the profit resulting from the difference between the transfer price or assignment value of the Mining Permit and the cost of the investments made on the basis of the Mining Permit. In the case of a share exchange or transfer, the capital gain is calculated on the basis of the value of the shares.

Produit transformé : produit provenant de la transformation chimique ou physique de la structure minéralogique du minéral porteur de l'élément enrichi.

Processed Product (*Produit transformé*) means a product from the chemical or physical processing of the mineralogical structure of the mineral containing the enriched element.

Prospection : processus systématique qui consiste à rechercher un Gisement minéral en délimitant des zones prometteuses. L'évaluation est basée sur l'interprétation des résultats géologiques, géochimiques et géophysiques.

Prospecting (*Prospection*) means the systematic process of searching for a Mineral Deposit by delimiting promising areas. The assessment is based on the interpretation of geological, geochemical and geophysical data.

Provision pour reconstitution de Gisement : disposition fiscale qui permet à l'entreprise minière de soustraire à l'impôt une partie de son bénéfice à condition de réutiliser les sommes correspondantes pour effectuer des travaux de recherche.

Reserves for the Rehabilitation of Deposits (*Provision pour reconstitution de gisement*) means a tax provision that allows a mining company to deduct from its taxes a portion of its profits, provided that it reuses the corresponding funds for prospecting work.

Recherche : ensemble des investigations de surface ou de subsurface et de profondeur en vue de découvrir ou de mettre en évidence l'ensemble des accumulations de substances minérales, de les délimiter et d'en évaluer l'importance et les possibilités d'exploitation. Elle comprend les travaux géologiques, géophysiques, géochimiques, analyses en laboratoire et essais de traitement.

Exploration (*Recherche*) entails all surface, subsurface or underground research in order to discover or uncover all accumulations of mineral substances, identifying them and evaluating their quantity and the potential of exploitation. It includes geological, geophysical and geochemical works, laboratory testing and assays.

Reconnaissance : ensemble des travaux limités aux opérations de surface, de subsurface, destinés à mettre en évidence des indices de minéralisation.

Staking (*Reconnaissance*) entails all works limited to the surface and subsurface operations for the purpose of uncovering indication of mineral occurrences.

Règles de l'art minier : conditions techniques et méthodes d'exploitation pour mieux valoriser le potentiel du Gisement, ainsi que pour optimiser la productivité et les conditions de sécurité industrielle, de sécurité publique et de protection de l'environnement.

Generally Accepted Mining Practices (*Règles de l'art minier*) means the technical conditions and methods of operations used to evaluate the Deposit's potential, as well as to optimize productivity, industrial and public safety conditions, and environmental protection.

Réhabilitation : remise des anciens sites d'exploitation dans les conditions de sécurité, de productivité rurale, et d'aspect visuel proches de leur état d'origine, de façon durable et d'une manière jugée adéquate et acceptable par les administrations chargées des Mines et de l'Environnement.

Rehabilitation (*Réhabilitation*) means the restoration of former mining sites almost to their original state with respect to security, rural productivity, and visual aspects, in a sustainable fashion and in a manner deemed adequate and acceptable by the administrative authorities in charge of Mines and the Environment.

Rejets des Mines : stériles ou remblai provenant de l'exploitation minière ou tout résidu solide ou liquide provenant du traitement minéralogique ou métallurgique.

Mining Waste (*Rejets des Mines*) means unproductive substances or ballast from mining operations, or any solid or liquid residue from mineralogical or metallurgic processing.

Renouvellement : renouvellement d'un Titre minier ou d'une Autorisation.

Renewal (*Renouvellement*) means the renewal of a Mining Permit or Authorisation.

Ressources minérales : concentration minérale de matériel naturel, solide, inorganique ou fossilisé dans la croûte quelle que soit la forme, la quantité, la teneur ou la qualité.

Mineral Resources (*Ressources minérales*) means the mineral concentration of natural, solid, inorganic or fossilized material occurring in the crust, irrespective of the form, quantity, content or quality.

Réserves : parties des ressources mesurées et indiquées pouvant être exploitée économiquement sous les conditions du marché au moment de l'estimation. Les réserves sont divisées en prouvées et probables.

Reserves (*Réserves*) means the part of measured and indicated resources that can be economically exploited under market prevailing conditions at the time of the appraisal. Reserves are divided into proven and probable reserves.

Réserves minérales prouvées : partie économiquement exploitable des ressources minérales mesurées, démontrée par une étude de faisabilité. L'étude doit inclure les renseignements adéquats sur l'exploitation minière, le traitement, la métallurgie, les aspects économiques et autres facteurs pertinents démontrant qu'il est possible, de justifier l'extraction rentable au moment de la rédaction du rapport.

Proven Mineral Reserves (*Réserves minérales prouvées*) mean the economically exploitable part of measured mineral resources, demonstrated by a feasibility study. The study must include adequate information on the mining operations, processing, metallurgy, economic aspects and other relevant factors demonstrating that it is possible to justify profitable extraction at the time of writing the report.

Réserves minérales probables : partie économiquement exploitable des ressources indiquées et, dans certains cas, des ressources mesurées, démontrées par au moins une étude préliminaire de faisabilité. L'étude doit inclure les renseignements adéquats sur l'exploitation minière, le traitement, la mé-

Probable Mineral Reserves (*Réserves minérales probables*) means the economically exploitable part of identified resources and, in some cases, measured resources, demonstrated by at least a preliminary feasibility study. The study must include adequate information on the mining operations, processing,

tallurgie, les aspects économiques et autres facteurs pertinents démontrant qu'il est possible, au moment de la rédaction du rapport, de justifier une extraction rentable.

metallurgy, economic aspects and other relevant factors demonstrating that it is possible to justify profitable extraction at the time of writing the report.

Risque majeur : tout événement susceptible de survenir du fait de la nature ou de l'homme et risquant de provoquer des dégâts, non limités au périmètre du Titre minier, ni à la validité de ce titre

Major Risk Factor (*Risque majeur*) means any natural or man-made event that may occur and cause damage, not limited to the area of the Mining Permit, or to the validity of such permit.

Société Affiliée : toute entité ou autre structure, détenue ou contrôlée par un demandeur de Titre minier ou d'une Autorisation, un titulaire ou un Sous-traitant. Le terme "détenue ou contrôlée" à cet égard vise toute entité contrôlée de fait par le demandeur de Titre minier ou d'Autorisation, le titulaire ou le sous-traitant. Détenir le contrôle de fait consiste à être investi de l'autorité et du pouvoir d'établir les politiques générales ou de donner au quotidien des directives opérationnelles au sein de l'entité ou autre structure.

Affiliate (*Société affiliée*) means any entity or other organization held or controlled by the applicant for a Mining Permit or Authorisation, a holder, or a Subcontractor. The phrase "held or controlled" in this context refers to any entity effectively controlled by the applicant for a Mining Permit or Authorisation, the holder, or the subcontractor. Having effective control consists of being vested with the authority and power to determine general policies or to issue day to day operating instructions within the entity or other organization.

Sous-traitant : toute personne physique ou morale, distincte du titulaire d'un Titre minier ou d'une Autorisation, exécutant pour le compte du titulaire du Titre minier ou de l'Autorisation et sous sa responsabilité, un travail qui s'inscrit dans le cadre des Activités minières de celui-ci.

Subcontractor (*Sous-traitant*) means any individual or legal entity who is not the holder of a Mining Permit or Authorisation, who performs on behalf of the holder of a Mining Permit or Authorisation under such person's responsibility, work falling within the scope of such holder's Mining Activities.

Substance de carrières : tourbe, matériau de construction, matériau pour l'industrie céramique, matériau d'amendement, sel gemme, ou autre substance analogue, à l'exception des phosphates, nitrates, sels alcalins, et autres sels associés dans les mêmes Gisements.

Quarry Substance (*Substance de carrières*) means peat, materials for construction, materials for the ceramics industry, materials for the soil improvement, rock salt, or any similar substance, with the exception of phosphates, nitrates, alkaline salts and other associated salts in the same Deposits.

Substance minérale : toute substance naturelle amorphe ou cristalline, solide, liquide ou gazeuse, ainsi que toute substance organique fossilisée ou gîte géothermique.

Mineral Substance (*Substance minérale*) means any natural amorphous or crystalline, solid, liquid or gas, as well as any fossilized organic substance or geothermal deposit.

Substance minière : toute Substance minérale non classée dans les Carrières, à l'exception des hydrocarbures liquides ou gazeux

Mine Substance (*Substance minière*) means any Mineral Substance which is not classified as Quarries, with the exception of liquid or gaseous hydrocarbons.

Substance précieuse : or, platinoïdes, diamants, Pierre fine ou autre Pierre gemme

Precious Substance (*Substance précieuse*) means gold, platinum group metals, diamonds, Fine Stones or other Gemstones.

Substance radioactive : uranium, thorium et leurs dérivés

Radioactive Substance (*Substance radioactive*) means uranium, thorium and their derivatives.

Traitement : activités de concentration et d'enrichissement du minerai extrait qui vise soit à rendre le produit commercialisable, soit à améliorer sa qualité.

Processing (*Traitement*) means activities for the concentration and improvement of extracted ore, aimed at either rendering the product marketable or improving its quality.

Titre d'exploitation minière : Permis d'exploitation minière, industrielle ou semi-industrielle, ou Concession minière.

Mining Operating Permit (*Titre d'exploitation minière*) means a Permit for mining operations, whether industrial or semi-industrial, or a Mining Concession.

Titre minier : document de l'Administration minière conférant des droits de reconnaissance, de recherche ou d'exploitation de Substances minières. Il existe trois (3) catégories de Titres miniers :

- Permis de recherche industrielle ou semi-industrielle ;
- Permis d'exploitation minière industrielle ou semi-industrielle ;
- Concession minière.

Mining Permit (*Titre minier*) means a document from the Mining Administration granting rights for the staking, exploration and operation of Mineral Substances. There are three (3) categories of Mining Permit:

- Industrial or Semi-industrial Exploration Permit;
- Industrial or Semi-industrial Mining Operation Permit;
- Mining Concession.

Tiers : toute personne physique ou morale autre que les parties contractantes et les Sociétés affiliées.

Third Party (*Tiers*) means any individual or legal entity other than the contracting Parties and their Affiliates.

Transfert : mutation d'un Titre minier ou d'une Autorisation par cession, fusion ou transmission par voie d'héritage.

Transfer (*Transfert*) means the transfer of a Mining Permit or Authorisation by assignment, merger or transfer by inheritance.

USD : dollars des Etats-Unis d'Amérique.

USD (*USD*) means United States of America dollars.

Valorisation : ensemble des opérations de traitement, d'un tout-venant tel qu'il est extrait, pour fournir un produit appelé « concentré » répondant à des exigences autant de teneurs que de dimensions des éléments, d'impuretés contenues que de pourcentage d'humidité et d'autres critères.

Beneficiation (*Valorisation*) refers to the entire processing operation of ore as it is extracted, to yield a product called 'concentrate' that meets requirements in term of its content, dimension of its elements, impurities, moisture content, and other criteria.

Zone Promotionnelle : zone à l'intérieur de laquelle un opérateur national public agissant directement ou indirectement va réaliser des travaux de prospection dont les résultats seront mis à la disposition du public conformément au présent Code.

Promotional Zone (*Zone Promotionnelle*) means an area within which a national public operator, acting either directly or indirectly, will carry out prospecting work, the results of which will be made available to the public in accordance with this Code.

Zone de Réserve Stratégique : zone soustraite à toute Activité minière.

Reserved Strategic Zone (*Zone de Réserve Stratégique*) means an area excluded from any Mining Activity.

## CHAPITRE II : CADRE JURIDIQUE DU SECTEUR MINIER

Article 2 : Objet de la loi

La présente loi portant Code Minier a pour objet de réguler le secteur minier en vue de promouvoir les investissements et d'assurer une meilleure connaissance du sol et du sous-sol de la République de Guinée. Elle vise à encourager la recherche et l'exploitation des ressources minérales de manière à favoriser le développement économique et social de la Guinée. Elle vise aussi à promouvoir une gestion systématique et transparente du secteur minier qui garantit des bénéfices économiques et sociaux durables au peuple guinéen, dans le cadre d'un partenariat réciproquement avantageux avec les investisseurs.

Article 3 : Propriété de l'Etat

Les Substances minérales ou fossiles contenues dans le sous-sol ou existant en surface, ainsi que les eaux souterraines et les gîtes géothermiques sont, sur le territoire de la République de Guinée ainsi que dans la Zone économique exclusive, la propriété de l'État et elles ne peuvent être, sous réserve du présent Code, et du Code Foncier et Domanial, susceptibles d'aucune forme d'appropriation privée.

Toutefois, les titulaires de Titres d'exploitation minière ou Autorisation d'exploitation de Substances minières ou de carrières acquièrent la propriété des substances extraites. Les droits aux substances constituent une propriété distincte de celle de la surface.

Article 4 : Zones promotionnelles

Il est créé en République de Guinée des Zones Promotionnelles à l'intérieur desquelles un opérateur national public (la Société Anonyme en charge de la gestion du patrimoine minier, la Direction Nationale de la Géologie, les Géo-services ou tout service public équivalent) agissant directement ou indirectement va réaliser des travaux de prospection dont les résultats seront mis à la disposition du public conformément au présent Code.

## CHAPTER II: LEGAL FRAMEWORK OF THE MINING SECTOR

Article 2: Purpose of the Act

The purpose of this Mining Code is to regulate the mining sector in order to promote investment and ensure a better understanding of the soil and sub-soil of the Republic of Guinea. It seeks to encourage the exploration for and development of mineral resources so as to promote Guinea's economic and social development. It further seeks to promote a systematic and transparent management of the mining sector which guarantees sustainable economic and social benefits for the Guinean people, within the framework of a mutually beneficial partnership with investors.

Article 3: State Property

Mineral Substances or fossil substances contained in the subsoil or existing on the surface, as well as ground waters and geothermal deposits are, on the territory of the Republic of Guinea and in the exclusive economic Zone, the property of the State and cannot be the object of any form of private appropriation, save as otherwise provided in this Code, and in the Code on Private and State-Owned Land (*Code Foncier et Domanial*).

However, holders of Mining Operating Permits or Mining Operating Permits for Quarry or Mineral Substances acquire ownership of the extracted substances. The rights of ownership to the substances is distinct from the ownership of the surface.

Article 4: Promotional Zones

Promotional Zones are created within the Republic of Guinea within which a national public operator (the Public Limited Company responsible for the management of the mineral patrimony, the National Geological Authority, National Geo-services Authority or any equivalent public authority), acting directly or indirectly, will carry out prospecting work, the results of which will be made publically available in accordance with this Code.

Article 5 : Zones de réserves stratégiques

Il est créé en République de Guinée des Zones de Réserves Stratégiques qui sont soustraites de toute Activité minière et ne font l'objet ni de Zones Promotionnelle, ni d'attribution de Titres miniers.

Ces zones sont définies par l'Etat pour limiter la surexploitation à court terme des richesses minières du pays. Elles ne feront l'objet de Titres miniers à aucune société de droit public ou privé, et aucune Activité minière ne pourra y être exercée aussi longtemps qu'elles garderont ce statut.

Article 6 : Domaine d'Application de la Loi

Sur le territoire de la République de Guinée, ainsi que dans la Zone économique exclusive, la reconnaissance, la recherche, l'exploitation, la possession, la détention, la circulation, le commerce et la transformation des substances minérales ou fossiles et le régime fiscal applicable à ces activités sont régis par les dispositions du présent Code Minier incluant les textes pris pour son application. Seuls font exception les hydrocarbures liquides ou gazeux qui relèvent de régimes particuliers définis dans d'autres lois.

Toutefois, dans le cadre de ses intérêts stratégiques, l'Etat peut négocier des accords particuliers avec des partenaires bilatéraux (Etats) portant sur la mise en valeur de ses ressources minérales.

L'Etat se réserve le droit de négocier des contrats de partage de production dont les modalités seront définies et annexées au Permis de recherche.

Article 7 : Référence aux autres Codes

Les dispositions de la présente loi s'appliquent sans préjudice de celles relevant des domaines spécifiques régis notamment par les Actes Uniformes de l'OHADA, le Code de la Santé Publique, le Code de l'Environnement, le Code de l'Eau, le Code général des Impôts, le Code des Douanes, le Code de l'Enregistrement et du timbre, le Code du Travail, le Code de la Faune, le Code de l'Elevage, le Code Foncier et Domanial, le Code Forestier, le Code Pastoral, le Code des Collectivités locales, le Code Civil, le Code

Article 5: Strategic Reserve Zones

Strategic reserve zones are created within the Republic of Guinea which are excluded from any Mining Activity and which cannot be subject of either Promotional Zones or the grant of Mining Permits.

These zones are determined by the State in order to limit the short-term over-exploitation of the country's mineral resources. No public or private company will be granted a Mining Permit for these zones and no Mining Activity may be carried on in these zones as long as they retain this status.

Article 6: Scope of the Act

Within the Republic of Guinea and its exclusive economic Zone, the staking, exploration, operation, possession, holding, circulation, trade and processing of mineral or fossil substances and the fiscal regime applicable to such activities are governed by the provisions of this Mining Code including its implementing regulations. The only exceptions are liquid or gaseous hydrocarbons, which are governed by special regimes, set out in other statutes.

However, within the framework of its strategic interests, the State may negotiate specific agreements with bilateral partners (States) with respect to the development of its mineral resources.

The State reserves the right to negotiate production sharing contracts, the terms and conditions of which will be set out and appended to the Exploration Permit.

Article 7: References to other Codes

The provisions of this law shall apply without prejudice to those covered by specific areas governed, notably, by the OHADA Uniform Acts, the Public Health Code, the Environmental Code, the Water Code, the General Tax Code, the Customs Code, the Registration and Stamp Duty Code, the Labour Code, the Wildlife Code, the Livestock Code, the Code on Private and State-Owned Land, the Forestry Code, the Pastoral Code, the Local Communities Code, the Civil Code, the Criminal Code and all the other Codes, the

Pénal et tous les autres Codes dont les dispositions pourront s'appliquer directement ou indirectement à l'Activité minière à condition qu'elles ne soient pas contraires à celles du présent Code.

provisions of which may apply directly or indirectly to Mining Activities provided that they are not contrary to the provisions of this Code.

Article 8 : Conflit d'intérêt

Les membres du Gouvernement, les fonctionnaires du Ministère en charge des Mines et de la Géologie ainsi que d'autres fonctionnaires jouant un rôle dans la gestion du secteur minier, ne peuvent avoir des intérêts financiers, directs ou indirects, dans des entreprises minières et leurs sous-traitants directs ou indirects.

Ils sont tenus sous peine de sanctions, de déclarer leurs intérêts et/ou de se déclarer incompétents pour participer à la prise de toute décision ayant un impact direct ou indirect sur leurs intérêts.

De même, les cadres et agents des sociétés minières ne peuvent, sous peine de sanctions, avoir des intérêts financiers, directs ou indirects dans les sociétés ayant un contrat de sous-traitance directe ou indirecte avec la société qui les emploie, et/ou d'autres sociétés ayant un quelconque intérêt financier avec les sociétés dans lesquelles ils exercent en qualité d'employé.

Toute filiale du titulaire ou d'un des actionnaires de celui-ci doit faire une déclaration d'identité préalable précisant la nature du lien dans toute soumission à enjeu économique et financier concernant les sociétés minières en Guinée.

Article 8: Conflict of Interest

Members of Government, civil servants within the Ministry in charge of Mines and Geology and other civil servants involved in the management of the mining sector, may not have a direct or indirect financial interest in mining companies or their direct or indirect subcontractors.

Under pain of sanction, they are required to declare their interests and/or to declare themselves incompetent to participate in taking any decision with a direct or indirect impact on their interests.

In the same vein and under pain of sanction, executives and agents of mining companies may not hold a direct or indirect financial interest in companies with a direct or indirect subcontract with the company that employs them, and/or other companies with any financial interest whatsoever with the companies for which they work as employees.

Any subsidiary of the titleholder or of one of its shareholders must file a prior declaration of identity specifying the nature of the relationship in any tender with an economic and financial stake regarding mining companies in Guinea.

## CHAPITRE III : CADRE INSTITUTIONNEL DU SECTEUR MINIER

Article 9 : Principales structures de gouvernance du secteur minier

La gouvernance du secteur minier est assurée par les organes et services centraux et déconcentrés formant l'Administration minière. Ce sont notamment :

1. La Direction Nationale de la Géologie ;
2. La Direction Nationale des Mines ;

## CHAPTER III: INSTITUTIONAL FRAMEWORK OF THE MINING SECTOR

Article 9: Main Governance Structures in the Mining Sector

The governance of the mining sector is assured by the central and decentralized organs and services comprising the Mining Administration. These include notably:

1. The National Geology Authority (*La Direction Nationale de la Géologie*);
2. The National Mines Authority (*La Direction Nationale des Mines*);

3. Le Bureau National d'Expertise des Diamants, Or et autres Matières Précieuses (BNE);

3. Le *Bureau National d'Expertise des Diamants, Or et autres Matières Précieuses* (*BNE*);

4. Le Centre de Promotion et de Développement Miniers (CPDM) ;

4. The Mining Promotion and Development Centre (*Le Centre de Promotion et de Développement Miniers* (*CPDM*));

5. Le Bureau d'Etude et de Stratégie (BES) ;

5. The Study and Strategy Office (*Bureau d'Etude et de Stratégie*);

6. La Brigade Anti Fraude des Matières Précieuses ;

6. The Precious Materials Anti Fraud Squad (*La Brigade Anti-Fraude des Matières Précieuses*);

7. La Direction Générale des Projets Miniers ;

7. The Directorate General for Mining Projects Authority;

8. L'Inspection Générale des Mines et de la Géologie ;

8. The Inspectorate General for Mines and Geology;

9. La Direction Générale des Géo Services ;

9. The Geo[1] Services Authority;

10. Les Coordinateurs et coordinateurs adjoints de projets miniers.

10. The Managers and Assistant Managers of Mining Projects.

Les attributions, la composition, l'organisation et le fonctionnement desdits services sont fixés par décret du Président de la République.

The powers, composition, organisation and operation of these departments are determined by decree of the President of the Republic.

Il est créé une Commission Nationale des Mines, composée des représentants de l'Etat et des autres composantes de la Nation, chargée de participer, sur la base des dispositions du Code Minier, à l'examen des demandes d'octroi, de renouvellement, de transfert, de prorogation et de retrait des Titres miniers.

A National Mining Commission is hereby established made up of representatives of the State and other components of the nation, in charge of participating, based on the provisions of the Mining Code, the examination of applications for the grant, renewal, transfer, expansion and revocation of Mining Permits.

Ses attributions, son organisation, sa composition et son fonctionnement sont fixés par décret du Président de la République.

Its powers, organization, composition and operation are determined by decree of the President of the Republic.

De même, il est créé un Comité Technique des Titres, comité interne de l'Administration minière chargé d'instruire les dossiers de demande d'octroi, de renouvellement, de prorogation et de prolongation ainsi que les dossiers de retrait des Titres miniers préparés par le CPDM.

In the same way, a Technical Committee of Titles is hereby established as an internal committee of the Mining Administration, in charge of reviewing applications for the grant, renewal, continuation and expansion, as well as files relating to the revocation of Mining Permits prepared by the MPDC.

Ses attributions, son organisation, sa composition et son fonctionnement sont fixés par arrêté du Ministre en charge des Mines.

Its powers, organization, composition and operation are determined by decree of the President of the Republic.

---

[1] Query whether this is intended to be Geological.

Article 10 : Moyens aux Structures d'Appui à la bonne gouvernance du secteur minier

Les structures chargées de la gouvernance du secteur minier bénéficient d'un budget adéquat, des équipements nécessaires et d'un personnel intègre et compétent pour remplir les responsabilités dont elles ont la charge.

Article 10: Ressources available to Support Structures for Good Governance in the Mining sector

The structures responsible for the governance of the mining sector shall have an adequate budget, the necessary equipment and staff with integrity and the requisite competency to fulfil their responsibilities.

## CHAPITRE IV : CLASSIFICATION DES GITES DE SUBSTANCES MINERALES

## CHAPTER IV: CLASSIFICATION OF MINERAL SUBSTANCE DEPOSITS

Article 11 : Régime legal

Les gîtes naturels de substances minérales ou fossiles autres que les hydrocarbures liquides ou gazeux, sont classés, relativement à leur régime légal, en carrières et Mines.

Les carrières et les Mines constituent une propriété distincte de la propriété du sol et sont un domaine public particulier.

Article 11: Legal Regime

Natural deposits of mineral or fossil substances other than liquid or gaseous hydrocarbons are classified, with respect to their legal regime, as quarries and Mines.

The ownership of Quarries and Mines is distinct from the soil and constitutes a specific public domain.

Article 12 : Carrières

Sont considérées comme carrières, les gîtes de matériaux de construction, de matériaux pour l'industrie céramique, de matériaux d'amendement, de sel gemme, et d'autres substances analogues, à l'exception des phosphates, nitrates, sels alcalins, et autres sels associés dans les mêmes Gisements. Les tourbières sont également classées parmi les carrières.

Article 12: Quarries

Quarries are deposits of construction materials, materials for the ceramics industry, materials for soil improvement, rock salt, and other similar substances, with the exception of phosphates, nitrates, alkaline salts and other associated salts in the same Deposits. Peat lands are also classified as quarries.

Article 13 : Mines

Sont considérés comme Mines, les gîtes de toutes Substances minérales non classées dans les carrières, à l'exception des hydrocarbures liquides ou gazeux.

Ces Substances minérales sont appelées Substances minières et sont divisées en catégories distinctes :

- Catégorie 1 : bauxite et fer ;
- Catégorie 2 : substances précieuses : or, platinoïdes, diamants et autres Pierres gemmes ;
- Catégorie 3 : substances métalliques : métaux de base et métaux mineurs ;

Article 13: Mines

Mines are all other deposits of all Mineral Substances not classified as quarries, with the exception of liquid or gaseous hydrocarbons.

These Mineral Substances are called Mine Substances and are divided into distinct categories:

- Category 1: bauxite and iron;
- Category 2: precious substances: gold, platinum group metals, diamonds and other Gemstones;
- Category 3: metallic substances: base metals and minor metals;

- Catégorie 4 : substances non métalliques et terres rares ;
- Catégorie 5 : substances radioactives : uranium, thorium et leurs dérivés ;
- Catégorie 6 : eaux minérales et thermales.

Article 14 : Changement de classification

A tout moment, un arrêté pris par le Ministre en charge des Mines, éventuellement sur requête du titulaire d'un Titre Minier, peut décider, à une date déterminée, du passage dans la classe des Mines, de substances antérieurement classées en carrières.

Certaines substances minières peuvent, suivant l'usage auquel elles sont destinées, être exploitées comme produits de carrières dans les limites d'une autorisation délivrée à cet effet.

Les conditions de passage d'une substance de carrières dans la catégorie des substances minières restent conformes aux dispositions de l'article 183 du présent Code.

## CHAPITRE V : DROIT DE SE LIVRER A DES OPERATIONS MINIERES OU DE CARRIERES

Article 15 : Droit des personnes

Peuvent faire la reconnaissance d'indices, la recherche de Substances minières ou de carrières, dans les conditions de la présente loi, toutes personnes physiques ou morales possédant les capacités techniques et financières nécessaires pour mener à bien ces activités.

Peuvent exploiter des Substances minières ou de carrières, dans les conditions de la présente loi :

- toute personne physique ou morale, publique ou privée, de droit guinéen justifiant des capacités techniques et financières pour entreprendre l'exploitation sollicitée ;
- toute personne physique ou morale de nationalité guinéenne dûment autorisée à se livrer à l'exploitation semi-industrielle ou artisanale.

- Category 4: non-metallic substances and rare earth;
- Category 5: radioactive substances: uranium, thorium and their derivatives;
- Category 6: mineral and thermal water.

Article 14: Change of Classification

At any time, an order of the Minister in charge of Mines may, at the request of the holder of a Mining Permit, decide, as from a certain date, to reclassify as Mines substances formerly classified as quarries.

Certain mine substances may, depending on the use for which they are intended, be exploited as quarry products within the scope of an authorisation issued to that effect.

The conditions upon which a quarry substance may be reclassified under the mine substances category are set forth in Article 183 of this Code.

## CHAPTER V: RIGHT TO CARRY OUT MINE OR QUARRY OPERATIONS

Article 15: Rights of Individuals

All individuals or legal entities with the necessary technical and financial capability to successfully complete the activities in question may undertake staking for indications, exploring for Mine or Quarry Substances, subject to the conditions set out in this law.

Subject to the provisions of this law, Mine or Quarry Substances may be exploited by the following:

- any individual or legal entity constituted as a public or private corporation under Guinean law, having the technical and financial capability to undertake the requested operation;
- any individual or legal entity of Guinean nationality who is duly authorised to carry out semi-industrial or artisanal operations.

Un décret du Président de la République précise le contenu de ce qu'on entend par « Capacités techniques et financières ».

A decree of the President of the Republic of Guinea shall specify the content of what is meant by "Technical and financial capability".

Ne peuvent obtenir des Titres miniers ou Autorisations, les personnes ou les sociétés sujettes à des sanctions internationales ou des investigations criminelles liées à la fraude, à la corruption ou au blanchiment d'argent.

Mining Permits or Authorisations may not be granted to individuals or companies subject to international sanctions or criminal investigations relating to fraud, corruption or money laundering.

Article 16 : Droit de l'Etat

Article 16: Right of the State

L'Etat peut se livrer pour son propre compte à toute Activité minière ou de carrières soit directement, soit par l'intermédiaire de la Société Anonyme en charge de la gestion du patrimoine minier agissant seule ou en association avec des tiers dans le secteur minier.

The State may engage in any Mining or Quarry Activity on its own behalf, either directly or through the Public Limited Company responsible for management of the mining patrimony acting alone or in association with third parties in the mining sector.

Sauf disposition dérogatoire particulière, lorsque l'Etat entreprend ou fait entreprendre pour son compte des Activités minières, il demeure soumis aux dispositions du présent Code, sauf pour des activités de Recherche entreprises sous l'autorité du Ministre en charge des Mines pour améliorer la connaissance géologique du territoire de la République de Guinée ou pour des fins scientifiques.

Save as specifically exempted, the State shall comply with the provisions of this Code whenever it conducts Mining Activities or causes Mining Activities to be conducted on its behalf, except for Exploration activities conducted under the authority of the Minister in charge of Mines for the purposes of improving geological knowledge of the territory of the Republic of Guinea or for scientific purposes.

Article 17 : Actes conférant le droit de mener des Activités minières ou de carrières

Article 17: Deeds Conferring the Right to Conduct Mining or Quarry activities

Le droit de se livrer aux Activités minières ou de carrières ne peut être acquis qu'en vertu des Titres miniers et des Autorisations ci-après :

The right to carry out Mining or Quarry Activities can only be acquired by virtue of the following Mining Permits and Authorisations:

Titres miniers :

- Permis de recherche ;
- Permis d'exploitation minière industrielle et semi-industrielle ;
- Concession minière.

Mining Permits:

- Exploration Permit;
- Industrial or Semi-Industrial Mining Operation Permit;
- Mining concession.

Autorisations :

- Autorisation de reconnaissance de Substances minières ou de carrières ;
- Autorisation de recherche de carrières ;
- Autorisation d'exploitation artisanale de Substances minières ou de carrières ;

Authorisations:

- Staking permits for Mine or Quarry Substances;
- Quarry exploration permits;
- Artisanal operation license for Mine or Quarry Substances;

- Autorisation d'exploitation de Substances de carrières (Autorisation permanente ou temporaire).

Les modalités de gestion des Titres miniers et des Autorisations seront précisées par la réglementation minière.

Article 18 : Convention minière
La Concession minière pour une durée maximale de vingt-cinq (25) ans et le Permis d'exploitation minière d'une durée de quinze (15) ans sont assortis d'une Convention minière dont le modèle est fixé par décret

La Convention minière est valable pour une période maximum correspondant à la durée de validité du titre auquel, elle est rattachée. Elle renouvelable par période de dix (10) ans pour la concession minière et de cinq (5) ans pour le permis d'exploitation.

La Convention minière s'ajoute aux dispositions du Code mais n'y déroge pas. Elle précise les droits et obligations des parties et peut garantir au titulaire, la stabilité des conditions qui lui sont offertes, notamment au titre de la fiscalité et de la réglementation des changes tel que prévu au présent Code.

En cas de participation de l'Etat à une ou plusieurs Activités minières ou de carrières avec des tiers, la nature et les modalités de la participation de l'Etat sont expressément définies à l'avance dans la Convention minière qui accompagne la Concession minière.

Le Ministre a autorité pour signer la Convention minière, après avis favorable de la Commission Nationale des Mines et avec l'autorisation du Conseil des ministres.

Dans un délai n'excédant pas sept (7) jours ouvrables à compter de la date de sa signature, la Convention minière signée est soumise à l'avis juridique de la Cour Suprême. Après l'émission d'un avis favorable par la Cour Suprême, la Convention minière est transmise pour ratification à l'Assemblée Nationale.

- Mining operation permits for Quarry Substances (permanent or temporary permit).

The terms relating to the management of Mining Permits and Authorisations will be provided in the mining regulations.

Article 18: Mining Agreement
A Mining Concession for a maximum term of twenty-five (25) years and a Mining Operation Permit for a term of fifteen (15) years are issued in conjunction with a Mining Agreements the form of which is determined by decree.

A Mining Agreement is valid for a maximum period corresponding to the term of the title to which it relates. It is renewable for periods of ten (10) years for a mining concession and five (5) years for an operating permit.

The provisions of the Mining Agreement supplement the provisions of this Code but shall not derogate from them. They set out the rights and obligations of the parties and may guarantee the title holder the stability of the terms and conditions therein stated, in particular with regard to fiscal matters and the foreign exchange regulations as set out in this Code.

In cases where the State has an interest in one or more Mining or Quarry Activities with third parties, the nature and terms of the State's interest are specifically defined in advance in the Mining Agreement that accompanies the Mining Concession.

The Minister has the authority to sign the Mining Agreement upon receiving the National Mining Commission's approval and with the authorisation of the Council of ministers.

Within a period not exceeding seven (7) business days from the date of its signature, the signed Mining Agreement is then submitted to the Supreme Court for its legal opinion. Following the approval by the Supreme Court, the Mining Agreement is then forwarded to the National Assembly for ratification.

Après signature, la Convention minière sera publiée sur le site Internet officiel du Ministère en charge des Mines, ou tout autre site désigné par le Ministre.

Once signed, the Mining Agreement will be published on the official Website of the Ministry in charge of Mines, or any other site designated by the Minister.

Après ratification, la Convention minière sera publiée dans le Journal Officiel et le site Internet officiel du Ministère en charge des Mines, ou tout autre site désigné par le Ministre.

Once ratified, the Mining Agreement will be published in the Official Gazette and on the Official Website of the Ministry in charge of Mines, or any other site designated by the Minister.

# TITRE II : TITRES MINIERS ET AUTORISATIONS DIVERSES

# TITLE II: MINING PERMITS AND MISCELLANEOUS AUTHORISATIONS

## CHAPITRE I : TITRES MINIERS

### SECTION 1 : PERMIS DE RECHERCHE

Article 19 : Droits conférés et obligations

Le Permis de recherche confère à son titulaire, dans les limites de son périmètre et sans limitation de profondeur, le droit exclusif de Recherche du type de la substance minière pour lequel le Permis est délivré.

Pendant la période de validité du Permis de recherche, seul son titulaire a droit à un Permis d'exploitation ou une Concession minière pour les Gisements mis en évidence à l'intérieur du périmètre du Permis de recherche. Ce droit opère une fois que le titulaire a rendu les résultats complets à compter de la date de la Recherche, rétrocédé à l'Etat la moitié du périmètre initial et produit le dossier constitutif conformément aux articles 30 et 37 du présent Code.

Le Permis de recherche confère à son titulaire un droit mobilier, indivisible, non cessible et non susceptible de gage et d'hypothèque.

Toutefois, le titulaire d'un Permis de recherche peut conclure un partenariat technique lui permettant de lever les capitaux nécessaires au financement des activités de Recherche requises pour la découverte d'un Gisement. Ce partenariat technique devra être soumis à l'approbation du Ministre et ne doit, en aucun cas, consister en une cession directe ou indirecte du Permis de recherche concerné.

Article 20 : Nombre de Permis

Pour une même substance, une même personne peut posséder :

## CHAPTER I: MINING PERMITS

### SECTION I: EXPLORATION PERMIT

Article 19: Conferred Rights and Obligations

A Exploration Permit confers on its holder the exclusive right to Prospect for the type of mining substance(s) for which the Permit is issued, within the limits of its area and without limitation as to depth.

During the term of the Exploration Permit, only its holder is entitled to an Operating Permit or Mining Concession for the Deposits found within the perimeter of the Exploration Permit. This right comes into effect once the titleholder has submitted all the results from the date of the Exploration, surrendered half of the initial area to the State and produced the constitutive file in accordance with Articles 30 and 37 of this Code.

An Exploration Permit confers on its holder a movable property right which is undivided, not assignable and may not be pledged or mortgaged.

Nevertheless, the holder of a Exploration Permit can enter into a technical partnership enabling it to raise the necessary capital to finance the Exploration activities required for the discovery of a Deposit. This technical partnership will be submitted to the Minister for approval and must not, under any circumstances, consist of a direct or indirect transfer of the Exploration Permit concerned.

Article 20: Number of Permits

For the same substance, the same person can hold:

- Trois (3) Permis de recherche au maximum pour la bauxite et le minerai de fer dans la limite maximale de 1 500 km2 ;
- Cinq (5) Permis au maximum pour les autres substances dans la limite maximale de 500 km2 pour l'Exploitation industrielle et semi-industrielle.

- a maximum of three (3) Exploration Permits for bauxite and iron ore within a maximum area of 1,500 km2;
- a maximum of five (5) Permits for other substances within a maximum area of 500 km2 for Industrial and Semi-industrial Operations.

Article 21 : Superficie et forme

La superficie pour laquelle le Permis de recherche est accordé est définie dans l'arrêté institutif. Elle ne peut excéder cinq cents (500) km2 pour les Permis de recherche industrielle visant la bauxite et le fer, cent (100) km2 pour les Permis de recherche visant l'Exploitation industrielle des autres substances et seize (16) km2 pour les Permis de recherche visant l'Exploitation semi-industrielle de ces substances.

Article 21: Area and Form

The area for which a Exploration Permit is issued is set out in the granting order. It may not exceed five hundred (500) km2 for an Industrial Exploration Permit for bauxite and iron, one hundred (100) km2 for an Exploration Permit Industrial Operations relating to other substances, and sixteen (16) km2 for Semi-industrial Exploration Permits for these substances.

Article 22 : Attribution

Le Permis de recherche est accordé par arrêté du Ministre, sur recommandation du CPDM, après avis favorable du Comité Technique des Titres, au demandeur ayant présenté une demande conforme aux exigences du présent Code et de ses textes d'application et possédant les capacités techniques et financières suffisantes, ainsi que des engagements de travaux et de dépenses jugées acceptables.

L'instruction de la demande et l'évaluation cadastrale sont assurées par le CPDM.

L'évaluation technique et environnementale ainsi que les avis y afférents relèvent de la Direction Nationale des Mines et du Ministère de l'Environnement en rapport avec le Comité Technique des Titres.

La décision d'approbation ou de refus du Titre minier, sa notification et sa publication relèvent du Ministre en charge des Mines.

Les modalités d'attribution sont les suivantes :

- Pour les périmètres sans informations géologiques ou avec des informations géologiques ne permettant pas d'identifier un Gisement : « le premier demandeur bénéficie du titre ».

Article 22: Grant

An Exploration Permit is granted pursuant to an order of the Minister, on the recommendation of the MPCD, after receiving the approval of the Technical Committee of Titles, to the applicant whose application complies with the regulations of this Code and its implementing provisions, and who possesses sufficient technical and financial capability, as well as commitments for works and expenses that are deemed to be acceptable.

The MPCD is responsible for evaluating the application and for land survey.

The National Mining Authority and the Ministry in charge of the Environment, in conjunction with the Technical Committee of Titles, are responsible for the technical and environmental evaluation and related opinions.

The Minister in charge of Mines is responsible for the decision to approve or reject Mining Permits as well as its notification and publication.

The terms for granting are:

- For areas without geological information or with geological information which does not identify a Deposit: "the first applicant receives the title".

- Pour les périmètres déjà prospectés, renfermant un Gisement connu ou suscitant l'intérêt de plusieurs sociétés, la procédure d'attribution sera celle de la concurrence par appel d'offre compétitif et transparent selon des règles à définir dans les textes réglementaires, et approuvé par la Commission Nationale des Mines. L'appel d'offre doit être conclu dans un délai maximum d'un an à compter de l'entrée en vigueur de l'arrêté du Ministre portant réservation du Gisement à soumettre à l'appel d'offre.

- For areas that have already been prospected, containing a known Deposit or a Deposit that has attracted interest from several companies, the granting procedure will be by competitive and transparent tender offers and transparent call for tenders in accordance with the rules to be set out in regulations, and approved by the National Mining Commission. The call for tender offers must be completed within a maximum period of one (1) year from the effective date of the order of the Minister reserving the Deposit that is the subject of the call for tenders.

Sur proposition du Ministre en charge des Mines, un décret du Président de la République ouvre l'appel d'offres.

On the recommendation of the Minister in charge of Mines, a decree of the President of the Republic will launch the formal call for tender offers.

Le Permis de recherche visant l'Exploitation semi-industrielle sera accordé exclusivement aux personnes physiques de nationalité guinéenne, aux sociétés constituées de capitaux détenus entièrement par des Guinéens et aux ressortissants des pays accordant la réciprocité aux Guinéens.

An Exploration Permit for Semi-industrial Operations shall be granted exclusively to individuals of Guinean nationality, companies wholly owned by Guinean nationals and to foreign nationals of countries which grant reciprocity to Guinean nationals.

Les actes qui consacrent l'attribution, la prolongation, le renouvellement, le transfert, l'Amodiation, le retrait ou la renonciation à des Titres miniers doivent faire l'objet d'une publication dans le journal officiel et sur le site officiel du Ministère en charge des Mines, ou tout autre site désigné par le Ministre.

The instruments that establish the grant, expansion, renewal, transfer, the Lease, revocation or renunciation of Mining Permits must be published in the official gazette and on the official Website of the Ministry in charge of Mines, or any other site designated by the Minister.

L'ouverture des zones géographiques à la recherche doit faire l'objet d'une large diffusion.

The opening of geographical areas for exploration should be widely disseminated.

La mise sur le marché, par appel d'offres, des Périmètres déjà prospectés, en vue de l'octroi d'un Permis de recherche doit faire l'objet d'une publication dans au moins deux journaux de large diffusion, et cela au moins 45 jours avant la date limite de dépôt des offres.

The advertisement, by call for tenders, of already prospected Perimeters, with a view to the grant of an Exploration Permit must be published in at least two widely circulated newspapers and at least 45 days before the deadline for the submission of tenders.

Article 23 : Validité

Article 23: Term

Le Permis de recherche industrielle est accordé pour une période initiale dont la durée maximale est de trois (3) ans.

The Industrial Exploration Permit is granted for an initial period whose maximum term is three (3) years.

Le Permis de recherche semi-industrielle est accordé pour une période initiale dont la durée maximale est de deux (2) ans.

The Semi-industrial Exploration Permit is granted for an initial period whose maximum term is two (2) years.

Article 24 : Renouvellement

Le renouvellement du Permis de recherche industrielle peut être accordé à la demande de son titulaire et sous les mêmes conditions que pour l'octroi du Permis à deux (2) reprises pour des durées maximales de deux (2) ans.

Le renouvellement du Permis de recherche semi-industrielle peut être accordé, à la demande de son titulaire et sous les mêmes conditions que pour l'octroi du Permis, à une seule reprise pour une durée maximale de un an.

Chacun de ces renouvellements est de droit si le titulaire du Permis a satisfait à toutes les obligations contenues dans l'arrêté institutif et dans le présent Code et s'il propose, dans sa demande de renouvellement, un programme minimal de travaux adapté aux résultats de la période précédente et représentant un effort financier au moins égal à celui fixé dans l'arrêté institutif.

La rétrocession porte sur chaque Permis. Le dossier de renouvellement comprend :

Pour le Premier renouvellement :

- la copie de la totalité des rapports trimestriels soit douze (12) rapports pour les permis industriels et huit (8) rapports pour les permis semi-industriels ;
- tous les résultats des travaux et principalement les résultats géologiques, géophysiques, géochimiques et de forage accompagnés des cartes correspondantes ;
- la proposition de plan de rétrocession ;
- les documents attestant le respect des obligations visées dans l'arrêté institutif ;
- le programme des travaux assorti d'un budget pour la période suivante ;
- le chronogramme détaillé des travaux à réaliser.

Pour le second renouvellement :

- les copies des huit (8) rapports trimestriels ;

Article 24: Renewal

The term of an Industrial Exploration Permit may be renewed two (2) times for a maximum period of two (2) years each time, at the request of the holder and on the same conditions as those on which the Permit was granted.

The term of a Semi-industrial Exploration Permit may be renewed only once for a maximum period of one (1) year, at the request of the holder and on the same conditions as those on which the Permit was granted.

Each of these renewals occurs automatically if the holder has met all of the obligations contained in the granting order and in this Code and, if it so requests, in its application for renewal, a minimum work program adapted to the results of the preceding period and representing a financial outlay at least equal to that set out in the granting order.

Surrender applies to each Permit. The renewal application must include:

For the First renewal:

- copies of all quarterly reports, being twelve (12) reports for industrial permits and eight (8) reports for semi-industrial permits;
- all results of works and primarily geological, geophysical, geochemical and drilling results accompanied by corresponding maps;
- the proposed plan of surrender;
- documents certifying compliance with the obligations contained in the granting order;
- the work program with a budget for the subsequent period; and
- a detailed schedule of work to be completed.

For the second renewal:

- copies of the eight (8) quarterly reports;

- tous les résultats des travaux et principalement les résultats géologiques, géophysiques, géochimiques et de forage accompagnés des cartes correspondantes ;
- la proposition de plan de rétrocession ;
- les documents attestant le respect des obligations visées dans l'arrêté institutif ;
- le programme des travaux assorti d'un budget pour la période suivante ;
- le chronogramme détaillé des travaux à réaliser.

Lors de chaque renouvellement, la superficie du Permis couverte par les recherches est réduite de la moitié de son étendue précédente. Le périmètre revenant au demandeur doit englober dans des périmètres réguliers les gîtes reconnus des substances visées au Permis de recherche.

La superficie rétrocédée à l'Etat doit être accessible pour toute mise en valeur éventuelle. La surface rétrocédée doit former dans la mesure du possible un ou des blocs compacts dont les côtés sont rattachés à l'un des côtés du périmètre du Titre minier.

Les dossiers d'attribution, de renouvellement et de retrait des Titres miniers sont traités par le Comité Technique des Titres.

<u>Article 25 :</u> Prolongation

Si à la fin du deuxième renouvellement, le titulaire du Permis de recherche n'a pas pu finaliser son étude de faisabilité pour des raisons justifiées et vérifiées par l'Administration minière, une prolongation dont la durée ne peut dépasser un an, peut lui être accordée par le Ministre.

Si à la fin de cette période de prolongation le titulaire du Permis de recherche n'a toujours pas soumis l'étude de faisabilité à l'Administration minière, ledit Permis devient caduc et est annulé.

<u>Article 26 :</u> Programme et début des travaux

L'arrêté institutif du Permis de recherche fixe le programme minimum de travaux qui devra être exécuté par le titulaire pendant la durée

- all work results and primarily geological, geophysical, geochemical and drilling results accompanied by corresponding maps;
- the proposed plan of surrender;
- documents certifying compliance with the obligations contained in the granting order;
- the work program with a budget for the subsequent period; and
- and a detailed schedule of work to be completed.

At each renewal, the Permit area covered by the exploration is reduced by half of its previous size. The area reverting to the applicant must include in the regular area the known deposits for the substances set out in the Exploration Permit.

The area which is surrendered to the State must be available for subsequent development. The surface which is surrendered must, to the extent possible, form one or several compact blocks the sides of which are attached to a side of the area of the Mining Permit.

The Technical Committee of Titles will evaluate the grant, renewal and revocation of Mining Permits.

<u>Article 25:</u> Expansion

If at the end of the second renewal, the holder of the Exploration Permit has not been able to finalize its feasibility study for reasons which are justified and verified by the Mining Administration, the Minister may grant an expansion for a term not exceeding one year.

If at the end of this expansion period, the holder of the Exploration Permit has still not submitted the feasibility study to the Mining Administration, the said Permit shall lapse and be cancelled.

<u>Article 26:</u> Program and Start of Work

The Exploration Permit's granting order defines a minimum work program which the holder must carry out while the Permit is in

de validité du Permis ainsi que l'effort financier minimum qu'il devra consacrer chaque année à ses recherches pendant la durée de validité du Permis et de ses renouvellements éventuels. A cet effet, il est institué, pour les Permis de recherche, des dépenses minimales par km2 dont les montants sont fixés par la Réglementation minière.

Le titulaire d'un Permis de recherches est tenu de commencer, dans les six (6) mois au plus tard à compter de la date d'émission du Permis, les travaux de Recherche à l'intérieur du périmètre du Permis, et de les poursuivre avec diligence et selon les règles de l'art minier.

Pendant cette période de six (6) mois, le titulaire doit réaliser les activités prévues par l'arrêté institutif et comprenant les opérations suivantes après la déclaration à la Direction Nationale des Mines du début des travaux :

- élaborer les rapports d'activité et les rapports financiers validés par l'Administration à la suite d'un séjour de travail d'au moins trois jours dans le périmètre de recherches par au moins un géologue engagé par le titulaire ou, alternativement, le repérage géophysique aérien comprenant au moins trois jours de survols du périmètre ;
- déposer les copies de la notice environnementale à la Direction Nationale des Mines et au Centre de Promotion et de Développement Miniers ;
- transmettre la Notice Environnementale aux autorités locales à titre d'information et d'explication des mesures d'atténuation et de réhabilitation prévues.

<u>Article 27 :</u> Libre disposition des produits

Le titulaire d'un Permis de recherche a droit à la libre disposition des produits extraits à l'occasion de ses recherches et essais à condition que ces travaux ne revêtent pas le caractère de travaux d'exploitation, sous réserve d'en faire la déclaration à la Direction Nationale des Mines et de respecter toutes les dispositions prises par la réglementation minière concernant les substances minières extraites.

effect, and the minimum financial outlay it is expected to devote to exploration each year during the term of the Permit and any renewals thereof. To this end, minimum expenditures per km2 are instituted for Exploration Permits, the amounts of which are set out in the mining Regulations.

The holder of a Exploration Permit must start Exploration work within the area of the Permit no later than six (6) months from the date of issuance of the Permit, and continue same diligently and according to generally accepted mining methods.

During this period of six (6) months, the titleholder must complete the activities set forth in the granting order and including the following operations after confirming with the National Mines Authority that work has begun:

- prepare activity reports and financial statements approved by the Administration following a period of work lasting at least three days within the exploration perimeter by at least one geologist hired by the titleholder or, alternatively, an aerial geophysical survey including at least three days of flights over the area;
- submit copies of the environmental notice to the National Mining Authority and the Mining Promotion and Development Centre;
- provide local authorities, for information purposes, with the Environmental Notice and an explanation of the planned mitigation and rehabilitation measures.

<u>Article 27:</u> Free Disposal of Products

The holder of an Exploration Permit is entitled to freely dispose of products extracted in the course of its exploration and assays, provided that these works do not fall within operation activities and provided that said disposal is declared to the National Mining Authority and that all the provisions of mining regulations concerning extracted mine substances are observed.

## SECTION II : PERMIS D'EXPLOITATION

Article 28 : Droits conférés

Le Permis d'exploitation confère à son titulaire, dans les limites de son périmètre et indéfiniment en profondeur, le droit exclusif de reconnaissance, de recherches, d'exploitation et la libre disposition des substances minières pour lesquelles il est délivré.

Le Permis d'exploitation crée au profit de son titulaire un droit mobilier divisible et amodiable. Ce droit est susceptible de gage pour garantir des emprunts de fonds destinés à l'exploitation.

Article 29 : Superficie et forme

La superficie pour laquelle le Permis d'exploitation est accordé est définie dans le décret institutif.

Elle est délimitée en fonction du ou des Gisements tels que définis dans l'étude de faisabilité.

Le périmètre du Permis d'exploitation doit être entièrement situé à l'intérieur du Permis de recherche dont il dérive. Il peut dans des cas exceptionnels, couvrir plusieurs Permis de recherche appartenant au même titulaire et portant sur la même substance, si le Gisement englobe certaines parties de ces Permis. Le périmètre du Permis d'exploitation doit être un polygone le plus simple possible, aux côtés orientés nord-sud et est-ouest et comprenant un nombre de sommets limités à dix (10) sauf dérogation accordée par le CPDM.

Pour le dragage en lit vif, la longueur autorisée sur le cours d'eau ne peut excéder dix (10) km pour les Permis industriels et cinq (5) km pour les Permis semi-industriels.

Article 30 : Attribution

Article 30-I : nature de l'acte, modalités d'octroi et personnes pouvant bénéficier du Permis d'exploitation

## SECTION II: OPERATING PERMITS

Article 28: Conferred Rights

An Operating Permit confers on its holder the exclusive right to search, prospect, develop and freely dispose of the mine substances which has been granted to it, within the limits of its area and without limitation as to depth.

An Operating Permit creates, in favour of its holder, a moveable and divisible right that may be sub-leased. This right may be pledged in order to secure loans for operations.

Article 29: Area and Form

The area for which an Operating Permit is granted is set out in the granting decree.

It is demarcated based on the Deposit(s) as defined in the feasibility study.

The area of the Operating Permit must be entirely located within the area of the Exploration Permit from which it derives. In exceptional cases, it may cover several Exploration Permits belonging to the same holder and relating to the same substance, if the Deposit includes certain areas covered by the said Permits. The perimeter of the Mining Operation Permit must be the simplest polygon possible, with sides aligned north-south and east-west, and with no more than ten (10) vertices, unless a derogation is permitted by the MPDC.

For dredging of riverbeds, the authorised length of the watercourse may not exceed ten (10) km for industrial Permits and five (5) km for semi-industrial Permits.

Article 30: Grant

Article 30-I: Nature of the instrument, procedure for grant of and persons entitled to an Operating Permit

Le Permis d'exploitation industrielle ou semi-industrielle est accordé de droit, à une société de droit guinéen, par Décret pris en Conseil des ministres sur proposition du Ministre en charge des mines, après avis favorable de la Commission Nationale des Mines, au titulaire du Permis de recherche ayant respecté les obligations qui lui incombent en vertu du Code Minier et présenté une demande conforme à la réglementation, au moins trois mois avant l'expiration de la période de validité du Permis de recherche en vertu duquel elle est formulée.

La société titulaire du Permis de recherche devra, à cet effet, créer une filiale de droit guinéen.

Article 30-II : composition et modalités d'examen du dossier constitutif de la demande d'attribution du Permis d'exploitation

La demande du Permis d'exploitation industrielle ou semi-industrielle doit être accompagnée d'un dossier dont le détail figure dans la réglementation minière et comprenant impérativement, entre autres, chacun des éléments suivants :

- une copie du Permis de recherche en cours de validité et la preuve du paiement des taxes et redevances dues ;
- le rapport sur le résultat de recherches en ce qui concerne la nature, la qualité, le volume et la situation géographique de la ressource minérale identifiée ;
- un plan de la première ou de la seconde rétrocession, selon le cas, accompagné des résultats des travaux de recherches et correspondant à la moitié de la superficie précédente ;
- une étude de faisabilité intégrant un plan de développement et d'exploitation du Gisement comprenant, entre autres :
    - une Etude d'impact environnemental et social détaillée, assortie d'un Plan de Gestion Environnementale et Sociale, comprenant un Plan de Dangers, un Plan de Gestion des Risques, un Plan Hygiène Santé et Sécurité, un Plan de Réhabilitation, un Plan de Réinstallation des Populations Affectées par le projet et les mesures d'atténuation des impacts négatifs et d'optimisation des impacts positifs ;

An Industrial or Semi-industrial Mining Operation Permit is automatically granted to a Guinean company by Decree issued during Council of Ministers on the recommendation of the Minister in charge of Mines and following approval by the National Mining Commission, to the holder of an Exploration Permit who has met its obligations under the Mining Code and filed an application in accordance with the regulations, at least three months prior to the expiration of the validity period of the Exploration Permit under which the application is made.

The company holding the Exploration Permit shall set up a Guinean-law subsidiary for this purpose.

Article 30-II: Content and evaluation of the application for the grant of an Operating Permit

The application for an Industrial or Semi-industrial Mining Operation Permit must be accompanied by supporting documentation, the details of which are set out in the mining regulations and must include, *inter alia*, each of the following:

- a copy of the valid Exploration Permit and proof of payment of all taxes and royalties due;
- the report on the exploration results regarding the nature, quality, volume and geographic location of the mineral resource identified;
- a plan in respect of the first or second surrender, as applicable, accompanied by the results of the exploration work and corresponding to half of the previous area;
- a feasibility study including a plan for the development and operation of the Deposit, including, *inter alia*:
    - Detailed Environmental and Social Impact Study accompanied by a Social and Environmental Management Plan including, an Emergency Plan; a Risk Management Plan; a Hygiene, Health and Safety Plan; a Rehabilitation Plan; a Resettlement Plan for the Population affected by the project and the measures to mitigate negative impacts and optimize positive impacts;

- o l'analyse économique et financière du projet et le plan d'obtention des Permis et autorisations nécessaires ;
- o les plans et les estimations pour les infrastructures industrielles ;
- o un plan d'appui aux entreprises guinéennes pour la création et/ou le renforcement des capacités des PME/PMI ou des entreprises appartenant ou contrôlées par des Guinéens pour la fourniture de biens et services largement utilisés dans le cadre de leurs activités et un plan de promotion de l'emploi des Guinéens dont le minimum devra être conforme aux quotas fixés dans le présent Code ;

- le chronogramme détaillé des travaux à réaliser ;
- un plan pour le développement communautaire annexé à la Convention de Développement Local qui couvre, entre autres, les aspects formation, infrastructures médicales, sociales, scolaires, routières, de fourniture d'eau, d'électricité ; la signature de cette Convention de Développement Local interviendra à l'obtention du Titre ; et
- un plan architectural du siège de la société assorti d'une demande d'attribution de parcelle adressée à l'Administration compétente ; la réalisation du siège devant nécessairement se faire dans un délai maximum de trois ans à compter de l'attribution du Permis d'exploitation pour le minerai de fer, la bauxite, l'or et le diamant.

En ce qui concerne les titulaires de Permis d'exploitation semi-industrielle, les obligations environnementales et celles relatives au plan de développement communautaire seront précisées dans le décret institutif.

L'instruction de la demande et l'évaluation cadastrale sont assurées par le CPDM.

L'évaluation technique et environnementale ainsi que les avis y afférents relèvent de la Direction Nationale des Mines et du Ministère de l'Environnement en rapport avec le Comité Technique des Titres et la Commission Nationale des Mines.

- o an economic and financial analysis of the project and the plan for obtaining the requisite Permits and authorisations;
- o plans and estimates for industrial infrastructures;
- o a plan for supporting Guinean companies in creating and/or reinforcing the capacities of SMEs/SMIs or companies owned or controlled by Guinean nationals for the provision of goods and services generally used for their activities, as well as a plan to promote the employment of Guinean nationals, the minimum number of whom must conform to the quotas set out in this Code;

- a detailed schedule of the work to be done;
- a community development plan annexed to the Local Development Agreement covering among others, aspects of training, medical, social, educational, roads, water supply, and electricity infrastructures (the Local Development Agreement will be signed upon delivery of the Title); and
- an architectural plan of the company's headquarters with an application for land allocation made to the competent Administration (the head office must be constructed within a maximum period of three years from the date an Operating Permit for iron ore, bauxite, gold and diamond is granted).

For Semi-industrial Mining Operation Permit holders, the obligations in respect of the environment and community development plan will be specified in the decree granting the Permit.

The MPDC is responsible for reviewing the application and land evaluation.

The technical and environmental evaluation as well as related opinions fall within the jurisdiction of the National Mining Authority and the Ministry in charge of the Environment, in association with the Technical Committee of Titles and the National Mining Commission.

La décision d'approbation ou de refus du Titre minier, sa notification et sa publication restent soumises aux dispositions du présent Code et relèvent du Ministre.

Article 30-III : Statut du permis de recherche après attribution du Permis d'exploitation

L'attribution d'un Permis d'exploitation industrielle ou semi-industrielle entraîne l'annulation du Permis de recherche à l'intérieur du périmètre du Permis d'exploitation. Toutefois, la Recherche liée à l'exploitation peut y continuer. Dans le cadre de cette recherche, en cas de découverte d'une substance minière autre que celle pour laquelle le Permis d'exploitation a été accordé, le titulaire aura un droit de préemption pour son exploitation. Ce droit devra être exercé dans un délai maximum de dix-huit (18) mois à compter de la date de notification de ladite découverte à l'Etat.

En l'absence de Permis de recherche en cours de validité et pour un Gisement mis en évidence, le Permis d'exploitation est accordé suivant la procédure d'appel d'offres compétitif et transparent selon des règles à définir dans les textes règlementaires. L'appel d'offres est mis en œuvre par le Comité Technique des Titres en relation avec la Commission Nationale des Mines.

Article 30-IV : Publication des actes relatifs au Permis d'exploitation

Les actes qui consacrent l'attribution, la prolongation, le renouvellement, le transfert, l'Amodiation, le retrait ou la renonciation à un Permis d'exploitation doivent faire l'objet d'une publication dans le Journal Officiel et sur le site Internet officiel du Ministère en charge des Mines, ou tout autre site désigné par le Ministre. La mise sur le marché, par appel d'offres, des périmètres déjà prospectés en vue de l'octroi d'un Permis d'exploitation, doit faire l'objet d'une publication dans au moins deux journaux de large diffusion, et cela au moins 45 jours avant la date limite de dépôt des offres.

Article 31 : Indemnisation de l'Inventeur

Si le Permis d'exploitation est délivré à une personne autre que l'Inventeur du Gisement, le titulaire du Permis doit verser à ce dernier une juste indemnité fixée dans le cadre d'une transaction commerciale privée.

The decision to grant or reject a Mining Permit, as well as the notification and publication of the same, are subject to the provisions of this Code and fall under the jurisdiction of the Minister.

Article 30-III: Status of the Exploration Permit after the grant of an Operating Permit

The grant of an Industrial or Semi-industrial Mining Operation Permit will result in the cancellation of the Exploration Permit within the area of the Operating Permit. However, Exploration in relation to the mining operation may continue. Should a mineral substance other than the one for which the Operating Permit has been granted be discovered in the course of that exploration, the holder shall have a pre-emptive right in respect of its mining operations. This right must be exercised within a maximum of eighteen (18) months from the date of notification of the discovery to the State.

In the absence of a valid Exploration Permit and for a discovered Deposit, the Operating Permit is granted in accordance with the competitive and transparent tender procedure pursuant to the rules to be defined in the statutory instruments. The invitation to tender is implemented by the Technical Committee of Titles in collaboration with the National Mining Commission.

Article 30-IV: Publication of documents relating to the Operating Permit

The instruments that establish the grant, Expansion, renewal, transfer, Lease, revocation or renunciation of an Operating Permit must be published in the Official Gazette and on the official Website of the Ministry in charge of Mines or on any other site designated by the Minister. The marketing, by invitation to tender, of already prospected perimeters with a view to the grant of a Mining Operation Permit must be published in at least two widely circulated newspapers and at least 45 days before the deadline for the submission of bids.

Article 31: Finder's Indemnification

If the Operating Permit is issued to any person other than the Finder of the Deposit, the holder of the Permit must pay the latter fair compensation, the amount of which is determined by a private commercial transaction.

L'indemnité est destinée à compenser le montant des frais effectivement engagés par l'Inventeur pour les travaux de recherche proprement dits effectués sur le Gisement en vertu d'un Permis de recherche.

L'Inventeur ne peut se prévaloir de cette disposition s'il n'a pas satisfait à toutes ses obligations selon le présent Code.

<u>Article 32 :</u> Validité

Le Permis d'exploitation industrielle est accordé pour une durée de quinze (15) ans au plus. Le Permis d'exploitation semi-industrielle est accordé pour une durée de cinq (5) ans au plus.

<u>Article 33 :</u> Renouvellement

La validité du Permis d'exploitation industrielle ou semi-industrielle est, sur la demande de son titulaire et sous les mêmes conditions que pour l'octroi du Permis, renouvelée à plusieurs reprises, chaque fois pour des périodes de cinq (5) ans au plus, lorsque le titulaire a exécuté les obligations mises à sa charge lors de la délivrance ou du renouvellement du Titre et celles résultant du présent Code, de ses textes d'application et du cahier des charges ou de la Convention minière.

<u>Article 34 :</u> Début des travaux d'exploitation

Le titulaire d'un Permis d'exploitation semi-industrielle est tenu de commencer les travaux de développement et de mise en exploitation dans un délai maximum de six (6) mois à compter de la date de l'octroi du Permis.

A compter d'un an après la date d'attribution, il s'expose à une pénalité de retard de dix millions (10 000 000) GNF par mois pendant les trois premiers mois. Cette pénalité sera augmentée de 10% par mois par rapport au mois précédent, à compter du quatrième mois de retard et ce, jusqu'au 12ème mois de retard.

Deux (2) ans à compter de la date d'octroi du Permis d'exploitation semi-industrielle, si le titulaire n'a pas mis en exploitation son Permis conformément aux dispositions du présent Code, du décret institutif et de la Convention minière, l'Etat se réserve le droit de procéder au retrait ou à l'annulation du Titre.

The compensation is intended to cover the costs which the Finder effectively incurred for exploration work carried out on the Deposit pursuant to an Exploration Permit.

The Finder cannot rely on this provision unless it has met all of its obligations under this Code.

<u>Article 32:</u> Term

An Industrial Mining Operation Permit is granted for a maximum period of fifteen (15) years. A Semi-industrial Mining Operation Permit is granted for a maximum period of five (5) years.

<u>Article 33:</u> Renewal

The term of an Industrial or Semi-industrial Mining Operation Permit is renewed several times, upon application of its holder and under the same conditions as for its original grant, each time for a period lasting no more than five (5) years, when the holder has met its obligations stipulated upon the delivery or renewal of the Title and those arising under this Code, its implementing regulations and the terms of reference, or the Mining Agreement.

<u>Article 34:</u> Commencement of Mining Operations

The holder of a Semi-industrial Mining Operation Permit must commence development and exploitation work within a maximum of six (6) months following the date of issuance of the Permit.

As of one (1) year after the grant date, the titleholder is subject to a penalty for delay of ten million (10,000,000) GNF per month for the first three months. This penalty will increase by 10% per month over the previous month, effective from the fourth month of delay until the 12th month of delay.

Two (2) years from the date of the grant of the Semi-industrial Mining Operation Permit, if the holder has not begun to exploit Permit in accordance with the provisions of this Code and the decree granting the Permit and the Mining Agreement, the State shall have the right to revoke or cancel the Title.

Le titulaire d'un Permis d'exploitation industrielle est tenu de commencer les travaux de développement dans un délai maximum d'un an à compter de la date de l'octroi du Permis.

A compter d'un an après la date d'attribution, il s'expose à une pénalité de retard de cent mille (100 000) USD par mois pendant les trois premiers mois. Cette pénalité sera augmentée de 10% par mois par rapport au mois précédent, à compter du quatrième mois de retard et ce, jusqu'au 6ème mois de retard.

Dix-huit (18) mois à compter de la date d'octroi du Permis d'exploitation industrielle, si le titulaire n'a pas commencé les travaux conformément aux dispositions du présent Code, du décret institutif et de la Convention minière, l'Etat se réserve le droit de procéder au retrait ou à l'annulation du Titre.

Le titulaire d'un Permis d'exploitation minière est tenu d'atteindre la phase d'exploitation, telle que définie à l'article 168, dans la durée prévue dans l'étude de faisabilité et, ce, dans la limite maximale de quatre (4) ans à compter de la date de l'octroi du Titre minier pour les Permis d'exploitation destinés à l'extraction et à l'exportation du minerai brut et de cinq (5) ans pour ceux destinés à la transformation de matières premières sur le territoire guinéen. Passé ce délai, une pénalité de retard correspondant au solde non exécuté des dépenses prévues sur une année civile, lui sera appliqué. Cette pénalité ne sera pas due si l'écart non exécuté des dépenses ainsi constatées est inférieur à 10% des dépenses pour l'année civile concernée et/ou résulte d'un ajustement du programme des travaux validé par le Ministre, après avis favorable de la Commission Nationale des Mines.

Il sera fait application des dispositions de l'article 88 du présent Code lorsque les travaux miniers ou les montants de dépenses du titulaire sont inférieurs de 25% sur un total de deux années consécutives à l'intégralité du programme minimum de travaux ou du montant minimum de dépenses prévues pour cette période par le Titre minier ou par le cahier des charges du Permis d'exploitation, sauf cas de force majeure dûment justifié, de tels cas de force majeure ne pouvant excéder douze (12) mois.

The holder of an Industrial Mining Operation Permit must begin development work within a maximum period of one year from the date of issuance of the Permit.

As of one year after the grant date, the titleholder is subject to a penalty for delay of one hundred thousand (100,000) USD per month for the first three months. This penalty will increase by 10% per month over the previous month, effective from the fourth month of delay until the 6th month of delay.

Eighteen (18) months from the grant date of the Industrial Mining Operation Permit, if the holder has still not started the work in accordance with the provisions of this Code, the granting decree, and the Mining Agreement, the State reserves the right to revoke or cancel the Title in question.

The holder of a mining Operating Permit is required to begin the Operating Phase, as defined in Article 168, within the timeframe stipulated in the feasibility study, and this within the grant a maximum period of four (4) years from date of the Mining Permit for the Mining Operations Permit for the extraction and export of unprocessed ore and five (5) years for those dedicated to the processing of raw materials within Guinea. After this time period, a penalty for delay corresponding to the unused balance of expenditures contemplated for the calendar year will be applied. This penalty will not be due if the established unused balance of expenditures is less than 10% of the expenditure for the relevant calendar year and / or is the result of an adjustment to the works program validated by the Minister, following the approval by the National Mining Commission.

The provisions of Article 88 of this Code will apply when the mining work or the expenditure of the titleholder constitutes less than 25% over a period of two consecutive years of the entire minimum work program, or of the total minimum expenditure provided for this period by the Mining Permit, or by the terms of reference of the Operating Permit, except in duly justified cases of force majeure; such instances of force majeure not to exceed twelve (12) months.

Pour l'application du présent article, le « début des travaux de développement » est défini par l'engagement des travaux préparatoires, de développement et de construction pour un montant minimum se situant entre dix pour cent (10%) et quinze pour cent (15%) du montant total de l'investissement.

For the purposes of this Article, the "commencement of development work" is defined as undertaking preparatory, development and construction work amounting to a minimum sum representing between ten per cent (10%) and fifteen per cent (15%) of the total amount of the investment.

## SECTION III : CONCESSIONS MINIERES

## SECTION III: MINING CONCESSIONS

Article 35 : Droits conférés

La Concession minière confère à son titulaire le droit exclusif d'effectuer dans son périmètre, sans limitation de profondeur, tous travaux d'exploitation de Gisements des substances minières pour lesquelles la Concession est délivrée.

La Concession constitue un droit immobilier, divisible, amodiable et susceptible d'hypothèque pour garantir des emprunts de fonds destinés à l'exploitation.

Article 35: Conferred Rights

A Mining Concession confers on its holder the exclusive right to carry out all kinds of mining operations of Deposits for the mine substances for which the Concession is granted, within the limits of its perimeter, and without limitation as to depth.

A Concession is an immoveable, divisible, right which can be sub-leased; this right may mortgaged in order to secure loans to finance mining operations.

Article 36 : Superficie

La superficie pour laquelle la Concession est accordée est définie dans le décret institutif. Elle doit correspondre, autant que possible, aux limites du/des Gisement(s) tel(s) que défini(s) dans l'étude de faisabilité. Le périmètre de la Concession doit être un polygone le plus simple possible, aux côtés orientés Nord-Sud et Est-Ouest.

La délivrance de la Concession vaut le retrait de tout Permis de recherche ou d'exploitation préalable pour la superficie couverte par la Concession.

A moins qu'il n'en soit autrement disposé par le décret institutif de la Concession, les obligations qui pesaient sur le titulaire en raison du Permis de recherche ou du Permis d'exploitation sont réduites ou élargies pour tenir compte de la diminution ou de l'augmentation de la superficie couverte par le Permis de recherche ou le Permis d'exploitation.

Article 36: Area

The area for which a Concession is granted is defined in the granting decree. It must correspond, as closely as possible, to the boundaries of the Deposit(s), as defined in the feasibility study. The Concession's perimeter must be the simplest polygon possible, with sides aligned North-South and East-West.

The delivery of a Concession cancels any prior Exploration or Mining Operation Permit for the area covered by the Concession.

Unless otherwise prescribed by the Concession's granting decree, the obligations that were incumbent upon the holder pursuant to an Exploration Permit or Operating Permit are reduced or broadened to take into account the reduction or increase in the area covered by the Exploration Permit or the Mining Operations Permit.

Article 37 : Attribution

Article 37-I : nature de l'acte, modalités d'octroi et personnes pouvant bénéficier de la Concession minière

Article 37: Grant

Article 37-I: Nature of the instrument, procedure for the grant of and persons entitled to a Mining Concession

La Concession minière est accordée de droit, à une société de droit guinéen par décret pris en Conseil des ministres sur proposition du Ministre en charge des Mines, après avis favorable de la Commission Nationale des Mines, au titulaire du Permis de recherche ayant respecté les obligations qui lui incombent en vertu du Code Minier. Cette demande doit être présentée au moins trois mois avant l'expiration de la période de validité du Permis de recherche en vertu duquel elle est formulée.

A Mining Concession is automatically granted to a Guinean company by decree issued in a Council of Ministers on the recommendation of the Minister in charge of Mines, following approval by the National Mining Commission, to the holder of an Exploration Permit who has met its obligations under the Mining Code. This application must be made at least three (3) months prior to the expiration of the validity period of the Exploration Permit under which the application is being made.

Sont éligibles au régime de la Concession minière établi par le présent Code, les investissements d'un montant égal ou supérieur à un milliard (1 000 000 000) USD pour les substances des catégories 1 et 5.

Investments of an amount equal to, or greater than, one billion (1,000,000,000) USD for substances in categories 1 and 5 for the Mining Concession regime established by this Code.

Ce seuil est fixé à cinq cent millions (500 000 000) USD pour les substances des catégories 2, 3, 4 et 6.

This threshold is fixed at five hundred million (500,000,000) USD for substances in categories 2, 3, 4 and 6.

Article 37-II : composition et modalités d'examen du dossier constitutif de la demande d'attribution de Concession minière

Article 37-II: Content and evaluation of the application for the grant of a Mining Concession

La demande d'une Concession minière doit être accompagnée d'un dossier dont le détail figure dans la réglementation minière et comprenant impérativement chacun des éléments suivants :

- une copie du Permis de recherche en cours de validité et la preuve du paiement des taxes et redevances dues ;
- le rapport sur le résultat de recherches en ce qui concerne la nature, la qualité, le volume et la situation géographique de la ressource minérale identifiée ;
- le plan de la première ou de la seconde rétrocession, selon le cas, accompagné des résultats des travaux de recherches et correspondant à la moitié de la superficie précédente ;
- une étude de faisabilité intégrant :
  - o une Etude d'impact environnemental et social détaillée, assortie d'un Plan de Gestion Environnementale et Sociale, comprenant un Plan de Dangers, un Plan de Gestion des Risques, un Plan Hygiène Santé et Sécurité, un Plan de Réhabilita-

An application for a Mining Concession shall be accompanied by a file, the details of which are set out in the mining regulations. This file must include each of the following elements:

- a copy of the valid Exploration Permit and proof of payment of all fees and royalties due;
- a report on the exploration results, regarding the nature, quality, volume and geographic location of the mineral resource identified;
- a plan in respect of the first or second surrender, as applicable, accompanied by the results of the exploration work and corresponding to half of the previous area;
- a feasibility study including:
  - o a detailed Environmental and Social Impact Study accompanied by a Social and Environmental Management Plan including an Emergency Plan, a Risk Management Plan, a Hygiene, Health and Safety Plan, a Rehabilitation Plan, a

tion, un Plan de Réinstallation des Populations Affectées par le projet et les mesures d'atténuation des impacts négatifs et d'optimisation des impacts positifs ;

- o l'analyse économique et financière du projet et le plan d'obtention des permis et autorisations nécessaires ;
- o les plans et les estimations pour les infrastructures industrielles ;
- o un plan d'appui aux entreprises guinéennes pour la création et/ou le renforcement des capacités des PME/PMI ou des entreprises appartenant ou contrôlés par des guinéens pour la fourniture de biens et services nécessaires à leurs activités et un plan de promotion de l'emploi des guinéens dont le minimum devra être conforme aux quotas fixés dans le présent Code ;

- Le chronogramme détaillé des travaux à réaliser ;
- un plan pour le développement communautaire annexé à la Convention de Développement Local qui couvre, entre autres, les aspects formation, infrastructures médicales, sociales, scolaires, routières, de fourniture d'eau, d'électricité ; la signature de cette Convention de Développement Local interviendra à l'obtention du Titre ; et
- un plan architectural du siège de la société assorti d'une demande d'attribution de parcelle adressée à l'administration compétente ; la réalisation du siège devant nécessairement se faire dans un délai maximum de trois ans à compter de l'attribution de la Concession pour le minerai de fer, la bauxite, l'or et le diamant.

Article 37-III : Statut du Permis de recherche après attribution de la Concession minière

L'attribution d'une Concession minière entraîne l'annulation du Permis de recherche à l'intérieur du périmètre de la Concession minière.

Toutefois, la Recherche liée à l'exploitation peut y continuer. Dans le cadre de cette Recherche, en cas de découverte d'une Substance minière

Resettlement Plan for the Population affected by the project and the measures to mitigate negative impacts and optimize positive impacts;

- o an economic and financial analysis of the project and the plan for obtaining the requisite permits and authorisations;
- o plans and estimates for industrial infrastructures;
- o a plan for supporting Guinean companies in creating and/or reinforcing the capacities of SMEs/SMIs or companies owned or controlled by Guinean nationals for the provision of goods and services necessary for their activities, and a plan to promote the employment of Guinean nationals, the minimum number of whom must conform to the quotas set out in this Code;

- a detailed schedule of the work to be done;
- a community development plan annexed to the Local Development Agreement covering, among others, aspects of training, medical, social, educational, road, water supply, and electricity infrastructures (the Local Development Agreement will be signed upon delivery of the Permit), and
- an architectural plan of the company's headquarters with an application for land allocation made to the competent administration (the head office must be constructed within a maximum period of three (3) years from the date of the grant of a Concession for iron ore, bauxite, gold and diamond).

Article 37-III: Status of the Exploration Permit after the awarding of a Mining Concession

The grant of a Mining Concession results in the cancellation of the Exploration Permit within the perimeter of the Mining Concession.

However, Exploration activities relating to mining operation may continue. Should a Mine Substance in a category different from the one

d'une catégorie autre que celle pour laquelle la Concession a été accordée, le titulaire aura un droit de préemption pour son exploitation. Ce droit devra être exercé dans un délai maximum de dix-huit (18) mois à compter de la date de notification de ladite découverte à l'Etat.

for which the Concession has been granted be discovered, the holder shall have a pre-emptive right in respect of its mining operations. This right must be exercised within a maximum of eighteen (18) months from the date of notification of the discovery to the State.

L'instruction de la demande et l'évaluation cadastrale sont assurées par le CPDM.

The MPDC is responsible for reviewing the application and land evaluation.

L'évaluation technique et environnementale ainsi que les avis y afférents relèvent de la Direction Nationale des Mines et du Ministère de l'Environnement en rapport avec le Comité Technique des Titres et la Commission Nationale des Mines.

The technical and environmental evaluation and related opinions fall within the jurisdiction of the National Mining Authority and the Ministry in charge of the Environment, in association with the Technical Committee of Titles and the National Mining Commission.

La décision d'approbation ou de refus du Titre minier, sa notification et sa publication relèvent du Ministre en charge des Mines.

The Minister in charge of Mines is responsible for the decision to approve or reject Mining Permits as well as its notification and publication.

Une Convention minière fixant les modalités d'exploitation de la Concession est négociée et signée conformément aux dispositions de l'article 18 du présent Code.

A Mining Agreement setting out the terms and conditions for operating the Concession is to be negotiated and signed, in accordance with the provisions of Article 18 of this Code.

En l'absence de Permis de recherche en cours de validité et pour un Gisement mis en évidence, la Concession minière est accordée suivant la procédure d'appel d'offres compétitif et transparent selon des règles à définir dans les textes règlementaires.

In the absence of a valid Exploration Permit and for a discovered Deposit, a Mining Concession is granted in accordance with the competitive and transparent tender procedure, according to the rules to be defined in the statutory instruments.

L'appel d'offres est mis en œuvre par le Comité Technique des Titres en relation avec la Commission Nationale des Mines.

The tender process is carried out by the Technical Committee of Titles in partnership with the National Mining Commission.

Article 37-IV : Publication des actes relatifs à la Concession

Article 37-IV: Publication of instruments relating to the Concession

Les actes qui consacrent l'attribution, la prorogation, le renouvellement, le transfert, l'Amodiation, le retrait ou la renonciation à une Concession minière doivent faire l'objet d'une publication dans le journal officiel et sur le site Internet officiel du Ministère en charge des Mines, ou tout autre site désigné par le Ministre.

The instruments that establish the grant, expansion, renewal, transfer, Lease, revocation or renunciation of a Mining Concession must be published in the official gazette and on the official Website of the Ministry in charge of Mines or any other site designated by the Minister.

La mise sur le marché, par appel d'offres, des Périmètres déjà prospectés en vue de l'octroi d'une Concession minière, doit faire l'objet d'une publication dans au moins deux journaux de large diffusion, et cela au moins quarante-cinq jours (45) jours avant la date limite de dépôt des offres.

The advertisement, by invitation to tender, of already prospected Perimeters for the grant of a Mining Concession must be published in at least two (2) widely circulated newspapers and at least forty-five (45) days before the deadline for the submission of bids.

Article 38 : Indemnisation de l'Inventeur

Si la Concession est délivrée à une personne autre que l'Inventeur du Gisement, le concessionnaire devra verser à ce dernier une juste indemnité fixée dans le cadre d'une transaction commerciale privée.

L'indemnité est destinée à compenser le montant des frais engagés par l'Inventeur pour les travaux de recherches proprement dits effectués sur le Gisement en vertu du Permis de recherches.

L'Inventeur ne peut se prévaloir de cette disposition s'il n'a pas satisfait à ses obligations selon le présent Code.

Article 39 : Validité

La Concession minière est accordée pour une durée de vingt-cinq (25) ans au plus.

Article 40 : Renouvellement

La validité de la Concession peut, sur la demande de son titulaire et sous les mêmes conditions que pour l'octroi de la Concession, notamment par le dépôt d'une nouvelle étude de faisabilité, être renouvelée une ou plusieurs fois, à chaque reprise pour une période maximale de dix (10) ans, lorsque le titulaire a exécuté les obligations mises à sa charge par le décret institutif, les actes de renouvellement, la Convention minière, le présent Code et ses textes d'application.

Article 41 : Début des travaux d'exploitation

Le titulaire d'une Concession minière est tenu de commencer les travaux de développement dans un délai maximum d'un an à compter de la date de l'octroi de la Concession.

A compter d'un an après la date d'attribution, il s'expose à une pénalité de retard de deux millions (2 000 000) USD par mois pour les trois (3) premiers mois. Cette pénalité sera augmentée de 10% par mois par rapport au mois précédent, à compter du quatrième mois de retard et ce, jusqu'au 12ème mois de retard.

Deux (2) ans à compter de la date de l'octroi de la Concession minière, si le titulaire n'a pas commencé les travaux de développement conformément aux dispositions du présent

Article 38: Finder's Indemnification

If the Concession is granted to someone other than the Finder of the Deposit, the concession holder must pay the latter fair compensation, the amount of which is determined by a private commercial transaction.

The compensation is intended to cover the costs incurred by the Finder for exploration work carried out on the Deposit pursuant to an Exploration Permit.

The Finder cannot rely on of this provision unless it has met all of its obligations under this Code.

Article 39: Term

The Mining Concession is granted for a maximum period of twenty-five (25) years.

Article 40: Renewal

The term of a Concession may be renewed, once or several times, each for a maximum period of ten (10) years, upon the application of the titleholder and under the same conditions as for its original grant, notably by filing a new feasibility study, when the titleholder has met its obligations stipulated in the granting decree, the renewal deeds, the Mining Agreement, this Code and its implementing regulations.

Article 41: Start of Mining Operations

The holder of a Mining Concession must begin development work within a maximum period of one (1) year from the date of the grant of the Mining Concession.

As of one year after the date of the grant, the holder will be subject to a penalty for delay of two million (2,000,000) USD per month for the first three (3) months. This penalty will increase by 10% per month over the previous month, effective from the fourth month until the twelfth month of delay.

Two (2) years from the grant date of the Mining Concession, if the holder has not commenced the development work in accordance with the provisions of this Code, the

Code, du décret institutif et de la Convention minière, l'Etat se réserve le droit de procéder au retrait ou à l'annulation du Titre.

Le titulaire d'une Concession minière est tenu d'atteindre la phase d'exploitation, telle que définie à l'article 168, dans la durée prévue dans l'étude de faisabilité et, ce, dans la limite maximale de cinq (5) ans à compter de la date de l'octroi du Titre minier pour les Concessions visant l'extraction et l'exportation du minerai brut et de six (6) ans pour celles visant la transformation de matières premières sur le territoire guinéen.

Passé ce délai, une pénalité de retard correspondant au solde non exécuté des dépenses prévues sur une année civile lui sera appliquée. Cette pénalité ne sera pas due si l'écart non exécuté des dépenses ainsi constaté est inférieur à 10% des dépenses pour l'année civile concernée et/ou résulte d'un ajustement du programme des travaux validé par le Ministre, après avis favorable de la Commission Nationale des Mines.

Il sera fait application des dispositions de l'article 88 lorsque les travaux miniers ou les montants de dépenses du titulaire sont inférieurs de 25% sur un total de deux années consécutives à l'intégralité du programme minimum de travaux ou du montant minimum de dépenses prévues pour cette période par le Titre minier ou par le cahier des charges de la Concession, sauf cas de force majeure dûment justifié, de tels cas de force majeure ne pouvant excéder douze (12) mois.

Pour l'application du présent article, le « début des travaux de développement » est défini par l'engagement des travaux préparatoires, de développement et de construction pour un montant minimum se situant entre dix pour cent (10%) et quinze pour cent (15%) du montant total de l'investissement.

## CHAPITRE II : AUTORISATIONS DIVERSES

### SECTION 1 : AUTORISATION DE RECONNAISSANCE

Article 42 : Droits conférés et obligations

L'Autorisation de reconnaissance confère à son titulaire, dans les zones classées comme

decree granting the Mining Concession, and the Mining Agreement, the State reserves the right to revoke or cancel the Permit.

The holder of a Mining Concession must begin the Operating Phase as defined in Article 168, within the timeframe stipulated in the feasibility study and within a maximum of five (5) years from the grant date of the grant of the Mining Permits relating to the Concessions to extract and export unprocessed ore and six (6) years for those dedicated to the processing of raw materials in the territory of Guinea.

After this deadline, a penalty for delay corresponding to the balance of unfulfilled investments scheduled for a given calendar year shall apply. This penalty will not be due if the established deficit of unfulfilled expenditures is less than 10% of the expenditure for the relevant calendar year and / or is the result of an adjustment to the works program validated by the Minister, following the approval of the National Mining Commission.

The provisions of Article 88 will be applied when the mining work or the total expenditure of the titleholder is less than 25% for a period of two consecutive years of the entire minimum work program, or of the total minimum expenditure provided for this period by the Mining Permit or by the terms of reference of the Concession, except in duly justified cases of force majeure; such instances of force majeure not to exceed twelve (12) months.

For the purpose of this Article, the "commencement of the development work" is defined as undertaking preparatory, development and construction work amounting to a minimum sum of between ten percent (10%) and fifteen percent (15%) of the total amount of the investment.

## CHAPTER II: MISCELLANEOUS AUTHORISATIONS

### SECTION I: STAKING PERMITS

Article 42: Conferred Rights and Obligations

A Staking permit confers on its holder the right to carry out staking work of Indications

zones non fermées ou ne faisant pas l'objet d'un autre Titre minier pour la même substance, le droit d'effectuer des travaux de reconnaissance d'Indices d'une ou de plusieurs Substances minières. Toutefois, le titulaire de l'Autorisation est tenu de remettre les résultats des travaux de reconnaissance à l'Etat.

L'Autorisation de reconnaissance est inaliénable.

Article 43 : Attribution

L'Autorisation de reconnaissance est délivrée par le Directeur National des Mines sur proposition du CPDM, après avis de la Direction Nationale de la Géologie aux postulants de Permis de recherche dans les zones visées à l'article 42, à l'exception des zones visées aux articles 111 et 112 du présent Code.

En ce qui concerne l'exploitation artisanale, une carte individuelle de Prospecteur est délivrée à toute personne physique de nationalité guinéenne désirant prospecter des substances minérales de façon artisanale à l'intérieur d'une préfecture déterminée. Cette carte vaut Autorisation de reconnaissance artisanale. Les modalités de délivrance et de renouvellement de la carte individuelle de prospecteur sont fixées par voie réglementaire.

Article 44 : Libre disposition des produits

Le titulaire d'une Autorisation de reconnaissance a droit à la libre disposition des produits extraits à l'occasion de ses recherches et essais, à condition que ces travaux ne revêtent pas le caractère de travaux d'exploitation, sous réserve d'en faire la déclaration à la Direction Nationale des Mines et de respecter toutes les dispositions prises par la réglementation minière concernant les Substances minières extraites.

Article 45 : Validité et renouvellement

L'Autorisation de reconnaissance est accordée pour une durée de six (6) mois au plus. Elle est renouvelable une fois, suivant les mêmes modalités que pour son attribution, pour une durée de six (6) mois au plus, si son titulaire a respecté les obligations lui incombant en vertu du présent Code et de ses textes d'application.

of one or several Mine Substances in all zones classified as either zones that are not closed or not already subject to another Mining Permit for the same substance. However, the holder of the Authorisation is required to submit the results of its staking work to the State.

A Staking permit is inalienable.

Article 43: Grant

A Staking permit is granted to applicants for Exploration Permits in the zones set out in Article 42, with the exception of the zones set out in Articles 111 and 112 of this Code, by the National Director of Mines, upon recommendation by the MPDC, after obtaining the opinion from the National Geology Authority.

An individual Prospecting card is issued for artisanal operation to any individual of Guinean nationality wishing to prospect for mineral substances in an artisanal manner, within a given administrative district. This card is the same as an artisanal Staking permit. The terms for the grant and renewal of the individual prospecting card are set out by regulation.

Article 44: Free Disposal of Products

Holders of Staking permits have the right to dispose freely of all products extracted in the course of their exploration and assays, provided that these works do not fall within mining operation activities and provided that said disposal is declared to the National Mining Authority and provided that all the provisions of the mining regulations are observed with respect to the Mine Substances extracted.

Article 45: Term and Renewal

A Staking permit is issued for a maximum term of six (6) months. It is renewable once, in accordance with the same terms as for its grant, for a further period of no more than six (6) months, if its holder has met all obligations incumbent on it under this Code and its implementing regulations.

## SECTION II : AUTORISATION DE RECHERCHE DE CARRIERES

Article 46 : Droits conférés

L'Autorisation de recherche de carrières confère à son titulaire, le droit de rechercher toutes les Substances de carrières sur la superficie pour laquelle elle est délivrée. Elle est non-cessible.

Article 47 : Attribution

L'Autorisation de recherche de carrières est délivrée dans les mêmes formes et conditions que l'Autorisation de reconnaissance des Substances minières.

L'Autorisation de recherche de carrières est délivrée par le Directeur National en charge des Mines à travers ses services déconcentrés après avis favorable du Comité Technique des Titres.

La superficie pour laquelle est délivrée une Autorisation de recherche de carrières ne pourra excéder les limites de la préfecture considérée.

Article 48 : Validité

L'Autorisation de recherche de carrières est délivrée pour un an, renouvelable deux (2) fois au plus par période ne dépassant pas un an, suivant les mêmes modalités que pour son attribution.

Article 49 : Renonciation

Le titulaire d'une Autorisation de recherche de carrières peut y renoncer à tout moment sous réserve d'en informer la Direction Nationale des Mines.

Article 50 : Retrait

L'Autorisation de recherche de carrières peut être retirée à tout moment pour défaut de communication des résultats d'investigation à la Direction Nationale des Mines à travers ses services déconcentrés.

## SECTION III : AUTORISATION D'EXPLOITATION ARTISANALE

Article 51 : Domaine d'application

L'Exploitation artisanale s'applique à toutes les Substances minières et de carrières.

## SECTION II: QUARRY EXPLORATION PERMITS

Article 46: Conferred Rights

A Quarry exploration permit confers on its holder a right to prospect for all Quarry Substances in the area for which the permit is granted. The permit is not assignable.

Article 47: Grant

A Quarry exploration permit is granted in the same form and under the same conditions as the Staking Permit for Mine Substances.

A Quarry exploration permit is granted by the National Director of Mines through its decentralized departments following approval by the Technical Committee of Titles.

The area for which a Quarry exploration permit is issued may not exceed the limits of the administrative district concerned.

Article 48: Term

A Quarry exploration permit is issued for one year, renewable no more than two (2) times for periods not exceeding one year each, in accordance with the same terms as for its grant.

Article 49: Surrender

The holder of a Quarry exploration permit may surrender it at any time, subject to notifying the National Mining Authority.

Article 50: Revocation

A Quarry exploration permit may be revoked at any time if the holder fails to disclose the results of its findings to the National Mining Authority through its decentralized departments.

## SECTION III: ARTISANAL OPERATING PERMIT

Article 51: Scope of Application

Artisanal Operation applies to all Mine Substances and Quarry Substances.

Article 52 : Superficies reserves

Les superficies réservées à l'Exploitation artisanale des substances précieuses sont définies par arrêté du Ministre en charge des Mines. Ni l'étendue, ni les modalités d'exercice des droits résultant de Titres miniers d'Autorisations délivrés pour une Exploitation industrielle ou semi-industrielle ne pourront être affectées par des décisions de classement parmi les superficies réservées à l'exploitation artisanale de tout ou partie des zones pour lesquelles ces Titres ont été délivrés, lorsque ces décisions de classement sont postérieures à la date de délivrance des Titres.

Article 53 : Personnes autorisées

L'octroi de l'Autorisation d'exploitation artisanale est réservé aux seules personnes physiques de nationalité guinéenne, aux personnes morales dont les capitaux sont entièrement détenus par des Guinéens ou aux ressortissants des pays accordant la réciprocité aux Guinéens.

L'exploitation artisanale est interdite aux actionnaires et employés des sociétés Minières, des Comptoirs d'Achat et des Bureaux d'Achat d'Or.

Article 54 : Attribution

L'Autorisation d'exploitation artisanale est attribuée sur les zones visées à l'article 52 ci-dessus, par arrêté du Ministre en charge des Mines sur proposition de la Direction Nationale des Mines aux personnes visées à l'article 53 ci-dessus.

L'instruction de la demande et l'évaluation cadastrale sont assurées par la Direction Nationale des Mines.

L'évaluation technique et environnementale ainsi que les avis y afférents relèvent de la Direction Nationale des Mines en rapport avec le Comité Technique des Titres.

La décision d'approbation ou de refus du Titre minier, sa notification et sa publication relèvent du Ministre en charge des Mines.

Article 52: Reserved Areas

Areas reserved for Artisanal Operation of precious substances are defined by order of the Minister in charge of Mines. Neither the extent nor the terms for exercising the rights arising from Mining Permits or Authorisations granted for Industrial or Semi-industrial Operation will be affected by decisions to classify as areas reserved for artisanal operation, all or part of the zones for which these Titles were granted, when these classification decisions are subsequent to the date of grant of the Titles.

Article 53: Authorised Persons

The grant of Artisanal operation license is reserved only for individuals of Guinean nationality, legal entities which are wholly owned by Guinean nationals or to foreign nationals of countries which grant reciprocity to Guinean nationals.

Artisanal operation is forbidden for shareholders and employees of Mining companies, Gold Trading Houses and Trading Agencies.

Article 54: Grant

An Artisanal operation license is granted for the zones referred to in Article 52 above to the persons referred to in Article 53 above, by order of the Minister in charge of Mines on the recommendation of the National Mining Authority.

The National Mining Authority is responsible for reviewing the application and for land survey.

The National Mining Authority in conjunction with the Titles Technical Committee is responsible for the technical and environmental evaluation and related opinions.

The Minister in charge of Mines is responsible for the decision to approve or deny a Mining Permit as well as its notification and publication.

Article 55 : Encadrement

L'administration et le contrôle technique de l'exploitation artisanale sont organisés au sein de la Direction Nationale des Mines qui bénéficie de l'appui de la « Brigade Anti-fraude des Matières Précieuses (or, diamants et autres Gemmes)».

Article 55: Supervision

The administration and technical control of artisanal operation are organised within the National Mining Authority, with the support of the "Precious Materials Anti-fraud Squad (gold, diamonds and other Gems)".

Article 56 : Droits conférés

L'Autorisation d'exploitation artisanale confère à son titulaire, dans les limites de son périmètre et jusqu'à une profondeur de 30 mètres en cas d'exploitation par gradins et de 15 mètres en cas d'exploitation par fouilles, les droits de prospecter et d'exploiter les substances pour lesquelles elle est délivrée.

Le titulaire d'une Autorisation d'exploitation artisanale peut, à tout moment, demander la transformation de son Autorisation d'exploitation en Permis d'exploitation de mine semi-industrielle. La demande, accompagnée d'une étude de faisabilité et d'une étude d'impact environnemental et social, est agréée s'il fournit la preuve de capacités techniques et financières satisfaisantes.

Article 56: Conferred Rights

An Artisanal operation license confers on its holder the rights to prospect and to exploit in respect of the substances for which it is granted within its perimeter and up to a depth of 30 meters in case of bench mining and 15 meters in case of mining by excavation.

The holder of an Artisanal operation license may, at any time, request that its Artisanal operation license be converted into a Semi-industrial Mining Operation Permit. The application, accompanied by a feasibility study and an environmental and social impact study, is approved if it provides evidence of satisfactory financial and technical capability.

Article 57 : Superficie

La superficie de chaque terrain pour lequel est délivrée une Autorisation d'exploitation artisanale ne peut excéder un (1) hectare pour le diamant et un demi (½) hectare pour l'or. Aucun postulant ne peut obtenir plus de trois (3) Autorisations pour le diamant et deux (2) Autorisations pour l'or.

Article 57: Area

The area of each plot for which an Artisanal operation permit is granted may not exceed one (1) hectare for diamonds and a half (½) hectare for gold. No applicant may be granted more than three (3) Authorisations for diamonds and two (2) Authorisations for gold.

Article 58 : Droits constitutes

L'autorisation d'exploitation artisanale constitue un droit mobilier indivisible, non susceptible d'hypothèque, incessible, non amodiable, mais transmissible pour cause de décès.

Article 58: Constituted Rights

An Artisanal operation permit creates an undivided movable property right which, may not be the subject of a mortgage, assigned or sub-leased, but may be transferable upon death.

Article 59 : Agrément à la commercialisation de l'or, des diamants et autres matières précieuses sur le territoire national.

Des personnes physiques de nationalité guinéenne peuvent être autorisées par arrêté du Ministre sur proposition du BNE à exercer, dans le cadre d'une activité professionnelle, l'achat et la vente sur l'ensemble du territoire

Article 59: Authorisation to Trade in Gold, Diamonds and other Precious Materials within the National Territory

Individuals of Guinean nationality may be authorised by order of the Minister in charge of Mines on the recommendation of the BNE to engage, within the framework of a professional activity, in the purchase and sale

national, de l'or, des diamants et autres matières précieuses provenant de l'exploitation artisanale. Ce sont :

Pour l'or :

- Les Balanciers ;
- Les Masters ; et
- Les Collecteurs.

Pour le Diamant :

- Les Courtiers ;
- Les Commissionnaires ;
- Les Collecteurs.

Les modalités relatives à l'organisation, aux sous-fonctions, aux droits et obligations liés à ces fonctions sont précisées dans un texte d'application du présent Code.

Article 60 : Exportation de l'or, des diamants et autres matières précieuses

L'exportation de l'or se fait exclusivement par l'intermédiaire des Acheteurs organisés au sein de Bureaux d'Achat Agréés dont l'ouverture est autorisée par arrêté du Ministre pris sur proposition du BNE, pour les personnes physiques ou morales de nationalité Guinéenne, et/ou de nationalité étrangère.

L'exportation de diamants et autres Gemmes se fait exclusivement par l'intermédiaire des Acheteurs organisés au sein de Comptoirs d'Achat Agréés dont l'ouverture est autorisée par arrêté du Ministre pris sur proposition du BNE, pour les personnes physiques ou morales de nationalité Guinéenne, et/ou de nationalité étrangère.

L'or, les diamants et autres Gemmes issus de la production artisanale destinés à l'exportation sont achetés auprès des intermédiaires agréés.

Article 61 : Détention et vente de l'or artisanal

En dehors de l'achat et de la vente dans le cadre d'une activité professionnelle, la détention et/ou la possession, la circulation et la vente de l'or par un particulier sont libres sur l'ensemble du territoire national.

throughout the national territory, of gold, diamonds and other precious materials derived from an artisanal operation. These are:

For gold:

- Scalemen;
- Masters; and
- Collectors.

For diamonds:

- Brokers;
- Commission agents; and
- Collectors.

The terms relating to the organization, subfunctions, rights and obligations associated with these functions are specified in an implementing regulation of this Code.

Article 60: Export of Gold, Diamonds and other Precious Materials

Gold is exported exclusively through Purchasers organized within Accredited Trading Agencies, the opening of which is authorised by order of the Minister on the recommendation of the BNE, for individuals or legal entities of Guinean nationality, and/or foreign nationality.

Diamonds and other Gems are exported exclusively through Purchasers organized within Accredited Trading Houses the opening of which is authorised by order of the Minister on the recommendation of the BNE for individuals or legal entities of Guinean nationality, and/or foreign nationality.

Gold, diamonds and other Gems from artisanal production intended for export are purchased from authorised dealers.

Article 61: Possession and Sale of Artisanal Gold

Apart from the sale and purchase as part of a professional activity, individuals are free to hold and/or possess, distribute and sell gold throughout the national territory.

La commercialisation et l'exportation de l'or provenant de l'Exploitation artisanale sont régies par la réglementation fixée par le Ministre en charge des Mines en relation avec la Banque Centrale de la République de Guinée (BCRG). Les modalités sont précisées dans un texte d'application du présent Code.

The trade and export of gold from Artisanal Operation are governed by regulations issued by the Minister in charge of Mines in conjunction with the Central Bank of the Republic of Guinea (BCRG). The terms are set out in the implementing regulations of this Code.

Article 62 : Détention et vente des diamants et autres Pierres gemmes

Article 62: Possession and Sale of Diamonds and other Gemstones

Seuls les exploitants artisans titulaires d'une Autorisation d'exploitation, les collecteurs, les acheteurs mandataires des comptoirs d'achat, peuvent détenir, posséder et vendre des diamants et autres Pierres gemmes provenant de l'Exploitation artisanale.

Only artisanal operators holding an operation license, collectors and purchasers who are agents of trading houses, may hold, possess and sell diamonds and other Gemstones from Artisanal Operations.

Au même titre que les diamants et autres Pierres gemmes provenant des zones d'Exploitation artisanale, les diamants et autres Pierres gemmes provenant des sociétés d'Exploitation semi-industrielle et industrielle doivent suivre le circuit officiel reconnu auprès du BNE et/ou de la BCRG, en conformité avec la réglementation en vigueur.

As with diamonds and other Gemstones from zones of Artisanal Operation, diamonds and other Gemstones from Semi-industrial and Industrial Operation companies must go through the official channel recognized by the BNE and/or the BCRG, in accordance with prevailing regulations.

Article 63 : Validité et renouvellement

Article 63: Term and Renewal

L'Autorisation d'exploitation artisanale est délivrée pour une durée de validité maximale d'une année. Elle peut être renouvelée à plusieurs reprises, chaque fois pour une durée d'une année au plus, lorsque le titulaire a respecté la réglementation en vigueur.

An Artisanal operation license is issued for a maximum term of one year. It can be renewed several times, each time for a maximum of one year, if the holder is in compliance with prevailing regulations.

Article 64 : Réhabilitation des sites

Article 64: Site Rehabilitation

Le titulaire d'une Autorisation d'exploitation a l'obligation de restaurer le site d'exploitation couvert par son Titre minier. Une caution de réhabilitation des sites d'exploitation dont le montant et les modalités de perception sont fixés par arrêté conjoint des Ministres en charge des Mines, de l'Environnement et du Budget est due par le titulaire en vue de garantir l'exécution de cette obligation.

The holder of an Artisanal operation license is obliged to restore the site of operations covered by its Mining Permit. A deposit for the rehabilitation of the operation site is paid by the holder in order to guarantee performance of this obligation, the amount and terms for its collection of which are determined by joint order of the Ministers responsible for Mines, the Environment, and the Budget.

## SECTION IV : AUTORISATION D'EXPLOITATION DE CARRIERES

## SECTION IV: QUARRY OPERATION PERMITS

Article 65 : Application

Article 65: Scope of Application

Quelle que soit la situation juridique des terrains sur lesquels se trouvent les Substances

All exploration and mining activities of Quarry Substances are governed by the provi-

de carrières, toute activité de recherches et d'exploitation des Substances de carrières est soumise aux dispositions du présent Code.

Article 66 : Catégories de carrières

Les carrières sont classées en trois catégories :

1. Les carrières permanentes : ouvertes sur un terrain du domaine public ou privé ;
2. Les carrières temporaires : ouvertes de façon temporaire sur un terrain du domaine public ou privé ;
3. Les carrières publiques : où la possibilité d'extraire des Substances de carrières pour la construction et les travaux publics est ouverte à tous.

L'ouverture des carrières permanentes et temporaires est soumise à l'Autorisation de recherches et à l'Autorisation d'exploitation de carrières.

Article 67 : Droits conférés

L'Autorisation d'exploitation de carrières confère à son titulaire le droit exclusif d'effectuer dans son périmètre tous travaux de recherche et d'exploitation des substances qui y sont visées.

L'Autorisation d'exploitation de carrières confère à son titulaire un droit mobilier cessible, susceptible de gage.

Article 68 : Des relations avec les propriétaires du sol

Le propriétaire du sol, s'il est privé, a, lorsqu'il est confronté à une demande d'Autorisation de carrières sur sa propriété, trois (3) possibilités :

i. refuser ;

ii. vendre sa propriété au demandeur ;

iii. mettre sa propriété à la disposition du demandeur pour une durée déterminée dans des conditions précisées dans un décret d'application du présent Code.

sions of this Code, regardless of the legal status of the land on which such Quarry Substances are found.

Article 66: Categories of Quarries

There are three categories of quarries:

1. Permanent quarries: opened on land within the public or private domain
2. Temporary quarries: opened on a temporary basis on land within the public or private domain.
3. Public quarries: where the extraction of Quarry Substances for construction and public works is open to all.

Permanent and temporary quarries may only be opened further to a Quarry exploration permit and a Mining operation permit for Quarry Substances.

Article 67: Conferred Rights

A Mining operation permit for Quarry Substances confers on its holder the exclusive right to carry out any exploration or mining operation work for designated substances within its area.

A Mining operation permit for Quarry Substances confers on its holder a movable right which may be assigned and pledged.

Article 68: Relationship with Landowners

The landowner, if private, has three (3) options for responding to an application for a Mining operation permit for Quarry Substances on his property:

i. refuse the application;

ii. sell his property to the applicant;

iii. make his property available to the applicant for a specified period under conditions specified in an implementing decree of this Code.

Si le terrain appartient au domaine privé de l'Etat, celui-ci peut refuser ou mettre ce terrain à disposition pour une durée déterminée et dans des conditions précisées dans le décret d'application.

A la cessation de cette mise à disposition, pour quelque raison que ce soit, le propriétaire du sol est en droit d'exiger la remise en état du site. Toutefois, si cette cessation intervient par la faute du propriétaire, il doit verser une indemnité d'éviction à l'exploitant.

Article 69 : Attribution

L'Autorisation d'exploitation de carrières permanente est délivrée aux personnes physiques ou morales de droit guinéen, par arrêté du Ministre après examen d'un dossier comprenant entre autres une étude d'impact environnemental et social et après avis des autorités administratives compétentes et des Collectivités locales concernées.

Les conditions d'attribution des Autorisations d'exploitation de carrières permanentes sont les mêmes que celles applicables aux Permis d'exploitation minière.

L'Autorisation d'exploitation des carrières temporaires est délivrée par la Direction Nationale des Mines sur proposition du Directeur Préfectoral des Mines.

L'instruction de la demande et l'évaluation cadastrale sont assurées par la Direction Nationale des Mines.

L'Evaluation Technique et Environnementale ainsi que les avis y afférents relèvent de la Direction Nationale des Mines en rapport avec le Comité Technique des Titres.

La décision d'approbation ou de refus de l'Autorisation, sa notification et sa publication relèvent du Ministre, après avis de la Commission Nationale des Mines, pour les carrières permanentes.

Article 70 : Validité

L'Autorisation d'exploitation de carrières permanentes est valable pour deux (2) ans et peut être renouvelée plusieurs fois dans les mêmes conditions que pour l'octroi par période de deux (2) ans.

If the land is within the private domain of the State, the State may deny or make this land available for a fixed period of time and under conditions specified in the implementing decree.

If the site ceases to be available for any reason, the landowner is entitled to require that the site be restored. However, if the availability ceases due to the fault of the owner, the landowner must pay compensation for eviction to the operator.

Article 69: Grant

A permanent Mining operation permit for Quarry Substances is granted to individuals or legal entities established under Guinean law, by order of the Minister after review of an application including, *inter alia,* an environmental and social impact study and after the opinion of the competent administrative authorities and local Communities concerned.

The conditions for granting permanent Mining operation permits for Quarry Substances are the same as those applicable to mining Operating Permits.

A temporary Mining operation permit for Quarry Substances is granted by the National Mining Authority on the recommendation of the Divisional Director of Mines.

The evaluation of the application and land survey are the responsibility of the National Mining Authority.

The Technical and Environmental Evaluation and the related opinions are the responsibility of the National Mining Authority in conjunction with the Titles Technical Committee of Titles.

The Minister in charge of Mines is responsible for the decision to approve or deny the Authorisation, its notification and publication, following the opinion of the National Mining Commission, for permanent quarries.

Article 70: Term

A permanent Mining operation permit for Quarry Substances has a term of two (2) years, and may be renewed several times for two (2)-year terms under the same conditions as the initial grant.

L'Autorisation d'exploitation de carrières temporaires est valable pour six (6) mois au maximum et ne peut être renouvelée qu'une seule fois. Cependant si la poursuite de l'exploitation est justifiée, la carrière devient permanente et se trouve alors soumise, à compter de sa date d'ouverture, aux dispositions relatives aux carrières permanentes.

A temporary Mining operation permit for Quarry Substances has a maximum term of six (6) months and may be renewed only once. However, if further mining operation is justified, the quarry becomes permanent and is then governed by the provisions relating to permanent quarries with effect from the date of its opening.

L'Autorisation d'exploitation de carrières précise la durée pendant laquelle le prélèvement est autorisé, fixe la quantité et la destination des substances à extraire, les taxes à payer ainsi que les conditions d'occupation des terrains nécessaires aux prélèvements et aux activités annexes.

The Mining operation permit for Quarry Substances specifies the time period during which extraction is authorised, determines the quantity and destination of substances to be extracted, taxes to be paid and the conditions for occupying land required for extraction and related activities.

L'Autorisation d'exploitation de carrières précise également les obligations du titulaire, notamment en ce qui concerne l'étude d'impact environnemental et social et le plan de réhabilitation des lieux après exploitation et fermeture.

The Mining operation permit for Quarry Substances also sets out the holder's obligations, particularly with respect to the environmental and social impact and the rehabilitation plan of the site after operation and closure.

Article 71 : Dispositions d'application générale

Article 71: General Provisions

Dans la mesure où elles ne sont pas contraires aux dispositions du présent Titre et des textes pris pour son application, le chapitre III du titre II, le chapitre III du titre V du présent Code et les textes pris pour leur application s'appliquent à l'Autorisation de recherche et à l'Autorisation d'exploitation de carrières.

To the extent that they do not conflict with the provisions of this Title and its implementing regulations, chapter III of title II and chapter III of title V of this Code and their implementing will apply to Quarry exploration permits and Mining operation permits for Quarry Substances.

Avant qu'une action affectant des droits sollicités ou acquis en vertu du Code Minier ne soit entreprise à l'endroit d'un titulaire de Titre minier ou d'une Autorisation, par l'Administration minière, un avis écrit est publié ou envoyé à l'intéressé par l'autorité compétente conformément au présent Code et à la réglementation minière.

Before the Mining Administration undertakes any action affecting the rights requested or acquired under the Mining Code against a holder of a Mining Permit or Authorisation, a written notice is published or sent to such person by the competent authority in accordance with this Code and the mining regulations.

L'Administration minière ou l'Autorité administrative ou les Collectivités locales sont tenues de prendre acte et de répondre à toute demande d'avis ou d'Autorisation présentée en vertu du Code Minier avant l'expiration d'un délai de trois mois.

The Mining Administration or administrative Authority or the local Communities are required to acknowledge and respond to any request for opinions or Authorisation made under the Mining Code prior to the expiration of a deadline of three months.

Article 72 : Infractions

Toute infraction au régime des carrières, définie par le présent Code et ses textes d'application, ainsi que les manquements visés à l'article 88 du présent Code, seront sanctionnés conformément aux textes en vigueur.

Article 72: Breaches/Violations

Any breach of the quarry regime as set out in this Code and its implementing regulations, as well as the defaults specified in Article 88 of this Code, will be sanctioned in accordance with the laws in effect.

Article 7 : Ouverture de carrière publique

Le Ministre en charge des Mines après avis favorable du Ministre en charge des domaines, de celui en charge de l'Environnement, des Collectivités locales et des autorités préfectorales, peut autoriser l'ouverture, par arrêté, sur un terrain du domaine public de l'Etat, de carrières publiques.

L'arrêté autorisant l'ouverture d'une carrière publique précise l'emplacement de la carrière, les substances dont l'exploitation est autorisée, les conditions d'accès, le plan d'extraction, la taxe d'exploitation et les modalités de remise en état après extraction.

Article 73: Opening of Public Quarries

The Minister in charge of Mines, following approval by the Ministers in charge of domains, Environment, for local Communities and for other prefectoral authorities, may authorise by order, the opening of public quarries on the State's land within the public domain.

The order authorising the opening of a public quarry must specify the site of the quarry, the substances which may be mined, conditions for access, the extraction plan, operation tax, and the terms for rehabilitation after extraction.

## CHAPITRE III : DES DISPOSITIONS COMMUNES AUX TITRES MINIERS ET AUTORISATIONS DIVERSES

Article 74 : Droits antérieurs

Les Titres miniers et Autorisations sont toujours délivrés sous réserves des droits antérieurs.

Article 75 : Superposition des Titres miniers et Autorisations

La superposition des Permis de recherche et Autorisations de recherche ou de reconnaissance pour des substances différentes appartenant à différentes catégories et entre différents titulaires est autorisée. L'activité du titulaire du Titre minier ou de l'Autorisation le plus récent devra être conduite de façon à ne pas causer de préjudice à l'activité du titulaire du Titre minier ou de l'Autorisation le plus ancien.

Dans le cas contraire, le périmètre du Titre minier ou de l'Autorisation le plus récent pourra être modifié ou l'exercice des droits de son titulaire être temporairement suspendu sur tout ou partie de la superficie commune.

## CHAPTER III: PROVISIONS COMMON TO ALL MINING PERMITS AND MISCELLANEOUS AUTHORISATIONS

Article 74: Pre-Existing Rights

Mining Permits and Authorisations are always issued subject to existing rights.

Article 75: Superimposition of Mining Permits and Authorisations

The superimposition of Exploration Permits and Authorisations for exploration or staking for different substances belonging to different categories and between different holders is authorised. The activity of the holder of the most recent Mining Permit or Authorisation must be conducted so as not to prejudice the activity of the holder of the oldest Mining Permit or Authorisation.

If this is not the case, the perimeter of the most recent Mining Permit or Authorisation may be amended or the exercise of rights of its holder temporarily suspended in respect of all or part of the common area.

Aucune autre superposition des Titres miniers et Autorisations portant sur des substances différentes appartenant à différents titulaires n'est autorisée.

A l'exception des Permis de recherche et Autorisations de recherche ou de reconnaissance, les superpositions autorisées entre différents titulaires seront limitées aux empiètements entre les Titres miniers et les Titres pétroliers.

En cas de superposition, sur une même surface, entre Titres miniers et Titres pétroliers, l'activité du titulaire du Titre le plus récent devra être conduite de façon à ne pas causer de préjudice à l'activité du titulaire du Titre le plus ancien.

Dans le cas contraire, le périmètre du Titre le plus récent pourra être modifié ou l'exercice des droits de son titulaire être temporairement suspendu sur tout ou partie de la superficie commune.

La décision de modification du périmètre du Titre le plus récent ou de suspension des droits de son titulaire sera prise sur avis de la Direction Nationale des Mines et du service en charge de la recherche pétrolière, après avoir entendu les deux titulaires.

Cette décision sera prise par arrêté du Ministre, si ce Titre est un Permis de recherche ou une Autorisation et par décret du Président de la République s'il s'agit d'un Titre d'exploitation minière.

Article 76 : Entrée en vigueur

Sauf disposition contraire dans l'acte institutif, le Titre minier ou l'Autorisation prend effet à compter de la date de signature de la Décision, de l'arrêté ou du décret qui l'accorde.

Article 77 : Renouvellement

Les demandes de renouvellement des Permis de recherche, d'exploitation et de Concession minière doivent être présentées respectivement au plus tard trois (3) mois pour le Permis de recherche, ou six (6) mois pour le Permis d'exploitation et la Concession minière, avant la fin de la période de validité en cours du Titre minier.

No other superimposition of Mining Permit and Authorisations relating to different substances belonging to different holders is authorised.

With the exception of Exploration Permits and Authorisations for exploration or Staking permits, the authorised overlap between different holders will be limited to encroachments between Mining Permits and petroleum Titles.

In case of overlap on the same surface between Mining Permits and petroleum Titles, the activity of the holder of the most recent Title must be conducted so as not to prejudice the activity of the holder of the oldest Title.

If this is not the case, the area of the most recent Title may be amended or the exercise of the rights of the holder be temporarily suspended in respect of all or part of the common area.

The decision to amend the perimeter of the most recent Title or to suspend the holder's rights will be taken in consultation with the National Mining Authority and the department responsible for petroleum research, after hearing submissions from both titleholders.

This decision will be made by order of the Minister, if this Title is an Exploration Permit or an Authorisation and by decree of the President of the Republic if it is a Mining Operation Permit.

Article 76: Effectiveness

Failing any provision to the contrary in the granting instrument, a Mining Permit or Authorisation takes effect as of the date of the signature of the Decision, order or decree granting same.

Article 77: Renewal

Applications for renewal of Exploration Permits, Mining Operation Permits and Mining Concessions must be submitted respectively no less than three (3) months prior to the end of the current term of an Exploration Permit, and no less than six (6) months prior to the end of the current term of the Operating Permit or Mining Concession.

Article 78 : Prorogation

Si à la date d'expiration de la période de validité en cours d'un Titre minier ou d'une Autorisation, l'Administration n'a pas statué sur une demande de renouvellement de ce Titre ou de cette Autorisation présentée dans les formes et délais prévus par le présent Code et ses textes d'application, ce Titre ou cette Autorisation sera prorogé de plein droit et sans formalité jusqu'à la date de l'acte de renouvellement ou de la notification au titulaire de la décision de rejet de la demande.

L'absence de décision sur une demande de renouvellement de Titres miniers, présentée dans les formes et délais prévus par le présent Code et ses textes d'application, trois mois après sa date d'expiration vaut acceptation tacite de la demande, lorsque les conditions du renouvellement de plein droit posées aux articles 24, 33, 40 et 45 du présent Code, et d'obligations de rétrocession des surfaces et des résultats géologiques du présent Code, sont remplies.

Article 79 : Refus de renouvellement

En cas de refus de renouvellement dûment notifié, le titulaire du Titre minier bénéficiera d'un délai de six (6) mois pour le Permis de recherche et de douze (12) mois pour le Permis d'exploitation ou la Concession minière à compter de la date de refus pour libérer les terrains qu'il occupe.

Article 80 : Délimitation et bornage

La délimitation du périmètre des Titres et Autorisations est établie en coordonnées géographiques décimales.

Les droits du titulaire portent sur l'étendue limitée par des verticales indéfiniment prolongées qui s'appuient sur le périmètre défini en surface.

Le titulaire d'un Titre minier ou d'une Autorisation, à l'exception de l'Autorisation de reconnaissance, doit procéder au bornage de son périmètre et ce conformément aux textes d'application du présent Code.

Article 78: Expansion

If at the expiration of the term of a Mining Permit or Authorisation, the Administration has not acted on an application for renewal of such Title or Authorisation which was made in the requisite form and within the prescribed time limits provided in this Code and its implementing regulations, such Permit or Authorisation shall be automatically extended without further formality until the date of renewal or the notification to the holder that the application has been denied.

If no decision has been made on an application for renewal of Mining Permits, in the requisite form and within the prescribed time limits provided in this Code and its implementing regulations, three months after its expiration date, the expiration will constitute the deemed acceptance of the application, provided that the conditions for the automatic renewal provided in Articles 24, 33, 40 and 45 of this Code, and obligations regarding the surrender of the site and regarding geological results of this Code are met.

Article 79: Refusal to Renew

In the event of a renewal which is rejected and duly notified, the holder of the Mining Permit has a period of six (6) months in the case of an Exploration Permit, and twelve (12) months in the case of an Operating Permit or Mining Concession, from the date of the decision to vacate the land the holder occupies.

Article 80: Boundaries and Marking

The boundaries of areas of Titles and Authorisations are established by decimal geographic co-ordinates.

The titleholder's rights extend to the surface area limited by verticals and extend indefinitely downwards within such area.

The holder of a Mining Permit or Authorisation, other than a Staking permit, must demarcate the boundaries of its area in accordance with the implementing regulations of this Code.

Les frais de bornage sont à la charge du titulaire et l'opération devrait se faire en association avec l'Administration et la communauté et se renouvelle dans les mêmes conditions à l'occasion des rétrocessions. Un Procès-verbal signé par chacun est versé au dossier. Les modalités d'application des dispositions du présent article seront fixées par voie réglementaire.

The holder is liable for the demarcation costs, and the process must be carried out in collaboration with the Administration and the community and is renewed under the same conditions at the time of any surrender. A Report signed by each party is placed on the file. The implementing regulations of the provisions of this Article will be set out by regulation.

Article 81 : Rapports

Article 81: Reports

Le titulaire d'un Titre minier ou d'une Autorisation est tenu de fournir tout rapport à l'Administration minière en cinq (5) exemplaires, dont trois (3) exemplaires au CPDM, un à l'Inspection Générale des Mines et de la Géologie, un à la Direction Nationale des Mines et un à la Direction Nationale de la Géologie. Chaque rapport, remis sur supports papier et électronique, devra comprendre tous les plans, figures, coupes, tableaux, photographies nécessaires à sa compréhension.

The holder of a Mining Permit or Authorisation is required to provide all reports to the Mining Administration in five (5) copies, three (3) copies of which are submitted to the MPDC, one copy of which is submitted to the Inspector General for Mines and Geology, one copy of which is submitted to the National Mining Authority and one copy of which is submitted to the National Geological Authority. Each report is submitted in hard-copy and electronic copy, must include all plans, drawings, cuts, tables, photographs necessary for its understanding.

Les rapports et tous les autres documents annexes sont présentés en français.

Reports and other attached documents shall be submitted in French.

L'Administration minière délivrera un récépissé lors du dépôt de chaque rapport.

The Mining Administration will issue a receipt upon the filing of each report.

Le contenu et la périodicité de ces rapports sont précisés dans le présent Code et les textes d'application du présent Code ainsi que dans les actes institutifs.

The content and frequency of these reports are specified in this Code and the implementing regulations of this Code, as well as in the granting laws.

Article 82 : Fin des Titres miniers et Autorisations

Article 82: Expiration of Mining Permits and Authorisations

Le Titre minier ou l'Autorisation prend fin à l'expiration de la période pour laquelle il avait été accordé, y compris ses renouvellements éventuels, par renonciation ou par retrait. Dès la fin d'un Titre minier ou d'une Autorisation, les droits qu'il conférait à son titulaire font gratuitement retour à l'Etat.

A Mining Permit or Authorisation expires at the end of the period for which it was granted (including subsequent renewals thereof) by relinquishment or by revocation. At the end of the term of a Mining Permit or Authorisation, the rights conferred on its holder revert to the State free of charge.

Les droits constitués par le titulaire au profit de tiers sur les substances et dans la zone faisant l'objet du titre s'éteignent de plein droit dès la fin de ce titre.

Rights granted by the holder to third parties over substances and within the zone covered by the title, automatically lapse at the end of the term of such title.

Toutefois, le titulaire du Titre minier ou de l'Autorisation d'exploitation de carrières demeure redevable du paiement des droits et

However, the holder of a Mining Permit or Mining operation permit for Quarry Substances remains liable for the payment of out-

taxes dus et des obligations qui lui incombent relativement à l'environnement et à la réhabilitation des sites exploités, ainsi que des autres obligations prévues dans le présent Code, ses textes d'application et dans le cahier des charges ou la Convention minière.

standing duties and taxes and for the obligations incumbent upon it with respect to the environment and rehabilitation of the developed sites, as well as for all the other obligations contemplated under this Code, its implementing regulations and in the terms of reference or the Mining Agreement.

Par ailleurs, le titulaire est tenu de fournir à l'Administration minière en cinq (5) exemplaires un rapport détaillé sur les travaux réalisés. Toutes les informations fournies deviennent la propriété de l'Etat.

Furthermore, the titleholder shall provide the Mining Administration of a detailed report on the work carried out in five (5) copies. All information provided shall become the property of the State.

Article 83 : Option sur les installations et constructions à la fin des Titres miniers

Article 83: Option on Facilities and Buildings upon Expiration of Mining Permits

Lors du retrait ou à l'expiration d'un Titre d'exploitation minière, l'Etat bénéficie d'un droit de préemption pour acquérir tout ou partie des installations et constructions d'utilité publique destinées à l'exploitation pour un prix n'excédant pas leur valeur comptable résiduelle auditée.

Upon revocation or expiration of a Mining Operation Permit, the State shall have a preemptive right to acquire all or part of the facilities and public utility buildings intended for the conduct of operations, at a price not exceeding their audited residual book value.

L'Etat dispose d'un délai de trois (3) mois à compter de la fin du Permis d'exploitation ou de la Concession pour faire connaître au titulaire son intention d'exercer ce droit.

The State has a period of three (3) months from the end of the term of the Operating Permit or Concession to notify the holder of its intention to exercise such right.

Article 84 : Renonciation

Article 84: Relinquishment

Le titulaire d'un Titre minier ou d'une Autorisation peut y renoncer en totalité ou en partie pour des raisons d'ordre technique ou économique justifiées, ou en cas de force majeure, sous réserve d'un préavis de trois (3) mois dans le cas du Permis de recherche et de six (6) mois pour le Permis d'exploitation ou la Concession minière.

The holder of a Mining Permit or Authorisation may relinquish it, in whole or in part, for justified technical or economic reasons or in cases of force majeure, subject to providing prior notice of three (3) months in the case of an Exploration Permit, and six (6) months for an Operating Permit or a Mining Concession.

Toutefois, le titulaire du Titre minier ou de l'Autorisation demeure redevable du paiement des droits et taxes dus et des obligations qui lui incombent relativement à l'environnement et à la réhabilitation des sites exploités même après la prise d'effet de la renonciation, ainsi que des autres obligations prévues dans le présent Code, ses textes d'application et dans le cahier des charges ou la Convention minière.

However, the holder of a Mining Permit or Authorisation remains liable for the payment of all duties and taxes due and for the obligations incumbent upon it with respect to the environment and rehabilitation of the developed sites, even after the relinquishment takes effect, as well as for all the other obligations contemplated by this Code, its implementing regulation and the terms of reference or the Mining Agreement.

Article 85 : Date d'effet de la renonciation

La renonciation est confirmée par la signature d'un arrêté du Ministre pour les Permis de recherche et les Permis d'Exploitation minière, et par décret pour les Concessions minières, dans un délai n'excédant pas la période de préavis. En l'absence de réponse du Ministre à l'issue de ce délai, le titulaire du Titre minier ou de l'Autorisation adresse un courrier de rappel au Ministre. En l'absence de réponse du Ministre un mois après réception de ce courrier de rappel, la renonciation sera réputée confirmée.

Article 86 : Portée de la renonciation

La renonciation peut être totale ou partielle. Une renonciation partielle peut porter sur certaines des substances énumérées dans le Titre minier ou l'Autorisation, sur certaines surfaces ou sur les deux.

Lorsque la renonciation porte sur des surfaces, les surfaces abandonnées forment dans la mesure du possible un bloc compact dont les côtés sont orientés nord-sud et est-ouest, et qui est rattaché à l'un des côtés du périmètre du Titre.

La renonciation à tout ou partie des droits conférés par un Titre d'exploitation minière emporte en particulier renonciation dans la même mesure aux droits qui y sont attachés.

Article 87 : Force Majeure

Constitue un cas de force majeure, tout événement, acte ou circonstance imprévisible, irrésistible, hors du contrôle ou de la volonté d'une Partie, qui entrave ou rend impossible l'exécution par cette Partie de ses obligations légales, règlementaires ou contractuelles.

Les événements suivants peuvent constituer des cas de Force Majeure :

1. guerre (déclarée ou non), insurrection armée, troubles civils, blocus, émeutes, sabotage, embargo, grèves générales ;
2. toute catastrophe naturelle, incluant les épidémies, tremblements de terre, tempêtes, inondations, éruptions volcaniques, tsunami ou autres intempéries, explosions et incendies ;

Article 85: Effective Date of the Relinquishment

Relinquishments ratified, for Exploration Permits and mining Operating Permits, by the signature of an order by the Minister, and for Mining Concessions by decree, within a time period no longer than that for the required prior notice. Failing a response from the Minister within this period, the holder of the Mining Permit or Authorisation must send a reminder letter to the Minister. Failing a response from the Minister one month from the receipt of such reminder letter, the relinquishment will be deemed ratified.

Article 86: Extent of the Relinquishment

Relinquishment may be in whole or in part. Partial surrender may extend to certain substances listed in the Mining Permit or Authorisation, on certain surfaces, or both.

When the relinquishment applies to surfaces, the abandoned surfaces shall, to the extent possible, form a compact block with the sides aligned to the north-south and east-west, which is attached to the one of the sides of the area in the Permit.

Relinquishment of all or some of the rights conferred by a Mining Operation Permit carries with it relinquishment of the corresponding rights to the same extent.

Article 87: Force Majeure

Any event, act or circumstance that is unforeseeable, unavoidable and beyond a party's control or will and which hinders or renders impossible the performance by that Party of its legal, regulatory or contractual obligations constitutes force majeure.

The following events may constitute Force Majeure events:

1. war (declared or undeclared), armed insurrection, civil disturbance, blockade, riots, sabotage, embargo, general strikes;
2. any natural disaster, including epidemics, earthquakes, storms, floods, volcanic eruptions, tsunamis or other inclement weather, explosions and fires;

3. toute autre cause ne relevant pas du contrôle de la Partie impliquée telle que définie dans le présent article, à l'exception des difficultés économiques résultant des fluctuations du prix du marché.

En conséquence, ne constitue pas un cas de force majeure au sens du présent Code, tout acte ou événement dont il aurait été possible de prévoir la réalisation et de se prémunir contre ses conséquences en faisant preuve d'une diligence raisonnable. De même, ne constitue pas un cas de force majeure, tout acte ou événement qui rendrait seulement l'exécution d'une obligation plus difficile ou plus onéreuse pour son débiteur.

La Partie qui invoque le cas de force majeure devra, aussitôt après la survenance ou la révélation de celui-ci dans un délai maximum de quinze (15) jours, adresser à l'autre Partie une notification par lettre recommandée avec accusé de réception, établissant les éléments constitutifs de la force majeure et ses conséquences probables sur l'application des obligations contenues dans l'acte institutif.

Dans tous les cas, la Partie concernée devra prendre toutes dispositions utiles pour minimiser l'impact de la force majeure sur l'exécution de ses obligations et assurer, dans les plus brefs délais, la reprise normale de l'exécution des obligations affectées par le cas de force majeure.

Si, suite à la survenance d'un cas de force majeure, la suspension des obligations excède un (1) mois, les Parties doivent se rencontrer dans les plus brefs délais, à la demande de la Partie la plus diligente, pour examiner les incidences desdits évènements sur l'exécution de leurs obligations et, en particulier, sur les obligations financières de toute nature incombant à chaque Partie, leurs Sociétés affiliées et leurs Sous-traitants. Dans ce dernier cas, les Parties rechercheraient une solution financière adéquate pour adapter le Projet à la nouvelle situation en prenant, en particulier, toute mesure remettant les Parties dans une situation économique rééquilibrée pour poursuivre le Projet.

3. any other cause beyond the control of the Party involved as defined in this Article, with the exception of financial difficulties resulting from fluctuations in market prices.

Therefore, any act or event which could have been foreseen and the consequences of which could have been guarded against had reasonable care been exercised, does not constitute force majeure within the meaning of this Code. Similarly, any act or event that merely makes the performance of an obligation more difficult or onerous for the party liable for meeting it does not constitute force majeure.

The Party invoking the force majeure event shall, upon the occurrence or disclosure of it within a maximum period of fifteen (15) days, notify the other Party by registered letter with acknowledgment of receipt, setting out the elements of force majeure and its likely consequences on the application of the obligations set out in the granting instrument.

In any event, the concerned Party must take all appropriate measures to minimize the impact of force majeure on the performance of its obligations and to ensure as soon as possible, the normal resumption of the performance of the obligations affected by the force majeure event.

If, following the occurrence of a force majeure event, the suspension of obligations exceeds one (1) month, the Parties must meet as soon as possible, at the request of the most diligent Party, to examine the impact of such events on the performance of their obligations and, in particular, on the financial obligations of any nature incumbent on each Party, its Affiliates and its Subcontractors. In the latter case, the Parties would seek an adequate financial solution to adapt the Project to the new situation by taking, in particular, any measure re-balance the economic position of the Parties and pursue the Project.

En cas de désaccord sur les mesures à prendre trois (3) mois après la survenance du cas de force majeure, conformément à l'article 219 du présent Code, une procédure de conciliation puis le cas échéant, d'arbitrage, pourra être engagée immédiatement à la requête de la Partie la plus diligente.

If, three (3) months after the occurrence of the force majeure event in accordance with Article 219 of this Code, there is disagreement regarding the measures to be taken, a settlement procedure and then if applicable, arbitration, may be instituted immediately at the request of the more diligent Party.

Article 88 : Retrait des Titres miniers et Autorisations

Article 88: Revocation of Mining Permits and Authorisations

Les Titres miniers et Autorisations institués en vertu du présent Code peuvent être retirés par l'autorité qui les a émis pour l'un des motifs ci-après :

- L'activité de recherche ou d'exploitation est suspendue ou restreinte gravement pendant plus de six (6) mois pour la recherche, et plus de douze (12) mois pour l'exploitation sans motif légitime et de façon préjudiciable à l'intérêt général.
- L'étude de faisabilité produite démontre l'existence d'un Gisement économiquement et commercialement exploitable à l'intérieur du périmètre du permis de recherche sans être suivie d'une mise en exploitation dans les délais et selon les modalités prévues aux articles 34 et 41 du présent Code.
- L'infraction à l'une des dispositions du présent Code décrite ci-dessous :

1. Travaux miniers ou montant de dépenses du titulaire inférieur de 25% sur un total de deux années consécutives à l'intégralité du programme minimum de travaux ou du montant minimum de dépenses prévues pour cette période par le Titre minier ou par le cahier des charges de la Concession, sauf cas de force majeure dûment justifié, de tel cas de force majeure ne pouvant excéder douze (12) mois ;
2. Défaut de démarrage des travaux six (6) mois à compter de la date de l'octroi du permis de recherches ; retard de dix-huit (18) mois pour le Permis d'exploitation et deux (2) ans pour la Concession, le tout selon les modalités prévues aux articles 34 et 41 du présent Code.

Mining Permits and Authorisations instituted by virtue of this Code may be revoked by the issuing authority for one of the following grounds:

- The exploration or mining activity is suspended or seriously restricted for more than six (6) months in the case of exploration, and more than twelve (12) months for mining operations, without legitimate grounds and in a manner detrimental to the public interest.
- The feasibility study produced demonstrates the existence of a Deposit which is economically and commercially exploitable within the perimeter of the exploration permit, but no mining operations follow within the timeframes set out in and in accordance with the modalities stipulated in Articles 34 and 41 of this Code.
- The violation of any of the provisions of this Code described below:

1. Mining work costs or expenses of the holder are less than 25% over two consecutive years of the whole of the minimum work program, or the minimum amount of expenditure specified for this period by the Mining Permit or the terms of reference of the Mining Concession, except in duly justified cases of force majeure which do not exceed twelve (12) months;
2. Failure to start work within six (6) months from the date of the grant of the exploration permit, a delay of eighteen (18) months for Operating Permits and two (2) years for a Mining Concession, all in accordance with the procedures set out in Articles 34 and 41 of this Code.

3. Défaut de tenue par le titulaire de ses registres d'extraction, de vente et d'expédition de façon régulière et conforme aux normes établies par la réglementation en vigueur, ou refus de production de ces registres aux Agents qualifiés de la Direction Nationale des Mines et de la Direction Nationale des Impôts.

4. Non versement de taxes et/ou de redevances ;

5. Activités de recherche ou d'exploitation en dehors du périmètre du Titre minier ou pour des substances non visées à ce titre ;

6. Activités d'exploitation entreprises avec un Permis de recherche ;

7. Disparition des garanties financières ou perte des capacités techniques qui garantissaient, au moment de la délivrance du Titre, la bonne exécution des opérations par le titulaire ;

8. Cession totale, transfert ou Amodiation de l'ensemble des droits miniers sans l'autorisation préalable prévue à l'article 90 ci-après ;

9. Cession [...] sans paiement de la retenue à la source de la plus-value prévue à l'article 91-B ci-dessous ;

10. Cession [...] sans paiement de la retenue à la source de la plus-value exigible en vertu de l'Article 91-C ci-dessous ;

11. Cession, transfert ou Amodiation de tout ou partie des droits miniers issus du Permis de recherche ;

12. Cas récurrent de fraude fiscale liée à la non sincérité des états financiers et du bilan.

13. Non-respect des dispositions du présent Code sur les conflits d'intérêts décrits à l'article 8 ci-dessus et le Code de bonne conduite décrit à l'Article 155 ci-après.

3. Failure to maintain the holder's extraction records, sale, and shipping information on a regular basis and in accordance with standards established by the regulations in force, or refusal to produce these records to qualified Agents of the National Mines Department and National Tax Department.

4. Non-payment of taxes and/or royalties;

5. Exploration or mining operating activities conducted outside the perimeter of the Mining Permit or the exploration or mining of substances not designated therein;

6. Mining operation activities undertaken with an Exploration Permit;

7. Loss of the financial or technical capability which guaranteed, at the time the Title was granted, that the operations would be duly performed by the holder;

8. Total assignment, transfer or Lease of all mining rights without the prior authorisation provided for in Article 90 below;

9. Assignment [...] without deductions at source of the capital gains, indicated in Article 91-II below;

10. Assignment [...] without deductions at source of the capital gains payable under Article 91-III below;

11. Assignment, transfer, or Lease of all or part of the mining rights resulting from the Exploration Permit;

12. Recurrent tax fraud relating to incorrect financial statements and balance sheets.

13. Non-compliance with the provisions of this Code relating to conflicts of interest described in Article 8 above, and the Code of Conduct described in Article 155 below.

Le retrait ne peut intervenir qu'après une mise en demeure adressée par le Ministre au titulaire du Titre minier ou de l'Autorisation invitant celui-ci à apporter, dans les délais ci-dessous, la preuve du respect de ses obligations avant la date de la mise en demeure :

- un mois pour le Permis de recherche et les Autorisations, et
- quarante-cinq (45) jours pour le Permis d'exploitation et la Concession minière.

Dès réception de la mise en demeure et pendant toute la période de celle-ci, aucune activité technique n'est autorisée sur le Titre minier ou l'Autorisation concerné.

Article 89 : Extinction des droits et obligations du titulaire

La décision de retrait d'un Titre minier ou d'une Autorisation précise la date à laquelle le Titre ou l'Autorisation prend fin.

Tous les droits conférés au titulaire par le Titre minier ou l'Autorisation s'éteignent dès le retrait du Titre minier ou de l'Autorisation.

Les obligations dont la charge pesait sur le titulaire en raison du Titre minier ou de l'Autorisation prennent également fin dès son retrait à l'exception des obligations mises à la charge de tout titulaire de Titre minier ou de l'Autorisation à l'expiration de celui-ci par le présent Code et ses textes d'application.

Le titulaire demeure également tenu de réparer les conséquences dommageables de son activité antérieure au retrait, et il reste justiciable des sanctions encourues au titre de cette activité, en particulier pour les fautes qui ont motivé le retrait.

Le recours exercé contre la décision de retrait avant l'expiration d'un délai de soixante (60) jours à compter de la notification de cette décision en suspend l'exécution.

La décision de retrait peut toutefois subordonner l'effet suspensif d'un recours éventuel à la constitution par le titulaire d'une caution de garantie dont le montant serait acquis à l'Etat en cas de rejet du recours.

Revocation can only occur after a warning notice from the Minister is sent to the holder of the Mining Permit or the Authorisation requesting the holder to provide, within the timeframe below, proof of compliance with its obligations before the date of the warning notice:

- One month for Exploration Permits and Authorisations; and
- Forty-five (45) days for the Operating Permit and Mining Concession.

Upon receipt of the warning notice and for the period of the latter, no technical activity is permitted under the relevant Mining Permit or Authorisation.

Article 89: Extinction of Holder's Rights and Obligations

The decision to revoke a Mining Permit or Authorisation specifies the date on which the Mining Permit or Authorisation will expire.

All rights conferred on the holder by the Mining Permit or Authorisation are extinguished as of the date of revocation of the Mining Permit or Authorisation.

Obligations incumbent on the titleholder under a Mining Permit or Authorisation also expire when it is revoked, except for the accrued obligations incumbent on any holder of a Mining Permit or Authorisation at the expiry of same under this Code and its implementing regulations.

The holder also remains bound to remedy any damages caused by its activity prior to the revocation, and it remains liable for penalties incurred as a result of such activity, in particular for any misconduct that caused the revocation.

Execution of the revocation decision may be suspended provided it is appealed within sixty (60) days of the notification.

A decision to revoke may, however, stipulate that the suspensive effect of an appeal is conditional on the holder providing a guarantee, the amount of which will be vested in the State if the appeal is dismissed.

Le montant maximal de la caution ou de la garantie exigible sera suffisant pour couvrir toutes les obligations à la charge du titulaire.

The maximum amount of the guarantee that can be demanded is the amount required to meet all of the holder's outstanding obligations.

Article 90 : Cessions, transmissions et Amodiations

Article 90: Assignment, Transfers and Leases

Sous peine de nullité des actes contraires et du Permis concerné, le Permis de recherche n'étant pas divisible, ne peut faire l'objet de cession ou transmission partielle ou totale, même à cause de décès.

Exploration Permits, which are not divisible, cannot be assigned or transferred, in whole or in part, even upon death, and any attempt to contravene this provision will be deemed null and void.

Les Permis d'exploitation et les Concessions minières peuvent faire l'objet de cessions ou transmissions partielles ou totales.

The Operating Permits and Mining Concessions may be assigned or transferred, in whole or in part.

Lorsqu'un Permis d'exploitation ou une Concession minière a plusieurs titulaires, l'accord de tous est nécessaire pour la cession ou la transmission des droits de l'un d'eux, et en cas de décès de l'un ou de plusieurs d'entre eux, l'accord des ayant droits est requis.

Where an Operating Permit or Mining Concession has several holders, the consent of all is required for the assignment or transfer of the rights of one of them, and in case of death of one or more of them, the consent of the successors is required.

Tout contrat ou accord par lequel le titulaire d'un Titre minier promet de confier, céder ou transférer, partiellement ou totalement, ou confie, cède, transfère partiellement ou totalement les droits et obligations résultant d'un Titre minier doit être soumis à l'approbation préalable du Ministre en charge des Mines. Cette autorisation est accordée par Décret en ce qui concerne les transactions portant sur les Concessions minières.

Any contract or agreement by which the holder of a Mining Permit promises to entrust, assign or transfer, in whole or in part, or entrusts, assigns or transfers, all or some of the rights and obligations arising out of a Mining Permit, must be submitted to the prior approval of the Minister in charge of Mines. Such authorisation is granted by Decree when the transactions relate to Mining Concessions.

Tout changement de contrôle direct ou indirect de tout titulaire d'un intérêt dans un Titre minier sera soumis à l'approbation ou à la validation du Ministre en charge des Mines.

Any change in the direct or indirect control of any holder of an interest in a Mining Permit will be submitted for approval or ratification by the Minister in charge of Mines.

Toute acquisition directe ou indirecte, partielle ou cumulée égale ou supérieure à cinq pour cent (5%) du capital de la société détentrice du Titre minier doit être soumise au Ministre en charge des Mines pour sa validation.

Any direct or indirect acquisition, partial or cumulative equal to or greater than five percent (5%) of the capital of the company holding the Mining Permit shall be submitted to the Minister responsible for Mines for ratification.

La définition de ce qui constitue un changement de contrôle fera l'objet d'un Arrêté conjoint des Ministres chargés des Mines et des Finances.

The definition of what constitutes a change of control will be set out in a joint Order of the Ministers in charge of Mines and Finance.

Toute décision de cession, de transmission et d'amodiation totale ou partielle, et toute acquisition formelle d'un Titre minier doit faire l'objet d'un avis favorable ou d'une validation de la Commission Nationale des Mines avant d'être soumis à l'approbation du Ministre en charge des Mines.

La validation ou l'approbation des autorités prévues au présent article sera subordonnée aux critères suivants :

- Le titulaire actuel du Titre minier est en règle en ce qui concerne ses obligations relatives au présent Code, au Titre minier et aux autres lois guinéennes ;
- Le bénéficiaire du transfert possède des capacités techniques et financières suffisantes pour mettre en œuvre les termes du Titre minier ;
- Le bénéficiaire du transfert est en conformité avec les exigences de l'article 15 du présent Code ;

Toute taxe applicable en accord avec les dispositions de l'article 91 a été payée.

Toute modification de l'actionnariat d'une société titulaire d'un Titre minier, suite à une opération boursière régulière, doit faire l'objet d'une note d'information adressée au Ministre en charge des Mines dans un délai n'excédant pas 48 heures.

Tout changement dans l'actionnariat direct d'une société titulaire d'un Titre minier doit faire l'objet d'une publication dans le Journal Officiel et sur le site Internet officiel du Ministère en charge des Mines, ou tout autre site désigné par le Ministre..

Article 91 : Enregistrement des actes de cessions et traitement des transactions financières

Article 91-I : Droits d'enregistrement

Toute cession, transfert, Amodiation, prise de participation ou fusion visés par le présent Code est soumis aux droits d'enregistrement conformément au Code Général des Impôts.

Article 91-II : Plus-value sur la cession d'un Permis d'exploitation, d'une Concession minière ou d'une Autorisation d'exploitation de substances de carrières

Any decision to assign, transfer and Lease, in whole or in part, and any formal acquisition of a Mining Permit must be approved or ratified by the National Mining Commission before being submitted to the Minister in charge of Mines for approval.

Ratification or approval by the authorities under this Article shall be subject to the following criteria:

- The current holder of the Mining Permit is in good standing with respect to its obligations relating to this Code, the Mining Permit and other Guinean laws;
- The transferee has sufficient technical and financial capability to implement the terms of the Mining Permit;
- The transferee is in compliance with the requirements of Article 15 of this Code; and
- Any applicable taxes in accordance with the provisions of Article 91 have been paid.

Any change in the shareholding of a company holding a Mining Permit, following a regular stock market transaction, must be the subject of an information memorandum, addressed to the Minister in charge of Mines within 48 hours.

Any change in the direct shareholding of a company holding a Mining Permit must be published in the Official Gazette and on the official Website of the Ministry in charge of Mines or any other site designated by the Minister.

Article 91: Registration of Deeds of Assignment and Treatment of Financial Transactions

Article 91-I: Registration Dues

Any assignment, transfer, Lease, acquisition of ownership or merger referred to in this Code is subject to registration dues in accordance with the General Tax Code.

Article 91-II: Capital Gain on the assignment of an Operating Permit, Mining Concession or Operating Permit for Quarry Substances

Toute cession d'un Permis d'exploitation, d'une Concession minière ou d'une Autorisation d'exploitation de substances de carrières est notamment taxée selon le régime des plus-values conformément aux dispositions du Code Général des Impôts.

L'assiette de cette plus-value est la différence entre le prix de cession du Titre minier ou de l'Autorisation stipulé dans l'acte de cession et la valeur nette comptable de ce Titre minier ou de cette Autorisation.

L'Administration des Impôts peut remettre en cause le prix de cession en cas de dissimulation du prix, lorsque les parties ont volontairement inscrit dans l'acte de cession une somme inférieure au prix réellement payé, ou en cas d'insuffisance de prix, lorsque l'Administration des Impôts peut établir que le prix de pleine concurrence est supérieur au prix de cession.

Conformément aux dispositions de l'article 92 du Code Général des Impôts, la plus-value ou la moins-value constatée est traitée et taxée comme un résultat ordinaire.

Article 91-III : Cession d'actions ou de parts sociales d'une personne morale titulaire d'un Titre minier ou d'une Autorisation

Toute cession d'actions ou de parts sociales d'une personne morale titulaire d'un Titre minier ou d'une Autorisation est taxée selon le régime des plus-values.

L'assiette de la plus-value sur la cession d'une action ou part sociale est constituée par la différence entre le prix de cession de l'action ou de la part sociale et la valeur nette comptable de cette action ou part sociale.

Cette plus-value constatée au niveau de la personne physique ou morale ayant cédé les actions ou parts sociales d'une personne morale titulaire du Titre minier ou de l'Autorisation est réputée être de source guinéenne dans la mesure où les actifs de la personne morale dont les actions ou parts sociales sont cédées sont situés en Guinée. Lorsque les actifs de la personne morale dont les actions ou parts sociales sont cédées sont situés dans plusieurs juridictions, la plus-value n'est calculée que sur la valeur des actifs appartenant à la filiale de droit guinéen.

Any assignment of an Operating Permit, Mining Concession or Mining operation permit for Quarry Substances is, inter alia, taxed according to the capital gains regime in accordance with the provisions of the General Tax Code.

The basis for this capital gain is the difference between the price of the assignment of the Mining Permit or Authorisation stipulated in the assignment agreement and the net book value of the Mining Permit or Authorisation.

The Tax Administration may challenge the price of the assignment in the event where the price is concealed when the parties have voluntarily inserted an amount in the assignment agreement which is lower than the price actually paid, or in the event of an inadequate price, when the Tax Administration can establish that the arm's length price is higher than the assignment price.

In accordance with Article 92 of the General Tax Code, the appreciated or depreciated value recorded is treated and taxed as normal income.

Article 91-III: Assignment of shares or other ownership interest by a legal entity holding a Mining Permit or Authorisation

Any assignment of shares or other ownership interest of a legal entity holding a Mining Permit or Authorisation is taxed according to the capital gains regime.

The basis of calculating capital gains in the assignment of shares or other ownership interest consists of the difference between the transfer price of the share or other ownership interest and the net book value of such share or other ownership interest.

This capital gains value recorded for an individual or legal entity having assigned its shares or other ownership interest to a legal entity holding a Mining Permit or Authorisation is deemed to be of Guinean origin in so far as the assets of the legal entity whose shares or ownership interests have been assigned are located in Guinea. When the assets of the legal entity from whom shares or other ownership interest have been assigned are located in several jurisdictions, the capital gain is calculated solely on the value of the assets belonging to the Guinean subsidiary.

Par conséquent, lorsque le cédant n'est pas établi en Guinée, cette plus-value est imposée à la source en Guinée à l'impôt sur les sociétés au taux de droit commun défini à l'article 229 du Code Général des Impôts. L'impôt est retenu à la source par la personne morale titulaire du Titre minier ou de l'Autorisation. Cette retenue à la source est exigible au moment de la réalisation de la plus-value.

Consequently, when the assignor is not based in Guinea, this capital gain is taxed at the source in Guinea as corporate tax at the legal rate set forth in Article 229 of the General Tax Code. The tax is deducted at the source by the legal entity holding the Mining Permit or Authorisation. This deduction at source is payable when the capital gain is realized.

Le non-paiement de la retenue à la source exigible est sanctionné par le retrait du Titre minier ou de l'Autorisation conformément aux dispositions du présent Code.

The non-payment of the deduction at source when due is penalized by the revocation of the Mining Permit or Authorisation in accordance with the provisions of this Code.

Lorsque le cédant est établi en Guinée, la plus-value ou la moins-value constatée est traitée comme un résultat ordinaire conformément aux dispositions de l'article 92 du Code Général des Impôts.

When the assignor is based in Guinea, the appreciated or depreciated value recorded is treated as normal income in accordance with Article 92 of the General Tax Code.

Les règles concernant les modalités de calcul, de déclaration et de règlement de cette plus-value sont précisées par voie réglementaire.

The rules concerning the methods of calculation, declaration and payment of this capital gain are specified by regulation.

<u>Article 91-IV :</u> Cession de prises de participation conférant un contrôle indirect sur une personne morale titulaire d'un Titre minier ou d'une Autorisation

<u>Article 91-IV:</u> Assignment of ownership interest conferring indirect control over a legal entity holding a Mining Permit or Authorisation

Lorsqu'un changement de contrôle indirect intervient sur une personne morale titulaire d'un Titre minier ou d'une Autorisation, l'ensemble des cessions de prises de participation, sur les douze mois précédant cette prise de contrôle indirect, qui ont conféré ce contrôle indirect à une personne physique ou morale, est taxé selon le régime des plus-values.

When there is an indirect change of control of a legal entity holding a Mining Permit or an Authorisation, all assignments of ownership interest over the twelve months prior to this acquisition of indirect control, which have conferred this indirect control to an individual or legal entity, are taxed according to the capital gains regime.

Par contrôle indirect, on entend une chaîne, sans limites particulières, de prises de participation parallèles (plusieurs sociétés détenant des participations dans une même société) et/ou verticales (une société contrôlant successivement une ou plusieurs sociétés) permettant à une personne physique ou morale d'exercer une influence ou un contrôle sur la personne morale titulaire du Titre minier ou de l'Autorisation.

Indirect control is understood to be a series, without any particular limitations, of similar acquisitions of ownership interest (several companies owning interests in the same company) and/or vertical acquisitions of ownership interests (one company successively controlling one or more companies), enabling the individual or legal entity to exercise influence or control over the legal entity holding the Mining Permit or Authorisation.

L'influence est établie lorsque la personne physique ou morale participe de manière effective aux décisions relatives à la gestion et à la politique financière de la société émettrice.

Influence is established when the individual or legal entity effectively participates in decisions relating to the management and financial policies of the issuing company.

Le contrôle est établi :

- lorsque la personne physique ou morale détient directement ou indirectement une fraction du capital lui conférant la majorité des droits de vote dans les assemblées générales de la société émettrice ;
- ou, lorsqu'elle dispose de la majorité des droits de vote dans cette société en vertu d'un accord conclu avec d'autres associés ou actionnaires ;
- ou, lorsqu'elle détermine en fait, par les droits de vote dont elle dispose, les décisions dans les assemblées générales de cette société.

L'assiette de la plus-value est constituée par la différence entre le prix de cession et la valeur nette comptable de l'ensemble des titres de participation, conférant un contrôle indirect sur la personne morale titulaire du Titre minier ou de l'Autorisation, cédés sur les douze mois précédant ce changement de contrôle indirect, à la personne physique ou morale qui exerce désormais ce contrôle indirect sur la personne morale titulaire du Titre minier ou de l'Autorisation.

Cette plus-value est réputée être de source guinéenne dans la mesure où les actifs de la personne morale titulaire du Titre minier ou de l'Autorisation sont situés en République de Guinée. Lorsque les actifs de la personne morale dont les actions ou parts sociales sont cédées sont situés dans plusieurs juridictions, la plus-value n'est calculée que sur la valeur des actifs appartenant à la filiale de droit guinéen.

Par conséquent, cette plus-value est imposée à la source en Guinée à l'impôt sur les sociétés au taux de droit commun défini à l'article 229 du Code Général des Impôts. L'impôt est retenu à la source par la personne morale titulaire du titre minier ou de l'autorisation. Cette retenue à la source est exigible au moment de la réalisation de la plus-value.

Le non-paiement de la retenue à la source exigible est sanctionné par le retrait du Titre minier ou de l'Autorisation conformément aux dispositions du présent Code

Control is established:

- when the individual or legal entity directly or indirectly holds part of the capital conferring the majority of the voting rights in the issuing company's shareholders meetings;
- or, when it holds the majority of the voting rights in this company pursuant to an agreement signed with other partners or shareholders.
- or when it actually determines the outcome of decisions, with the voting rights it exercises, in the shareholders meetings of that company.

The basis of capital gains consists in the difference between the assignment price and the net book value of all ownership interests, conferring indirect control over the legal entity holding the Mining Permit or Authorisation, assigned over the twelve months prior to this indirect change of control, to the individual or legal entity who will thereafter exercise this indirect control over the legal entity holding the Mining Permit or Authorisation.

This capital gain is deemed to be of Guinean origin in so far as the assets of the legal entity holding the Mining Permit or Authorisation are located in the Republic of Guinea. When the assets of the legal entity whose shares or other ownership interest are assigned are located in several jurisdictions, the capital gain is calculated solely on the value of the assets belonging to the Guinean subsidiary.

Consequently, this capital gain is taxed at source in Guinea as corporate tax and at the legal rate set forth in Article 229 of the General Tax Code. The tax is deducted at source by the legal entity holding the mining permit or Authorisation. This deduction at the source is payable when the capital gain is realized.

The non-payment of the deduction at the source due is penalized by the revocation of the Mining Permit or Authorisation in accordance with the provisions of this Code.

Les règles concernant les modalités de calcul du contrôle indirect dans une personne morale titulaire d'un Titre minier ou d'une Autorisation en Guinée ainsi que les modalités de calcul, de déclaration et de règlement de cette plus-value sont précisées par voie réglementaire.

The rules for calculating indirect control over a legal entity holding a Mining Permit or Authorisation in Guinea, as well as the methods of calculation, declaration and payment of this capital gain are specified by regulation.

## CHAPITRE IV : CONDITIONS D'OBTENTION D'UN TITRE MINIER OUD'UNEAUTORISATION

## CHAPTER IV: CONDITIONS FOR OBTAINING A MINING PERMIT OR A PERMIT

Article 92 : Obligation de se conformer

Article 92: Obligation to Comply

Aucune personne physique ou morale, y compris les propriétaires du sol ou de droits de surface ne peut, sur le territoire de la République de Guinée, ainsi que dans sa Zone économique exclusive, se livrer à l'une ou plusieurs des activités visées à l'article 6 ci¬-dessus, sans se conformer aux dispositions du présent Code et de ses textes d'application.

No individual or legal entity, including owners of land or surface rights, may carry out any of the activities listed in Article 6 above in the territory of the Republic of Guinea or its exclusive economic Zone, without observing the provisions of this Code and its implementing regulations.

Le refus total ou partiel de la part de l'Etat d'octroyer un Titre minier ou une Autorisation n'ouvre droit à aucune indemnisation pour le demandeur débouté dont la demande ne répond pas aux exigences du présent Code.

Total or partial refusal by the State to grant a Mining Permit or Authorisation does not entitle the unsuccessful applicant to any form of indemnification whose application does not meet the requirements of this Code.

Aucune personne morale ne peut obtenir un Titre d'exploitation minière ou une Autorisation d'exploitation de carrières si elle n'est pas constituée conformément à l'acte uniforme de l'OHADA relatif aux droits des Sociétés Commerciales et du Groupement d'Intérêt Economique (GIE).

No legal entity may obtain a Mining Operation Permit or Mining operation permit for Quarry Substances, if it is not established in accordance with the uniform act of OHADA relating to Commercial Companies and Economic Interest Group.

Article 93 : Incapacités

Article 93: Incapacity

Aucune personne physique ne peut obtenir ni détenir un Titre minier ou une Autorisation en cas :

- d'incompatibilité de son statut avec l'exercice des activités commerciales ;
- de condamnation à une peine d'emprisonnement pour infraction aux dispositions du présent Code et de ses textes d'application ;
- de non-conformité de sa demande aux exigences du présent Code et de ses textes d'application.

No individual may obtain or hold a Mining Permit or Authorisation:

- where such individual's status would be incompatible with the conduct of commercial activities;
- if such individual has been sentenced to jail for breaches of the provisions of this Code or its implementing regulations;
- if such individual's application does not meet the requirements of this Code or its implementing regulations.

Article 94 : Solidarité

Les titulaires de Titres miniers ou d'Autorisations demeurent solidaires de leurs amodiataires et Sous-Traitants en ce qui concerne les activités, objet de l'Amodiation et/ou de la sous-traitance.

La solidarité s'applique en ce qui concerne les obligations douanières mais elle est exclue en matière de fiscalité intérieure.

Lorsque plusieurs personnes sont copropriétaires d'un Titre minier ou d'une Autorisation d'exploitation de carrières, elles agissent à titre conjoint et solidaire.

## CHAPITRE V : GARANTIES GENERALES

Article 95 : Libertés générales

Dans le cadre des accords internationaux et du respect des lois et règlements de la République de Guinée, sont garantis aux personnes visées à l'article 15 :

- le droit de disposer librement de leurs biens et d'organiser leur entreprise ;
- le droit d'embauche et de licenciement conformément aux lois et règlements en vigueur ;
- le libre accès aux matières ;
- la libre circulation en République de Guinée de leur personnel et de leurs produits ;
- le droit d'importer des biens et services ainsi que des fonds nécessaires aux activités ;
- le droit de disposer des produits sur les marchés internationaux ; d'exporter et de disposer des produits sur les marchés extérieurs.

Article 96 : Non-discrimination

Dans le cadre de leurs activités professionnelles, les employeurs et les employés étrangers sont soumis aux lois et règlements de la République de Guinée sans discrimination aucune par rapport aux nationaux guinéens.

Article 94: Joint and Several Liability

Holders of Mining Permits and Authorisations are jointly and severally liable with their lessees and subcontractors for purposes of mining operations, the object of a Lease and/or sub-contract.

This joint and several liability applies to customs duties but is excluded from the internal tax regime.

When several persons jointly own a Mining Permit or Quarry Authorisation, their liability is joint and several.

## CHAPTER V: GENERAL GUARANTEES

Article 95: Fundamental Freedoms

In accordance with international conventions, and subject to the laws and regulations of the Republic of Guinea, all designated persons under Article 15 are guaranteed:

- the right to dispose freely of their property and organize their enterprise;
- the right to hire and fire in accordance with prevailing laws and regulations;
- free access to raw materials;
- freedom of circulation of their personnel and products within the Republic of Guinea;
- the right to import goods and services and any funds necessary for their activities;
- the right to dispose of products on international markets; to export and dispose of products on foreign markets.

Article 96: Non-Discrimination

Within the scope of their professional activities, foreign employers and employees are subject to the laws and regulations of the Republic of Guinea without discrimination of any kind as when compared to Guinean nationals.

Ils peuvent faire partie des organismes de défense professionnelle dans le cadre des lois et règlements de la République de Guinée et s'y faire représenter dans les mêmes conditions que les entreprises et les particuliers de nationalité guinéenne.

They may belong to organizations that provide professional defense within the framework of the laws and regulations of the Republic of Guinea, and be represented therein under the same conditions as enterprises and individuals of Guinean nationality.

# TITRE III : DISPOSITIONS RELATIVES AUX EAUX SOUTERRAINES ET GITES GEOTHERMAUX

## CHAPITRE I : RECHERCHE ET EXPLOITATION

Article 97 : Droit de se livrer à la recherche et à l'exploitation

Nul ne peut se livrer à la recherche ou à l'exploitation de gîtes géothermiques ou d'eaux souterraines sur le territoire de la République de Guinée si ce n'est en vertu d'un Permis de recherche ou d'un Permis d'exploitation.

Article 98 : Usage des eaux souterraines et gîtes thermiques

Les eaux enfermées dans le sein de la terre peuvent être exploitées soit en tant que gîtes géothermiques, quand leur température s'y prête, soit pour d'autres usages. Les Titres portant sur ces eaux précisent l'usage en vue duquel ils sont délivrés.

Article 99 : Permis de recherche

Le Permis de recherche des eaux souterraines et des gîtes géothermiques est accordé par arrêté du Ministre sur recommandation du CPDM aux demandeurs ayant présenté une demande conforme aux exigences du présent Code et de ses textes d'application.

Le Permis de recherche d'eaux souterraines ou de gîtes géothermiques définit le périmètre dans lequel des forages peuvent être exécutés.

Article 100 : Permis d'exploitation

Le Permis d'exploitation des eaux souterraines et des gîtes géothermiques est accordé par arrêté conjoint du Ministre en charge des Mines et du Ministre en charge de l'Hydraulique sur recommandation du CPDM.

# TITLE III: PROVISIONS REGARDING UNDERGROUND WATERS AND GEOTHERMAL DEPOSITS

## CHAPTER I: EXPLORATION AND OPERATION

Article 97: Right to Explore and Operate

No exploration or development of geothermal deposits or underground waters may be carried out within the territory of the Republic of Guinea without an Exploration Permit or an Operating Permit.

Article 98: Use of Underground Waters and Geothermal Deposits

Water enclosed within the earth may be developed as a geothermal deposit when it is of the required temperature, or for other uses. Mining Permits for such waters specify the use for which they are granted.

Article 99: Exploration Permits

Exploration Permits for underground waters and geothermal deposits are granted by order of the Minister on the recommendation of the MPDC to applicants having submitted an application meeting the requirements of this Code and its implementing regulations.

Exploration Permits for underground waters or geothermal deposits specify the area within which drilling may be carried out.

Article 100: Operating Permits

The Operating Permit for underground waters and geothermal deposits is granted by joint order of the Minister in charge of Mines and the Minister in charge of Hydraulics on the recommendation of the MPDC.

Le Permis d'exploitation de gîtes géothermiques définit, par un périmètre et deux profondeurs, le volume qui pourra être exploité. Il peut également limiter le débit calorifique qui sera prélevé.

Operating Permits for geothermal deposits designate the volume which may be operated, by an area and two levels of depth. They may also limit the calorific content of what is extracted.

Le Permis d'exploitation de gîtes géothermiques peut imposer au titulaire des conditions particulières d'extraction, d'utilisation et de réinjection des fluides calorifères et des produits qui y seraient contenus afin de préserver les ressources du Gisement dans toute la mesure du possible.

Operating Permits for geothermal deposits may impose special conditions on the holder for extraction, use and reinsertion of heat-conveying fluid and products contained therein so as to preserve the Deposits as much as possible.

Le Permis d'exploitation d'eaux souterraines définit le périmètre d'exploitation. Il fixe le débit maximal qui pourra être prélevé par le titulaire.

Operating Permits for underground waters designate the area of operations. They establish the maximum output which the holder may extract.

Sauf disposition contraire dans l'acte institutif du Titre, le titulaire d'un Permis d'exploitation d'eaux souterraines ne peut, en aucun cas, prélever un débit qui peut compromettre le renouvellement de ces eaux.

Unless the Title's granting instrument specifies otherwise, no holder of an Operating Permit for underground waters may, in any event, extract a flow that could compromise the regeneration of these waters.

Le Permis d'exploitation d'eaux souterraines peut également définir par deux profondeurs le volume qui peut être exploité.

Operating Permits for underground waters may also limit the volume which may be extracted by two levels of depth.

<u>Article 101 :</u> Exploitation des eaux souterraines et gîtes géothermiques

<u>Article 101:</u> Exploitation of Underground Water and Geothermal Deposits

L'exploitation des eaux souterraines et gîtes géothermiques doit être conduite de manière à assurer une exploitation rationnelle des ressources.

The development of underground water and geothermal deposits must be conducted so as to ensure the rational exploitation of these resources.

Dans ce but, les titulaires des Permis de recherche et des Permis d'exploitation des eaux souterraines et des gîtes géothermiques doivent mener les travaux à l'aide de techniques confirmées de l'industrie Hydraulique et énergétique, de manière à préserver les eaux de toute pollution conformément aux dispositions du présent Code, du Code de l'Eau et du Code de l'Environnement.

To this end, the holders of Exploration Permits and Operating Permits for underground waters and geothermal deposits must carry out the works using techniques approved by the Hydraulic and energy industry in order to protect the waters from any pollution in accordance with the provisions of this Code, the Water Code and the Environmental Code.

<u>Article 102 :</u> Périmètre

<u>Article 102:</u> Area

Le périmètre d'un Permis d'exploitation d'eaux souterraines ou de gîtes géothermiques délivré à la suite d'un Permis de recherche englobe ceux des forages effectués dans le cadre de ces recherches qui ont permis d'atteindre les eaux présentant des qualités favorables à l'exploitation.

The area of an Operating Permit for underground waters or geothermal deposits granted subsequent to an Exploration Permit includes all test-drilling carried out for the purposes of such exploration which enabled the holder to reach waters with qualities conducive to development.

## CHAPITRE II : REGIMES JURIDIQUES

Article 103 : Régimes juridiques

Un arrêté du Ministre en charge de l'Hydraulique fixe les conditions auxquelles l'exploitation d'eaux souterraines doit être considérée de faible importance et peut être entreprise par dérogation aux règles du présent Code, en particulier pour le forage et l'utilisation de puits pour des usages domestiques.

Les régimes définis pour les Mines par le présent Code et ses textes d'application, et pour l'Hydraulique par le Code de l'Eau et ses textes d'application, s'appliquent, le cas échéant, aux activités de recherche et d'exploitation de gîtes géothermiques et d'eaux souterraines en toutes leurs dispositions qui ne sont pas contraires au présent Titre et aux textes prévus pour son application.

## CHAPTER II: LEGAL REGIMES

Article 103: Legal Regimes

An order of the Minister responsible for Hydraulics sets out the conditions under which development of underground water should be considered small-scale and may be undertaken in derogation of the rules of this Code, in particular for drilling and the use of wells for domestic use.

The regimes defined for Mining by this Code and its implementing regulations, and for Hydraulics by the Water Code and its implementing regulations, apply, where relevant, to activities of exploration and development of geothermal deposits and underground waters to the extent that their provisions are not contrary to this Title and the provisions provided for its application.

# TITRE IV : DES DROITS ET OBLIGATIONS ATTACHES A L'EXERCICE DES ACTIVITES MINIERES OU DE CARRIERES

## CHAPITRE I : GENERALITES

Article 104 : Exploitation des ressources minières nationales

Les Activités minières ou de carrières doivent être conduites de manière à assurer l'exploitation rationnelle des ressources minières conformément aux dispositions du présent Code, de celles du Code de l'environnement et de leurs textes d'application.

Dans ce but, les titulaires des Titres miniers doivent mener les travaux à l'aide de techniques confirmées de l'industrie minière.

Article 105 : Election de domicile

Tout titulaire d'un Titre minier ou d'une Autorisation, à moins qu'il ne réside en République de Guinée, doit y faire élection de domicile et y avoir un représentant dont il fait connaître l'identité et les qualifications à l'Administration minière. Le mandataire ainsi désigné doit être suffisamment informé des activités entreprises pour pouvoir fournir à l'Administration tous les renseignements requis.

Article 106 : Indemnisation pour préjudices et dommages

Le titulaire d'un Titre minier ou d'une Autorisation ainsi que les entreprises travaillant pour son compte sont tenus d'indemniser l'Etat ou toute autre personne pour les dommages et préjudices qu'il a pu causer, selon les dispositions légales et réglementaires en vigueur.

# TITLE IV: RIGHTS AND OBLIGATIONS RELATING TO THE CONDUCT OF ACTIVITIES RELATING TO MINES AND QUARRIES

## CHAPTER I: GENERAL

Article 104: Development of the National Mining Resources

Mine or Quarry Activities must be carried out in such a manner so as to ensure rational exploitation of mining resources, in accordance with the provisions of this Code, the Environmental Code, and their implementing regulations.

To that end, the holder of Mining Permits must carry out its work using established techniques of the mining industry.

Article 105: Election of Domicile

Any holder of a Mining Permit or Authorisation, unless it resides in the Republic of Guinea, must elect domicile and have a representative in Guinea, whose identity and qualifications of which must be communicated to the Mining Administration. The agent so appointed must have sufficient knowledge of the activities undertaken in order to provide the Administration with all the required information.

Article 106: Compensation for Prejudice and Damages

The holder of a Mining Permit or Authorisation and companies working on its behalf are required to compensate the State or any other person for damages caused by them, in accordance with prevailing statutory and regulatory provisions.

Article 107 : Préférence aux Entreprises guinéennes

Le titulaire d'un Titre minier ou d'une Autorisation ainsi que les entreprises travaillant pour son compte doit accorder la préférence aux entreprises guinéennes de son choix pour tout contrat, à condition qu'elles offrent des prix, quantités, qualités et délais de livraison comparables. Dans tous les cas, la part des PME, PMI et entreprises appartenant ou contrôlées par des Guinéens devra être progressive dans le respect des minima ci-dessous :

Part minimale des PME, PMI et entreprises appartenant ou contrôlés par des Guinéens dans la fourniture des biens et services aux sociétés minières.

| Recherche | Développement | Périodes d'exploitation | | |
|---|---|---|---|---|
| | | 1re-5e Année | 6e-10e année | 11e-15e année |
| 10% | 20% | 15% | 25% | 30% |

Afin de promouvoir le développement du secteur privé, les titulaires de Titres d'exploitation minière et d'Autorisations d'exploitation de carrières ainsi que les entreprises travaillant pour leur compte, doivent exécuter le plan de soutien à la création et/ou au renforcement des capacités des PME, PMI et entreprises appartenant ou contrôlées par des Guinéens pour la fourniture de biens et services largement utilisés dans leurs activités.

Chaque titulaire de Titre minier devra soumettre annuellement au Ministre un rapport sur son recours aux PME, PMI et entreprises appartenant ou contrôlées par des Guinéens, qui détaillera les progrès du titulaire de Titre minier pour parvenir à la part minimale définie dans cet article, ainsi que ses activités en faveur de la création ou du renforcement des capacités guinéennes. Ce rapport dont un exemplaire est déposé au Ministère en charge des PME et PMI, sera publié au Journal Officiel et sur le site Internet officiel du Ministère en charge des Mines, ou tout autre site désigné par le Ministre.

Article 107: Priority to Guinean Companies

The holder of a Mining Permit or Authorisation, and companies working on its behalf, must give preference to Guinean companies of its choice in respect of any contract, provided they offer comparable prices, quantities, qualities and delivery schedules. In any case, the portion of SMEs, SMIs and companies owned or controlled by Guineans shall be progressively increased in accordance with the following minimum thresholds:

Minimum thresholds of SMEs, SMIs and companies owned or controlled by Guineans for the supply of goods and services to mining companies.

| Exploration | Development | Operating Periods | | |
|---|---|---|---|---|
| | | 1st – 5th Year | 6th – 10th Year | 11th-15th Year |
| 10% | 20% | 15% | 25% | 30% |

In order to promote private sector development, holders of Mining Operation Permits and Mining operation permits for Quarry Substances and independent companies, must implement the support plan for the building and/or strengthening of capacities of SMEs, SMIs and companies owned or controlled by Guineans for the supply of goods and services widely used in their activities.

Each holder of a Mining Permit shall submit to the Minister, on an annual basis, a report on its use of SMEs, SMIs and businesses owned or controlled by Guineans, detailing the progress of the holder of the Mining Permit towards achieving the minimum thresholds set out in this Article, as well as its activities towards creating or strengthening Guinean capacities. This report, a copy of which must be filed with the Ministry in charge of SMEs and SMIs, will be published in the Official Gazette and on the official Website of the Ministry in charge of Mines, or any other site designated by the Minister.

Article 108 : Emploi du personnel

Le titulaire d'un Titre minier ou d'une Autorisation ainsi que les entreprises travaillant pour son compte doivent se conformer aux exigences de la Loi applicable à l'égard des normes de travail.

Les permis de travail aux étrangers dans le secteur minier sont délivrés par l'Agence Guinéenne pour la Promotion de l'Emploi (AGUIPE) ou tout service en tenant lieu, après avis de l'Administration minière.

Sous réserve de l'alinéa 1, le titulaire du Titre minier ou de l'Autorisation devra employer en priorité des cadres guinéens ayant les compétences requises. En conséquence, le titulaire d'un Titre d'Exploitation minière ou d'une Autorisation d'exploitation de carrières doit, pendant la phase de développement, présenter au Ministère en charge de la Formation Professionnelle et à l'Administration minière un plan de formation des cadres guinéens pour leur permettre d'acquérir les compétences exigées par le management de l'entreprise afin d'occuper des postes d'encadrement dans les cinq premières années à compter de la date du démarrage de la production commerciale.

Les modalités de sélection sont annoncées par voie de presse.

Le titulaire d'un Titre minier ou d'une Autorisation ainsi que les entreprises travaillant pour son compte sont tenus d'employer exclusivement des Guinéens pour tous les emplois ne nécessitant pas de qualification. La direction du titulaire du Titre minier ou de l'Autorisation pourra réserver certains postes ne nécessitant pas de qualification aux ressortissants de la Communauté locale.

Sous réserve de la Loi applicable, le titulaire d'un Titre minier ou d'une Autorisation peut employer un nombre raisonnable de travailleurs expatriés.

Le quota minimal d'employés guinéens par phase d'évolution du projet et /ou par période d'exploitation de la société est défini dans le tableau ci-dessous :

Article 108: Employment of Personnel

The holder of a Mining Permit or Quarry Authorisation and companies working on its behalf must comply with all applicable employment Law provisions.

Work permits for foreigners in the mining sector are issued by the Agence Guinéenne pour la Promotion de l'Emploi (AGUIPE) or any department serving in this capacity, after receiving approval from the Mining Administration.

Subject to Paragraph 1, the holder of the Mining Permit or Authorisation must give preference to employing Guinean managers having the required skills. As a result, the holder of a Mining Operation Permit or Mining operation permit for quarries shall, during the development phase, file with the Ministry in charge of Professional Training and with the Mining Administration a training plan for Guinean managers to enable them to acquire the skills required by the management of the company to occupy managerial positions in the first five years from the date of the start of commercial production.

The selection criteria will be announced in the press.

The holder of a Mining Permit or Authorisation and companies working on its behalf are required to exclusively employ Guineans for all unskilled positions. The management of the holder of the Mining Permit or Authorisation may reserve certain unskilled positions for members of the Local Community.

Subject to the applicable Law, the holder of a Mining Permit or Authorisation may employ a reasonable number of expatriate workers.

The minimum quota of Guinean employees for each phase of the evolution of the project and/or per period of operation of the company is set forth in the table below:

Quota minimal d'employés guinéens par catégorie aux différentes phases d'évolution de la société

| Catégorie de travailleurs | Recherche | Développement | 1ère - 5ème année | 6ème - 10ème année | 11ème - 15ème Année |
|---|---|---|---|---|---|
| Cadres de direction | 33% | 20% | 60% | 80% | 90% |
| Encadrement | 50% | 30% | 80% | 90% | 100% |
| Ouvriers qualifiés | 66% | 40% | 80% | 95% | 100% |
| Ouvriers non qualifies | 100% | 100% | 100% | 100% | 100% |

Minimum quota of Guinean employees by category in the various phases of the company's evolution:

| Category of Workers | Exploration | Mining Operation | 1st to 5th year | 6th to 10th year | 11th to 15th year |
|---|---|---|---|---|---|
| Senior Managers | 33% | 20% | 60% | 80% | 90% |
| Managers | 50% | 30% | 80% | 90% | 100 % |
| Qualified workers | 66% | 40% | 80% | 95% | 100 % |
| Unskilled workers | 100% | 100% | 100 % | 100 % | 100 % |

Le non-respect des présents quotas exposera le titulaire du Titre minier ou de l'Autorisation à une sanction pécuniaire dont le montant et les modalités de paiement seront définis dans un texte d'application.

Failure to comply with these quotas will expose the holder of the Mining Permit or Authorisation to a financial penalty, the amount and payment terms of which will be defined in the implementing regulations.

Dès la Date de la première production commerciale, le Directeur Général Adjoint du titulaire d'un Titre d'Exploitation minière ou d'une Autorisation d'exploitation de carrières doit être un Guinéen ayant les compétences requises pour occuper cette fonction, recruté par la société suivant ses propres procédures.

As of the Date of First Commercial Production, the Assistant Managing Director of the holder of the Mining Operation Permit or Mining operation permit for Quarry Substances must be a Guinean national with the required skill to fulfil this role, recruited by the company according to its own procedures.

Au bout d'une période de cinq (5) ans à compter de la Date de première production commerciale, le Directeur Général de la société en exploitation doit être un Guinéen ayant les compétences requises pour occuper cette fonction, recruté par la société suivant ses propres procédures.

At the end of a period of five (5) years from the Date of First Commercial Production, the Managing Director of the mining company must be Guinean with the skills required to hold this position, recruited by the company according to its own procedures.

Chaque titulaire de Titre minier ou d'Autorisation devra soumettre annuellement au Ministère en charge de l'Emploi et au Ministère en charge des Mines un rapport sur son recours à l'emploi des Guinéens, qui détaillera les progrès du titulaire du Titre minier ou de l'Autorisation pour parvenir aux quotas définis dans cet article, ainsi que ses activités en faveur de la création d'emploi ou du renforcement des capacités guinéennes. Ce rapport sera publié au Journal Officiel et sur le site Internet officiel du Ministère en charge des Mines, ou tout autre site désigné par le Ministre.

Each holder of a Mining Permit or Authorisation must submit to the Ministry in charge of Employment and the Ministry in charge of Mines, on an annual basis a report on its measures for employing Guineans, which will outline the progress made by the holder of the Mining Permit or Authorisation to achieve the quotas defined in this Article, as well as its activities to promote the creation of jobs or capacity building amongst Guineans. This report will be published in the Official Gazette and on the official website of the Ministry in charge of Mines, or on any other site designated by the Minister.

Article 109 : Formation du personnel

Tous les titulaires de Titres miniers ou d'Autorisations ainsi que les entreprises travaillant pour leur compte sont tenus d'établir et de soumettre à l'approbation de l'Office National de la Formation et du Perfectionnement Professionnel (ONFPP) ou tout service en tenant lieu, un programme de formation et de perfectionnement qui favorise le plus possible le transfert de technologie et de compétence au bénéfice des entreprises et du personnel guinéen ; et un programme de guinéisation conformément aux quotas minimum fixé dans l'article précédent.

Le plan de formation et de perfectionnement devra notamment comporter :

- l'accueil des diplômés des écoles professionnelles et des universités pour les stages de mise en situation professionnelle pour une durée de six (6) mois et de découverte de l'entreprise pour les élèves et étudiants en formation initiale pour une durée de deux (2) mois ;
- la participation d'employés guinéens à des cours et/ou à des stages organisés en République de Guinée ou à l'étranger.

L'Agence Guinéenne pour la Promotion de l'Emploi (AGUIPE) ou tout service en tenant lieu pourra demander à l'investisseur de compléter la formation des employés guinéens par leur participation à des opérations menées à l'étranger afin de leur donner l'expertise dans les différents secteurs de l'activité minière.

Les titulaires de Titres miniers ou d'Autorisations ainsi que les entreprises travaillant pour leur compte devront établir un plan de carrière et de succession pour tous les employés, notamment ceux de l'encadrement et de la direction, ou pour tout emploi nécessitant une expertise particulière dans le cadre du respect des quotas minimum fixés dans l'article précédent.

Les employés expatriés des titulaires de Titres miniers ou d'Autorisations, ainsi que ceux des entreprises travaillant pour leur compte doivent bénéficier d'un permis de travail qui fixe en amont le nombre d'années pendant lequel ils doivent rester dans l'entreprise. Cette du-

Article 109: Training of Personnel

All holders of Mining Permits or Authorisations as well as companies working on their behalf are required to prepare and submit for the approval of the National Office for Training and Professional Development (*l'Office National de la Formation et du Perfectionnement Professionnel*), or any department acting on its behalf, a training and development program that encourages to the greatest extent the transfer of technology and skills to Guinean businesses and staff; and a Guineanization program in accordance with the minimum quotas set out in the previous Article.

The training and development plan must include, in particular:

- the acceptance of graduates from professional schools and universities for professional training internships of a period of six (6) months and business training internships for students in initial training for a period of two (2) months;
- the participation of Guinean employees in courses and/or training seminars, organized in the Republic of Guinea or abroad.

The Agence Guinéenne pour la Promotion de l'Emploi (AGUIPE) or any department acting on its behalf, may request the investor to supplement the training of Guinean employees through their participation in operations conducted abroad to give them expertise in the various sectors of mining.

The holders of Mining Permits or Authorisations and the companies working on their behalf must establish a career and progression plan for all employees, notably for those in supervisory and management roles, or for any position requiring particular expertise in compliance with the minimum quotas set out in the previous Article.

Expatriate employees of holders of Mining Permits or Authorisations and those of companies working on their behalf must have a work permit that sets out in advance the number of years during which they must remain with the company. This period must

rée doit correspondre à la durée initiale prévue par la loi sur l'entrée et le séjour des étrangers en République de Guinée et le Code du travail. Elle est renouvelable une seule fois.

correspond with the initial period stipulated by the law regarding the entry and residence of foreigners in the Republic of Guinea and the Labor Code. It is renewable only once.

## CHAPITRE II : ZONES FERMEES, PROTEGEES OU INTERDITES A LA RECONNAISSANCE, A LA RECHERCHE ET A L'EXPLOITATION DES MINES

## CHAPTER II: ZONES THAT ARE CLOSED, PROTECTED OR PROHIBITED FROM STAKING, EXPLORATION AND OPERATION OF MINES

Article 110 : Zones fermées

Pour des motifs d'ordre public, des décrets du Président de la République sur proposition du Ministre en charge des Mines peuvent, pour une durée limitée, classer certaines zones comme zones fermées et suspendre dans ces zones l'attribution d'Autorisation de reconnaissance ou d'exploitation artisanale, de Permis de recherche ou d'exploitation et de Concessions minières pour certaines ou toutes Substances minières ou de carrières.

Article 110: Closed Zones

For reasons of public order, decrees of the President of the Republic on the recommendation of the Minister in charge of Mines, may classify certain zones, for a limited time period, as closed zones and suspend the granting of Staking permits or Artisanal operation licenses, Exploration Permits or Mining Operation Permits and Mining Concessions for some or all Mining Substances or Quarry Substances.

Article 111 : Zones protégées ou interdites

Des périmètres de dimensions quelconques, à l'intérieur desquels la reconnaissance, la recherche et l'exploitation des Substances minières ou de carrières sont soumises à certaines conditions ou simplement interdites, peuvent être établis partout où l'intérêt général l'exige, notamment pour la protection des édifices et agglomérations, des lieux de culte ou de sépulture, points d'eau, zones côtières, voies de communications, ouvrages d'art et travaux d'utilité publique, sans que le titulaire puisse réclamer le paiement d'une quelconque indemnité à cet effet.

Une indemnité représentant le montant des dépenses afférentes aux travaux ou ouvrages démolis ou abandonnés sera toutefois due au cas où le titulaire devrait démolir ou abandonner des travaux ou ouvrage régulièrement établis par lui antérieurement à la classification de ces périmètres comme zones protégées ou interdites.

Aucun travail de prospection, de recherche ou d'exploitation de Substances minières ou de carrières ne peut être ouvert, sans Autorisation, à la surface et dans un rayon de cent (100) mètres :

Article 111: Protected or Prohibited Zones

Perimeters of any size may be established within which staking, exploration and exploitation of Mining Substances or Quarry Substances are subject to certain conditions or simply prohibited, anywhere it is deemed necessary for the public interest and, in particular, for the purposes of protecting buildings and agglomerations, cultural or burial sites, waterholes, coastal areas, communication channels, works of art and works of public use, without the holder having any claim whatsoever for compensation in this regard.

The holder is nevertheless entitled to compensation equal to the expenses it incurred for works or constructions demolished or abandoned in the event the holder must demolish or abandon works or constructions that were duly built before the perimeter was classified as a protected or forbidden zone.

No prospecting, exploration, or exploitation of Mine or Quarry Substances can begin on a surface within a radius of one hundred (100) meters:

- autour des propriétés closes de murs ou d'un dispositif équivalent, villages, groupes d'habitations, puits, édifices religieux, lieux de sépulture et lieux considérés comme sacrés, sans le consentement du propriétaire ;
- de part et d'autre des voies de communication, conduites d'eau, et, généralement, à l'alentour de tous travaux d'utilité publique et ouvrage d'art.

Les mesures prévues au présent article sont prises par arrêté conjoint du Ministre en charge des Mines et des Ministres chargés des Départements concernés.

Est en tout état de cause interdite, l'ouverture de Carrières et/ou de Mines en bordure de mer.

Article 112 : Zone de protection

Un arrêté du Ministre en charge des Mines peut, à la demande du titulaire d'un Titre d'exploitation minière, et après enquête menée par la Direction Nationale des Mines, définir autour des sites de travaux du titulaire une zone de protection dans laquelle les activités des tiers sont interdites en tout ou partie.

Article 113 : Zones élargies de sécurité

A l'intérieur du périmètre d'un Titre minier ou d'une Autorisation, un arrêté du Ministre en charge des Mines peut, le titulaire entendu, interdire, restreindre ou soumettre à certaines conditions, l'exécution de travaux de recherches ou d'exploitation par le titulaire dans les zones élargies de sécurité qu'il établit autour des bâtiments et ouvrages visés ci-dessus, ou au contraire, autoriser certains travaux dans les zones élargies de sécurité.

Article 114 : Indemnisation

Le titulaire d'un Titre minier ou d'une Autorisation dont les travaux sont affectés par des mesures prises en application de l'article précédent ou par le retrait de telles mesures est indemnisé par l'Etat pour les ouvrages qu'il doit démolir et pour ceux qui deviennent inutiles, lorsque ces ouvrages ont été édifiés avant la notification de l'arrêté visé à l'article précédent.

- around properties surrounded by walls or similar enclosures, villages, settlements, wells, religious buildings, cemeteries and sites considered sacred, without the consent of the owner;
- on either side of communication channels, water lines, and generally around any works of public use and works of art.

The measures stipulated in this Article are taken by joint order of the Minister in charge of Mines and Ministers responsible for the relevant Departments.

The opening of Quarries and/or Mines along the seashore is prohibited in any event.

Article 112: Protected Zones

Upon request of the holder of a Mining Operation Permit, and after investigation by the National Mining Authority, the Minister in charge of Mines may, by order, designate a protection zone surrounding the holder's worksite in which activities by third parties are wholly or partially forbidden.

Article 113: Enlarged Security Zones

Within the area of a Mining Permit or Authorisation, the Minister responsible for Mines may, by order, after hearing submissions from the holder, prohibit, restrict or impose certain conditions, the carrying out of exploration, or operation activities by the holder within broadened security zones established around buildings and works described above, or alternatively, authorise certain works within such broadened security zones.

Article 114: Compensation

The holder of a Mining Permit or Authorisation, operations whose are affected by measures taken or revoked under the preceding Article or by the revocation of such measures is to be compensated by the State for works that it is obliged to demolish and those which become useless, if they were built before the holder was notified of the order described in the preceding Article.

Pour obtenir cette indemnité, le titulaire doit fournir à l'Administration minière un état des dépenses qu'il a engagées et des coûts qu'il a supportés pour les ouvrages démolis ou devenus inutiles.

To obtain such compensation, the holder must submit a statement of expenses to the Mining Administration illustrating the expenses and costs it incurred in respect of the works that have been demolished or have become useless.

Ces dépenses et coûts devront faire l'objet d'une expertise en vue de leur approbation par le Ministre.

These expenses and costs will be assessed by an expert with a view to their approval by the Minister.

## CHAPITRE III : RELATIONS DES TITULAIRES DE TITRES MINIERS ENTRE EUX, AVEC L'ETAT, AVEC LES TIERS ET AVEC LES COMMUNAUTES LOCALES

## CHAPTER III: RELATIONSHIP BETWEEN HOLDERS OF MINING, THE STATE, THIRD PARTIES AND LOCAL COMMUNITIES

### SECTION I : DES RELATIONS ENTRE MINES ET CARRIERES VOISINES

### SECTION I: RELATIONSHIP BETWEEN ADJOINING MINES AND QUARRIES

Article 115 : Travaux d'intérêt commun

Dans le cas où il serait nécessaire d'exécuter des travaux ayant pour but soit de mettre en communication des Mines voisines pour les besoins de leur aérage ou de l'écoulement des eaux, soit d'ouvrir des voies d'aérage, d'écoulement des eaux, de transport ou de secours destinées au service des Mines voisines, les titulaires des Titres miniers considérés ne peuvent s'opposer à l'exécution de ces travaux et sont tenus d'y participer chacun à proportion de ses intérêts.

Article 115: Works of Common Interest

In cases where it is necessary to perform work in order to either connect adjoining Mines to each other for the purpose of their ventilation or water drainage or to open channels for aeration, water drainage, transport or emergency service for adjoining Mines, the holders of Mining Permits cannot object to the execution of this work and are required to participate in same, each in proportion to its interest.

Article 116 : Responsabilité civile

Lorsque les travaux du titulaire d'un Titre minier ou d'une Autorisation occasionnent des dommages aux activités du titulaire d'un autre Titre minier ou Autorisation, réparation est due à ce dernier dans les conditions du droit commun de la responsabilité civile.

Article 116: Civil Liability

When the works of the holder of a Mining Permit or Authorisation result in damage to the activities of the holder of another Mining Permit, compensation is due to the latter in accordance with the common law on civil liability.

Article 117 : Exceptions

Par exception à l'article précédent, lorsque les travaux d'exploitation d'une mine occasionnent des dommages à l'exploitation d'une autre mine à raison des eaux qui pénètrent dans cette dernière en plus grande quantité, il y aura, de ce seul fait, lieu à une indemnité qui sera fixée en tenant compte également des éventuels avantages résultant par endroits ou par moment pour l'exploitation de la mine qui

Article 117: Exceptions

As an exception to the previous Article, when operation works of a mine cause damage to the operation of another mine because of water that infiltrates the latter in greater quantities, this fact alone will give rise to compensation determined also taking into account any potential resulting benefits that may accrue in certain areas or times for the operation of the damaged mine, of better water drainage

subit le dommage, d'un meilleur écoulement des eaux imputables aux travaux de la mine voisine considérée.

due to the work of the adjoining mine in question.

Article 118 : Bande frontalière

Le Titre minier ou un arrêté ultérieur du Ministre en charge des Mines, pris sur recommandation de la DNM, peut créer une bande frontalière de largeur raisonnable dans laquelle les travaux du titulaire d'un Titre minier sont restreints ou interdits en vue de protéger les travaux sur une mine voisine qui est en exploitation ou qui pourrait l'être.

La création de cette bande frontalière ne donne aucun droit à indemnité aux titulaires en présence.

Article 118: Buffer Zone

A Mining Permit or a later order of the Minister in charge of Mines, granted on the recommendation of the National Mining Authority, may create a buffer zone of reasonable width in which the works of the holder of a Mining Permit are restricted or prohibited in order to protect the works on an adjoining mine that is being operated or could be operated.

The creation of such buffer zone does not give rise to any right to compensation for the holders concerned.

Article 119 : Différends non réglés

La Direction Nationale des Mines sera informée par les parties de tout différend minier entre Mines voisines qui n'aurait pas été réglé à l'amiable

Article 119: Unresolved Disputes

The National Mining Authority must be notified by the parties of any mining dispute between adjoining Mines that has not been settled amicably.

## SECTION II : DES RAPPORTS AVEC L'ETAT

Article 120 : Autorisations particulières

Le titulaire d'un Titre minier ou d'une Autorisation peut, à l'intérieur du périmètre de son Titre ou de son Autorisation, entreprendre des travaux et activités, établir des installations et construire des bâtiments utiles ou annexes à la mise en œuvre des droits de recherche ou d'exploitation qu'il tient de ce Titre ou de cette Autorisation. Il reste néanmoins assujetti au respect des dispositions du présent Code, ainsi qu'à celles du Code Forestier.

Toutefois, pour les activités suivantes, le titulaire est tenu d'adresser une demande au Ministre en charge des Mines en vue de l'obtention d'une Autorisation particulière accordée par arrêté du Ministre concerné :

- Dégagement du sol de tous les arbres, arbustes et autres obstacles, et coupe du bois nécessaires aux activités du titulaire en dehors des terrains dont le titulaire aurait la propriété ;

## SECTION II: RELATIONS WITH THE STATE

Article 120: Specific Authorisations

The holder of a Mining Permit or Authorisation may, within the area of its Permit or Authorisation, undertake works and activities, install facilities and construct buildings which are useful or ancillary to the implementation of exploration, or operation rights resulting from this Title or Authorisation. The holder nevertheless remains subject to compliance with the provisions of this Code, as well as those of the Forestry Code.

However, for the following activities, the holder must submit an application to the Minister in charge of Mines in order to obtain a specific Authorisation granted by order of the relevant Minister:

- Uprooting of all trees, shrubs and other obstacles, and logging necessary for the activities of the holder outside of boundaries of the holder's property;

- Exploitation des chutes d'eau non-utilisées ni réservées et aménagement de ces chutes pour les besoins de ses activités ;
- Implantation d'installations de préparation, de concentration ou de traitement chimique ou métallurgique ;
- Création ou aménagement de routes, canaux, pipelines, canalisations, convoyeurs ou autres ouvrages de surface servant au transport de produits en dehors des terrains dont le titulaire aurait la propriété ;
- Création ou aménagement de chemins de fer, ports maritimes ou fluviaux et aéroports.

Article 121 : Réalisation et appropriation des infrastructures

La réalisation des infrastructures nécessaires à l'Activité minière se fait par l'Etat ou dans le cadre d'un Partenariat Public-Privé (PPP). Dans tous les cas l'Etat agira soit directement soit par l'intermédiaire de toute entité qu'il détient ou qu'il contrôle.

Les projets d'infrastructure sont soumis à un appel d'offres international compétitif, et seront dans tous les cas conformes au schéma directeur des infrastructures de transport qui garantit l'accès des infrastructures à des tiers.

Quel que soit le mode de financement, les infrastructures de transport (chemin de fer, routes, ponts), portuaires, aéroportuaires, les cités et leurs annexes, les canalisations d'eau et lignes de transport d'électricité, ainsi que toute autre immobilisation à perpétuelle demeure à l'exception de l'outil de production, développées dans le cadre de la mise en valeur d'un Titre minier doivent être transférées à l'Etat gratuitement après la durée nécessaire à un juste retour sur investissement, à laquelle s'ajoute une période de cinq ans.

Après le transfert de l'infrastructure à l'Etat, la société minière conservera un droit prioritaire sur l'utilisation de l'infrastructure. Selon les cas, elle en conservera l'opération, pour les infrastructures dédiées, ou l'Etat désignera par appel d'offres un opérateur indépendant, pour les infrastructures partagées.

- Exploitation of unused and not reserved waterfalls and harnessing them for the holder's activities;
- Setting-up facilities for the preparation, concentration or chemical or metallurgical treatment;
- Creation or improvement of roads, canals, pipelines, pipes, conveyors or other surface structures used to transport products outside the land owned by the holder;
- Creation and development of railways, sea or river ports and airports.

Article 121: Building and Ownership of Infrastructure

The building of the infrastructure necessary for Mining Activity is carried out by the State or within the framework of a Public-Private Partnership (PPP). In all cases, the State will act either directly or through any entity that it owns or controls.

Infrastructure projects are subject to an international competitive tender procedure, and shall, in all cases, comply with the master plan for the transport infrastructure that ensures access to the infrastructure by third parties.

Irrespective of the method of financing, the infrastructure for transport (railway, roads, bridges), ports, airports, cities and their outskirts, water lines and electricity transmission lines, as well as any other immoveable fixture with the exception of production equipment, developed within the framework of the development of a Mining Permit must be transferred to the State free of charge after a period necessary for a fair return on investment, to which a period of five years is added.

After the transfer of the infrastructure to the State, the mining company will have a priority right for the use of the infrastructure. As the case may be, it will continue to operate the dedicated infrastructure, or the State will designate an independent operator by a tender procedure for the shared infrastructure.

Article 122 : Respect des engagements internationaux de l'Etat

Tout titulaire de Titre minier ou d'Autorisation, tout intervenant dans la commercialisation des diamants, autres Gemmes et or, tels que définis à l'article 59, sont tenus de se conformer aux engagements internationaux pris par l'Etat et applicables à leurs activités pour l'amélioration de la gouvernance dans le secteur minier, notamment ceux relatifs à la Communauté Economique des Etats de l'Afrique de l'Ouest (CEDEAO), au processus de Kimberley et à l'Initiative pour la Transparence dans les Industries Extractives (ITIE).

Article 122: Compliance with International Obligations of the State

Any holder of a Mining Permit or Authorisation, any participant involved in the marketing of diamonds, other Gems and gold, as referred to in Article 59, must comply with the international commitments made by the State and applicable to their activities for the improvement of governance in the mining sector, including those relating to the Economic Community of West African States (ECOWAS), the Kimberley Process and the Extractive Industries Transparency Initiative (EITI).

## SECTION III : DES RAPPORTS AVEC LES TIERS

## SECTION III: RELATIONS WITH THIRD PARTIES

Article 123 : Droits des propriétaires

Le droit minier n'éteint pas le droit de propriété. Aucun droit de recherche ou d'exploitation ne vaut sans le consentement du propriétaire foncier, de ses ayants droit, en ce qui concerne les activités impliquant la surface ou ayant un effet sur celle-ci.

Les droits des propriétaires, usufruitiers et occupants du sol ainsi que ceux de leurs ayants droit ne sont pas affectés par la délivrance des Titres miniers et Autorisations en dehors de ce qui est prévu au présent Titre.

Le titulaire d'un Titre minier ou d'une Autorisation peut occuper dans le périmètre de ce Titre ou de cette Autorisation les terrains nécessaires à ses activités, s'il y est autorisé par son Titre ou son Autorisation ou par arrêté du Ministre.

Article 123: Rights of Owners

A mining right does not extinguish a property right. No right to prospect or operate is valid without the consent of the landowner or its successors, with regard to activities involving the surface or affecting it.

The rights of owners, usufructuaries and occupants of the land as well as those of their successors are not affected by the granting of Mining Permits and Authorisations beyond that which is provided in this Permit.

The holder of the Mining Permit or Authorisation may occupy, within the area of such Title or Authorisation, the land required for its activities, if it is so authorised by its Title or Authorisation or by order of the Minister.

Article 124 : Indemnités

Le droit de propriété s'exercera pendant toute la durée de l'exploitation à travers la perception d'une indemnité.

Le titulaire du Titre minier ou de l'Autorisation doit verser aux éventuels occupants légitimes des terrains nécessaires à ses activités, une indemnité destinée à couvrir le trouble de jouissance subi par ces occupants.

Article 124: Compensation

Property rights shall be exercised throughout the term of the operation through the collection of compensation.

The holder of the Mining Permit or Authorisation must pay any lawful occupant of land required for its activities, compensation for the disturbance of enjoyment suffered by such occupants.

Le montant, la périodicité, le mode de règlement et l'ensemble des autres modalités relatives aux indemnités visées ci-dessus seront fixées, conformément aux dispositions du présent Code et de ses textes d'application. Le montant de ces indemnités doit être suffisamment raisonnable pour ne pas compromettre la viabilité du projet et proportionnée aux perturbations causées par les Activités minières selon les procédures prévues par la Loi.

The amount, frequency, method of payment and all other terms relating to the above-mentioned compensation are determined in accordance with the provisions of this Code and its implementing regulations. The amount of the compensation must be reasonable enough in order not to compromise the viability of the project, and proportional to the disturbance caused by Mining Activities, in accordance with the procedures set out in the Act.

<u>Article 125 :</u> Utilité publique

L'Etat veillera à ce que le titulaire d'un Titre Minier ou d'une Autorisation obtienne le consentement du propriétaire foncier ou de ses ayants-droit dès que nécessaire. En l'absence du consentement du propriétaire foncier ou de ses ayants-droit, celui-ci peut se voir imposer par l'Etat, conformément à la règlementation en vigueur, une adéquate et préalable indemnisation, l'obligation de laisser effectuer les travaux sur sa propriété et de ne pas les entraver. Le prix du terrain ou des indemnités dues à raison de l'établissement des servitudes ou d'autres démembrements de droits réels ou de l'occupation, est fixé comme en matière d'expropriation.

Lorsque l'intérêt public l'exige, le titulaire du Titre minier ou de l'Autorisation peut faire poursuivre l'expropriation des immeubles et terrains nécessaires aux travaux miniers et aux installations indispensables à l'exploitation, dans les conditions prévues par les textes en vigueur.

L'indemnité liée à l'expropriation pour cause d'utilité publique visée au présent article ne devra en aucun cas être inférieure à la totalité de celle relative aux droits des propriétaires prévus à l'article 124 ci-dessus.

<u>Article 125:</u> Public Utility

The State will ensure that a holder of a Mining Title or Authorisation obtains the consent from the landowner or its successors, as soon as it is necessary. In the absence of consent from the landowner or its successors, the State may, in accordance with the regulations in force, impose an adequate compensation in advance, and the obligation to permit work to be carried out on its property without obstruction. The price of land or compensation owing as a result of the establishment of easements or other dismemberments of real rights or occupation, is determined as for expropriation.

When the public interest so requires, the holder of the Mining Permit or Authorisation may undertake to expropriate buildings and land necessary for the mining work and the facilities essential for the mining operation, in accordance with the conditions set forth in the legislation in force.

The compensation due for expropriation for public utility under this Article shall not, under any circumstance be less than the full amount provided for compensation relating to rights of owners set out in Article 124 above.

<u>Article 126 :</u> Responsabilité, dommages et réparations

Tous les dommages causés par le titulaire d'un Titre minier aux propriétaires, usufruitiers et occupants légitimes du sol ou à plusieurs ayants droit, donneront lieu à réparation par le versement des indemnités visées à l'article 124 ci-dessus.

<u>Article 126:</u> Liability, Damages and Compensation

All damage caused by the holder of a Mining Permit to landowners, usufructuaries and legitimate occupants of the land or to several successors, shall give rise to damages by payment of compensation referred to in Article 124 above.

En particulier, dans le cas où le propriétaire, l'usufruitier, l'occupant légitime du sol ou leurs ayants droit auraient entrepris des travaux ou posséderaient des installations qui deviendraient inutiles du fait de l'exploitation minière, le titulaire devra leur rembourser le coût de ces travaux ou installations ou, si elle est inférieure, leur valeur à la date à laquelle ils deviennent inutiles.

Le montant de ces indemnités se compensera toutefois avec les avantages que ceux qui subissent ces préjudices peuvent, le cas échéant, retirer de l'activité et des travaux du titulaire du Titre minier.

Article 127 : Autorisation aux tiers et non réparation

Toute personne qui entreprend des travaux, construit des immeubles ou établit des installations mobilières à l'intérieur du périmètre d'un Permis d'exploitation ou d'une Concession minière, doit préalablement obtenir une autorisation du Ministre en charge des Mines, après avis motivé, le cas échéant, des administrations concernées ; à moins qu'il ne s'agisse de travaux, d'immeubles ou d'installations destinés à l'exploitation minière et entrepris ou établis par le titulaire du Titre minier ou par ladite personne.

Les dommages causés par les activités d'exploitation minière aux travaux, immeubles et installations entrepris ou établis sans cette autorisation spéciale n'ouvrent aucun droit à réparation.

## SECTION LV : DES RAPPORTS AVEC L'ETAT ET LES TIERS

Article 128 : Utilisation d'infrastructures

Sous réserve de la loi applicable, le titulaire d'un Titre minier a accès et peut faire usage des routes, ponts, terrains d'aviation, installations portuaires et ferroviaires, installations connexes de transport ou autres, ainsi que les canalisations d'eau et d'électricité ou les voies de communication, établies ou aménagées par un organisme ou une entité détenu ou contrôlé par l'Etat, à l'exception des Forces Armées, sans avoir à payer des frais excédant ceux payés par les citoyens guinéens et autres

In particular, where the owner, the usufructuary, or lawful occupant of the land or its successors have undertaken works or own facilities which would be rendered useless due to the mining operations, the holder shall reimburse them for the cost of these works or installations or, for their value on the date on which they become useless, whichever is lower.

Such compensation shall be offset, however, by any advantages that those suffering these damages may gain from the activity and work of the holder of the Mining Permit.

Article 127: Authorisation to Third Parties and Non-Compensation

Any person who performs works, constructs buildings or installs moveable facilities within the area of an Operating Permit or Mining Concession, must obtain prior authorisation from the Minister in charge of Mines, after receiving a reasoned opinion from the relevant administrations, as applicable; unless these works, buildings or facilities are intended for mining operations and are initiated or established by the holder of the Mining Permit or by such person.

Damage caused by mining operation activities to the works, buildings and facilities undertaken or established without this special authorisation shall not give rise to compensation.

## SECTION IV: RELATIONS BETWEEN THE STATE AND THIRD PARTIES

Article 128: Use of Infrastructure

Subject to applicable law, the holder of a Mining Permit has access to and may use the roads, bridges, airfields, port infrastructure and railways, related transport infrastructure or other, as well as water lines and electricity lines or communication channels, established or developed by an organ or entity owned or controlled by the State, except the Armed Forces, without having to pay fees exceeding those paid by Guinean citizens and other foreign persons, if any. The holder is,

personnes étrangères, le cas échéant. Le titulaire devra cependant prendre à sa charge toute réparation ou frais de remise en état des infrastructures appartenant à l'Etat résultant d'une utilisation excédant l'usure normale de ces installations. Par « usure normale », on entend une usure correspondant à l'usage qui en est fait par d'autres usagers placés dans une situation comparable.

however, liable for any repairs or costs of rehabilitation of the infrastructure owned by the State, resulting from use exceeding the normal wear and tear of these facilities. "Normal wear and tear" means use corresponding with the use of other users in a comparable situation.

Les voies de communications établies ou aménagées par le titulaire d'un Titre minier à l'intérieur ou à l'extérieur du périmètre de ce Titre peuvent être utilisées par l'Etat ou par les tiers qui en feront la demande lorsqu'il n'en résultera aucun obstacle ni aucune gêne substantielle pour les activités du titulaire.

Lines of communication, established or developed by the holder of a Mining Permit within or outside the area of such Title, may be used by the State or by the third parties who request it, provided that such use does not result, obstruct or substantially interfere in the activities of the holder.

Les modalités de cette utilisation seront définies en accord avec les parties prenantes.

The terms of this use will be defined by agreement with the parties involved.

Article 129 : Matériaux de construction

Article 129: Building Materials

Le titulaire d'un Permis d'exploitation ou d'une Concession peut disposer, conformément à la règlementation, pour les besoins de ses activités d'exploitation et de celles qui s'y rattachent, des matériaux de construction dont ces travaux entraînent nécessairement l'abattage.

The holder of an Operating Permit or Concession may use, in accordance with the regulation, for its operation activities and those associated therewith, the building materials which must be felled for the said work to proceed.

L'Etat ou, dans les cas déterminés par l'Etat, l'occupant légitime du sol ou l'usufruitier, peut réclamer, s'il y a lieu, la disposition de ceux de ces matériaux qui ne seraient pas utilisés par le titulaire dans les conditions précitées.

The State or, in cases determined by the State, the lawful occupant of the land or the usufructuary, may demand, if applicable, that the holder dispose of any such material not used by the holder under the above outlined conditions.

## SECTION V : DES RELATIONS ENTRE LE DETENTEUR ET LES COMMUNAUTES LOCALES

## SECTION V: RELATIONS BETWEEN THE HOLDER AND THE LOCAL COMMUNITIES

Article 130 : Développement de la Communauté locale

Article 130: Development of the Local Community

Tout titulaire d'un Titre d'exploitation minière doit contracter une Convention de Développement Local avec la Communauté locale résidant sur ou à proximité immédiate de son Titre d'exploitation minière. Les modalités d'élaboration de ces conventions sont définies par arrêté conjoint des Ministres en charge des Mines et de la Décentralisation.

A holder of a Mining Operation Permit must enter into a Local Development Agreement (LDA) with the Local Community residing on or in the immediate vicinity of its Mining Operation Permit. The terms for drafting these agreements are set out in a joint order of the Minister in charge of Mines and the Minister in charge of Decentralization.

L'objet de cette Convention de Développement Local est de créer les conditions favorisant une gestion efficace et transparente de la Contribution au Développement Local payée par le titulaire du Titre d'exploitation minière, et de renforcer les capacités de la Communauté locale dans la planification et la mise en œuvre du programme de développement communautaire.

The purpose of the Local Development Agreement is to establish conditions that are conducive to the efficient and transparent management of the Contribution to Local Development paid by the holder of the Mining Operation Permit, and to strengthen the capacities of the Local Community in the planning and implementation of the community development program.

La Convention de Développement Local doit inclure, entre autres, les dispositions relatives à la formation de la Communauté locale et plus généralement des Guinéens, les mesures à prendre pour la protection de l'environnement et la santé de la Communauté locale, et les processus pour le développement de projets à vocation sociale. Les principes de transparence et de consultation seront appliqués à la gestion du Fonds de Développement Economique Local ainsi qu'à toute Convention de Développement Local qui sera publiée et rendue accessible à la Communauté locale.

The Local Development Agreement must include, among other things, provisions for training the Local Community and, more generally, Guineans, environmental protection and health measures for the Local Community, and processes for the development of social projects. Principles of transparency and consultation will be applied to the management of the Local Economic Development Fund and to any Local Development Agreement which will be published and made available to the Local Community.

Le montant de la Contribution au Développement Local, contribution financière du titulaire d'un Titre d'exploitation minière au développement de la Communauté locale, est fixé à zéro virgule cinq pour cent (0,5%) du chiffre d'affaires de la société réalisé sur le Titre minier de la zone pour les substances minières de catégorie 1 et à un pour cent (1%) pour les autres substances minières.

The amount of the Contribution to Local Development, the financial contribution of the holder of a Mining Operation Permit to the development of the Local Community, is fixed at zero point five percent (0.5%) of the turnover of the company made on a Mining permit of a zone for category 1 mine substances and one percent (1%) for other mine substances.

Il est créé un Fonds de Développement Local (FDL) qui sera alimenté par cette Contribution au Développement Local du titulaire du Titre minier dès la Date de première production commerciale. Les modalités d'utilisation de cette Contribution au Développement Local et les règles de fonctionnement et de gestion du Fonds de Développement Local, sont définies par un décret du Président de la République.

A Local Development Fund (LDF) is created which will be financed by this Contribution to Local Development from the holder of the Mining Permit from the Date of First Commercial Production. The terms for using this Contribution to Local Development and the rules for the operation and management of the Local Development Fund are set out by decree of the President of the Republic.

Article 131 : Fermeture de l'exploitation

Article 131: Closure of Operation

Le titulaire d'un Titre d'exploitation minière est tenu de tout mettre en œuvre afin de procéder à la fermeture de son exploitation de manière progressive et ordonnée afin de préparer la Communauté locale à la cessation de ses activités. Il en avisera les administrations concernées au minimum douze (12) mois

The holder of a Mining Exploitation Title is required to do everything in order to proceed with the closure of its mining operations in a gradual and orderly manner in order to prepare the Local Community for the cessation of its activities. Such holder shall notify the administrations concerned at least twelve (12)

avant la date prévue de fermeture et préparera, six (6) mois avant cette date de fermeture, en collaboration avec l'Administration du territoire et la Communauté locale, un plan de fermeture de ses opérations d'exploitation.

Dans le cadre de ce plan, l'avis des services techniques compétents est requis en vue de déterminer la conformité et l'aptitude des mesures visant à viabiliser la zone de manière à la rendre compatible avec toute forme de vie et d'activité dans la zone, à savoir :

- L'élimination des risques nuisibles à la santé et à la sécurité des personnes ;
- La restitution du site dans un état acceptable par la Communauté locale et
- Le rétablissement de la végétation avec des caractéristiques identiques à celles de la végétation du milieu environnant.

## CHAPITRE IV : DISPOSITIONS SPECIFIQUES APPLICABLES AUX SUBSTANCES RADIOACTIVES

Article 132 : Domaine d'application

Les substances radioactives visées sont l'uranium, le thorium, les autres substances radioactives et leurs dérivés, tel que prévu à l'article 13 du présent Code.

Article 133 : Des conditions particulières

Des décrets du Président de la République sur proposition du Ministre en charge des Mines définissent les conditions particulières auxquelles sont délivrés les Titres miniers pour les Substances radioactives. Les conditions de détention, de transport et de stockage des Substances radioactives sont fixées par arrêté conjoint des Ministres en charge des Mines, de l'Environnement et de la Santé Publique.

Article 134 : Obligation de déclaration

Toute personne, physique ou morale, qui identifierait des gîtes ou des indices de substances radioactives doit immédiatement en prévenir la Direction Nationale des Mines.

Tout titulaire des substances radioactives doit immédiatement en faire la déclaration à la Direction Nationale des Mines.

months prior to the planned date of closing and, six (6) months prior to the closing date, in cooperation with the territorial Administration and the Local Community, will prepare a plan for the closure of its mining operations.

As part of this plan, the opinion of competent departments is required to determine the compliance and suitability of the measures for making the zone liveable so that it is compatible with all forms of life and activity in the zone, namely:

- Eliminating harmful risks to the health and safety of persons;
- The rehabilitation of the site to a condition that is acceptable to the Local Community; and
- The restoration of vegetation with similar characteristics to those of the vegetation of the surrounding area.

## CHAPTER IV: SPECIFIC PROVISIONS FOR RADIOACTIVE SUBSTANCES

Article 132: Scope

Radioactive substances concerned are uranium, thorium, and other radioactive substances and derivatives thereof, as set forth in Article 13 of this Code.

Article 133: Special Conditions

Decrees of the President of the Republic on the recommendation of the Minister in charge of Mines will define the special conditions under which Mining Permits for Radioactive Substances are granted. Conditions of possession, transportation and storage of Radioactive Substances are determined by joint order of the Ministers in charge of Mines, Environment and Public Health.

Article 134: Obligation to Declare

Any person, whether an individual or a legal entity, who identifies deposits or indications of Radioactive Substances must immediately notify the National Mining Authority of same.

Any holder of Radioactive Substances shall immediately declare it to the National Mining Authority.

Toute opération dont résulte ou pourrait résulter le transfert de propriété ou de possession ou la transformation de substances radioactives ainsi que toute importation de ces substances sont soumises à l'autorisation préalable du Ministre en charge des Mines.

Any transaction that results or may result in a transfer of ownership or possession or the processing of radioactive substances and import of these substances is subject to the prior approval of the Minister in charge of Mines.

## CHAPITRE V : DE L'EXPLOITATION DES REJETS DES MINES

## CHAPTER V: MINE WASTE MANAGEMENT

Article 135 : Autorisation préalable

L'exploitation, le traitement et la valorisation des rejets d'exploitation, s'ils concernent des substances minières autres que celles pour lesquelles le titre est délivré, sont soumis à une autorisation préalable délivrée par arrêté du Ministre en charge des Mines.

Article 135: Prior Authorisation

The exploitation, processing and beneficiation of mining operation waste, if it concerns mine substances other than those for which the title has been granted, are subject to prior authorisation by order of the Minister in charge of Mines.

Article 136 : Régime

Les rejets d'exploitation sont soumis au régime minier ou au régime de carrières selon leur utilisation.

Article 136: Regime

Waste from mining operations is subject to the same regime for mines or quarries, depending on its use.

## CHAPITRE VI : OPERATIONS DE TRANSPORT, DE TRAITEMENT OU DE TRANSFORMATION, DE COMMERCIALISATION ET D'ASSURANCE

## CHAPTER VI: TRANSPORTATION, TREATMENT OR PROCESSING, MARKETING AND INSURANCE OPERATIONS

Article 137 : Droit de transport

Le titulaire d'un Titre minier ou d'une Autorisation peut, pendant la durée de validité de ce Titre et les six mois qui suivent, transporter ou faire transporter les produits de l'exploitation qui lui appartiennent jusqu'aux lieux de stockage, de traitement et de chargement.

A l'exportation, l'Etat se réserve un droit de transport maritime de cinquante pour cent (50%) de la production. L'Etat exercera ce droit soit directement, soit par l'intermédiaire de toute autre entité agissant en son nom.

L'exercice et la mise en œuvre de ce droit se feront conformément aux meilleures pratiques internationales. Le droit de transport ne pourra être exercé qu'à des conditions de prix, de délai de livraison, de sécurité et d'assurance équivalentes à celles qu'offriraient d'autres prestataires.

Article 137: Transport Rights

The holder of a Mining Permit or Authorisation may, during the term of the Title and for six months thereafter, transport or cause to be transported production from which belong to it from the mining operations to storage, processing and loading sites.

With respect to export, the State reserves the right to transport fifty per cent (50%) of the production by sea. The State shall exercise this right, either directly or through any entity acting on its behalf.

The exercise and implementation of this right will be in accordance with international best practice. The right to transport may only be exercised under terms of pricing, delivery deadlines, safety, and insurance that are equivalent to those that would be offered by other service providers.

L'exercice de ce droit est notifié par écrit au plus tard à la fin du premier trimestre de l'année en cours, pour la production de l'exercice suivant.

The exercise of this right will be notified in writing no later than the end of the first quarter of the relevant year, with respect to production of the following financial year.

Article 138 : Droit de Commercialisation et droit de préemption

Article 138: Trading Rights and Pre-Emptive Rights

Article 138-I : Droit de Commercialisation

Article 138-I: Marketing Rights

L'Etat ou toute entité agissant en son nom se réserve le droit d'acheter et de commercialiser une quantité de la production du titulaire d'un Titre d'exploitation minière à hauteur de sa participation, pour toute offre de prix supérieure au prix FOB en cours.

The State, or any entity acting on its behalf, reserves the right to purchase and market a quantity of the production of the holder of the Mining Operation Permit, in proportion to its participation, for any price offered which is greater than the current FOB price.

L'exercice de ce droit est notifié par écrit au plus tard à la fin du premier trimestre de l'année en cours, pour la production de l'exercice suivant, ou lors de la conclusion des contrats de vente à long terme de la société titulaire d'un Titre d'exploitation minière.

The exercise of this right is to be notified in writing no later than the end of the first quarter of the relevant year, with respect to production of the following financial year, or upon the signing of long term sales contracts by the company holding a Mining Operation Permit.

Ce droit est exercé dans des conditions au moins équivalentes à celles offertes par les autres acheteurs. Il ne peut remettre en cause les dispositions des contrats de vente du minerai en cours de validité et ne peut porter sur une quantité supérieure à la part correspondant à la participation de l'Etat dans la société titulaire du Titre d'exploitation minière. Les autres actionnaires de la société titulaire du Titre d'exploitation minière bénéficient d'un droit de préemption sur le minerai vendu par l'Etat à des tiers.

This right is exercised on terms at least equal to those offered by other buyers. Its exercise cannot disrupt the provisions of contracts for the sales of ore that are then in effect and shall not apply to quantities greater than the portion that corresponds to the State's ownership of the company holding the Mining Operation Permit. The other shareholders of the company holding the Mining Operation Permit have the pre-emptive right over the ore sold by the State to third parties.

Article 138-II : Droit de préemption

Article 138-II: Pre-Emptive Right

L'Etat ou toute entité agissant en son nom et pour son compte, peut exercer un droit de préemption sur les substances minières brutes ou transformées produites par les titulaires d'un Titre minier ou d'une Autorisation lorsque les transactions se font dans le cadre d'un marché non compétitif ou entre affiliés.

The State or any entity acting in its name and on its behalf can exercise a pre-emptive right on raw or processed mineral substances produced by the holders of a Mining Permit or Authorisation when the transactions are carried out in a non-competitive market or between affiliates.

L'Etat, ou l'entité agissant en son nom et pour son compte, qui exerce ce droit de préemption, doit acheter lesdites substances minières pour un prix égal à cent-cinq pour cent (105 %) du prix FOB en cours.

The State, or any entity acting in its own name and on its behalf, which exercises this pre-emptive right, must purchase such mineral substances for a price equal to one hundred and five per cent (105%) of the current FOB price.

Le droit de préemption ne peut porter sur plus de cinquante pour cent (50%) de la production du titulaire du Titre minier ou de l'Autorisation.

Le droit de préemption ne peut être exercé que si l'Etat estime, sur la base de données fiables et concrètes, que les titulaires d'un Titre minier ou d'une Autorisation ont vendu leur production à un prix inférieur au prix de pleine concurrence sur une période continue supérieure ou égale à trois (3) mois.

Les conditions relatives à l'exercice de ce droit sont fixées par voie réglementaire.

Les titulaires d'un Titre minier ou d'une Autorisation sont invités à soumettre au Ministre en charge des Mines et au Ministre en charge des Finances, pour approbation, les prix compris dans les termes de toute Convention d'Achat Préalable (CAP) ou de tout Accord similaire portant sur des prix fixés à long terme, négociés entre le titulaire et tout acheteur éventuel. Si, à l'issue d'un mois à compter de la date de la soumission à l'Etat des prix ou formules de prix proposés, le Ministre en charge des Mines et le Ministre en charge des Finances n'émettent aucune objection à l'attention du titulaire, l'approbation sera considérée octroyée. Dès l'approbation octroyée, l'Etat ne pourra pas exercer le droit de préemption défini au présent article pendant toute la durée du CAP ou de tout Accord similaire.

<u>Article 138-III :</u> Commercialisation de substances minières à un prix inférieur au prix de pleine concurrence

Lorsque des substances minières brutes ou transformées produites par les titulaires d'un Titre minier ou d'une Autorisation, sont commercialisées par ces derniers à un prix inférieur au prix de pleine concurrence, lesdits titulaires font l'objet d'un réajustement de leur résultat imposable à due concurrence, et ce nonobstant l'application d'éventuelles sanctions fiscales et pénales en vertu des dispositions du Code Général des Impôts.

Les conditions relatives à l'exercice de ce droit sont fixées par voie réglementaire.

The pre-emptive right shall not apply to more than fifty per cent (50%) of the production by the holder of the Mining Permit or Authorisation.

The pre-emptive right may be exercised only if the State considers, on the basis of reliable and accurate figures, that the holders of a Mining Permit or Authorisation have sold their production at a price that is lower than the arm's length price over a continuous period of three (3) months or more.

The conditions pertaining to the exercise of this right are determined by regulation.

The holders of a Mining Permit or Authorisation are invited to submit to the Minister in charge of Mines and the Minister in charge of Finance, for approval, the prices included in the terms of any Long Term Purchase Agreement (LTPA) or any similar long term pricing Agreement, negotiated between the titleholder and any potential buyer. If, at the end of one month from the date of the submission to the State of the proposed prices or pricing formulas, the Minister in charge of Mines and the Minister in charge of Finance do not object to the titleholder, the approval will be deemed granted. Once approval is granted, the State will not be able to exercise its pre-emptive right as defined in this Article for the duration of the LTPA or any similar Agreement.

<u>Article 138-III:</u> Trading mineral substances at a price lower than the arm's length price

When the raw or processed mineral substances produced by holders of a Mining Permit or Authorisation are traded by titleholders at a price which is lower than the arm's length price, such titleholders will be subject to a corresponding readjustment in their taxable revenue, notwithstanding the imposition of potential tax and criminal sanctions pursuant to the provisions of the General Tax Code.

The conditions relating to the exercise of this right are determined by regulation.

Article 139 : Transformation et obligation d'approvisionnement

Le titulaire d'un Titre d'exploitation minière, ou tout autre investisseur guinéen ou étranger est exhorté à établir en République de Guinée des installations de conditionnement, de traitement, de raffinage et de transformation de Substances minières ou de carrières, y compris l'élaboration de métaux et alliages, de concentrés ou dérivés primaires de ces Substances minières, conformément à la réglementation en vigueur.

Les sociétés exploitant du minerai brut en République de Guinée sont tenues d'approvisionner en priorité les unités de transformation installées sur le territoire national. Les modalités de participation individuelle à cet approvisionnement font l'objet d'un arrêté du Ministre en charge des Mines sur avis conforme du Conseil des Ministres.

Article 140 : Obligation de se conformer au Code des assurances

Le titulaire d'un Titre minier ou d'une Autorisation ainsi que les entreprises travaillant pour son compte sont soumis aux dispositions du Code des Assurances en République de Guinée. La couverture des risques inhérents à toutes leurs activités en Guinée est obligatoire et se fait auprès d'une société agréée en République de Guinée.

A la fin de chaque exercice fiscal une mission conjointe de la BCRG et des Ministères en charge des Mines et des Finances procède à la revue des contrats d'assurances souscrits par les sociétés minières.

Les infractions constatées lors de la mission font l'objet de sanctions prévues par la règlementation sur les assurances.

Article 141 : Déclaration

Les opérations d'achat, de vente, d'importation, d'exportation de substances minérales ou fossiles ainsi que les opérations de conditionnement, de traitement de raffinage et de transformation y compris l'élaboration de métaux et alliages, de concentrés ou dérivés primaires de ces Substances minérales ou fossiles effectuées sur le territoire de la République de Guinée sont soumises à déclaration préalable au Ministre. Ces opérations font l'objet de réglementations séparées.

Article 139: Processing and the Obligation to Supply

The holder of a Mining Operation Permit, or any other Guinean or foreign investor, is strongly encouraged to establish facilities in the Republic of Guinea for the conditioning, treatment, refining and processing of Mine or Quarry Substances, including the development of metals and alloys, concentrates or primary derivatives of such Mine Substances, in accordance with the regulations in force.

Companies mining crude ore in the Republic of Guinea must supply, as a priority, processing facilities established in the national territory. The terms for individual participation in this supply are set out in an order of the Minister in charge of Mines as advised by the Council of Ministers.

Article 140: Obligation to Comply with the Insurance Code

The holder of a Mining Permit or Authorisation and companies working on its behalf are subject to the provisions of the Insurance Code in the Republic of Guinea. The coverage of risks inherent in all its activities in Guinea is mandatory and must be done with an authorized company in the Republic of Guinea.

At the end of each fiscal year a joint mission of the BCRG and the Ministries in charge of Mines and Finance will review the insurance contracts taken out by mining companies.

Any breaches discovered by the mission are subject to sanctions under the insurance regulations.

Article 141: Declaration

The purchase, sale, import, export of mine or fossil substances as well as operations relating to conditioning, processing refining and processing including the development of metals and alloys, concentrates or primary derivatives of these Mineral Substances or fossils made within the territory of the Republic of Guinea are subject to prior declaration to the Minister. These operations are subject to distinct regulations.

## CHAPITRE VII : DE L'ENVIRONNEMENT ET DE LA SANTE

Article 142 : Généralités

Outre les dispositions de la présente loi, toute Activité Minière entreprise doit obéir à la législation et à la réglementation en matière de protection et de gestion de l'environnement et en matière de santé. En particulier, toute demande d'Autorisation ou de Titre d'exploitation minière doit comporter une Etude d'impact environnemental et social conformément au Code de l'Environnement et ses textes d'application ainsi qu'aux standards internationaux admis en la matière.

Les exigences de l'Administration sont modulées en fonction de l'ampleur des travaux prévus, allant d'une simple Notice d'Impact Environnemental pour un Permis de recherche à une Etude d'impact environnemental et social détaillée, assortie d'un Plan de Gestion Environnementale et Sociale, comprenant un Plan de Dangers, un Plan de Gestion des Risques, un Plan Hygiène Santé et Sécurité, un Plan de Réhabilitation, un Plan de Réinstallation des Populations Affectées par le projet et les mesures d'atténuation des impacts négatifs et d'optimisation des impacts positifs pour un Permis d'exploitation ou une Concession minière.

Le Plan de Réinstallation des Populations victimes des déplacements forcés causés par les Activités Minières doit, en plus de l'aspect infrastructurel, intégrer la compensation des pertes de revenu et de moyens de subsistance à la suite de ces déplacements. Cette installation ainsi que les compensations y afférentes seront assurés aux frais de la société titulaire du Titre minier ou de l'Autorisation suivant une procédure déterminée par le Gouvernement qui intégrerait les principes internationaux de participation et de consultation de la Communauté locale.

Pour le Permis de recherche, la Notice d'Impact Environnementale doit être déposée avant le début des travaux et au plus tard six (6) mois après la date d'octroi du Titre.

## CHAPTER VII: ENVIRONMENT AND HEALTH

Article 142: General

In addition to the provisions of this act, any Mining Activity undertaken must comply with the legislation and regulations governing environmental protection and management as well as health. In particular, any application for an Authorisation or Mining Operation Permit must include an Environmental and Social Impact Study in accordance with the Environmental Code and its implementing regulations as well as internationally accepted standards in this area.

Requirements of the Administration depend on the extent of the scheduled work, ranging from simple Environmental Impact Notice for an Exploration Permit to a detailed Environmental and Social Impact Study including a Hazard Study, a Risk Management Plan, a Hygiene, Health and Safety Plan, a Rehabilitation Plan, a Resettlement Plan for persons displaced by the project and measures to mitigate negative impacts and optimize positive impacts, for an Operating Permit or a Mining Concession.

The Resettlement Plan for persons displaced due to Mining Activities must, in addition to the infrastructural aspect, include compensation for loss of income and means of subsistence resulting from such displacement. The settlement and related compensation will be implemented at the expense of the company holding the Mining Permit or Authorisation in accordance with a procedure determined by the Government that will incorporate international principles of participation and consultation of the Local Community.

For Exploration Permits, the Environmental Impact Notice must be filed before the start of works and no later than six (6) months after the grant date of the Title.

Des techniques et méthodes adaptées doivent être utilisées pour protéger l'environnement, la sécurité des travailleurs et de la Communauté locale conformément au Code de l'Environnement ou aux meilleures pratiques internationales en la matière.

Appropriate techniques and methods must be used to protect the environment and the safety of the workers and Local Community in accordance with the Environmental Code or international best practices in this area.

Article 143 : Protection de l'environnement et de la santé

Article 143: Environmental and Health Protection

Afin d'assurer une exploitation rationnelle des ressources minières en harmonie avec la protection de l'environnement et la préservation de la santé, les titulaires d'Autorisations, de Titres miniers veillent à :

- la prévention ou la minimisation de tout effet négatif dus à leurs activités sur la santé et l'environnement, notamment :
  - o l'utilisation des produits chimiques nocifs et dangereux ;
  - o les émissions de bruits nuisibles à la santé de l'homme ;
  - o les odeurs incommodantes nuisibles à la santé de l'homme ;
  - o la pollution des eaux, de l'air et du sol, la dégradation des écosystèmes et de la diversité biologique ;
- la prévention et/ou au traitement de tout déversement et/ou rejet de façon à neutraliser ou à minimiser leur effet dans la nature ;
- la promotion ou au maintien du cadre de vie et de la bonne santé générale des populations ;
- la prévention et la gestion du VIH/SIDA au plan local ;
- une gestion efficace des déchets en minimisant leur production, en assurant leur totale innocuité, ainsi qu'à la disposition des déchets non recyclés d'une façon adéquate pour l'environnement après information et agrément des administrations chargées des Mines et de l'Environnement.

In order to ensure the rational exploitation of mineral resources in harmony with the protection of the environment and the preservation of health, holders of Authorisations, of Mining Permits, must address:

- the prevention or minimization of any adverse effects on the health and the environment due to their activities, including:
  - o the use of harmful and hazardous chemicals;
  - o noise emissions which are harmful to human health;
  - o unpleasant odors which are harmful to human health;
  - o the pollution of water, air and soil, the degradation of the ecosystem and biological diversity;
- the prevention and/or treatment of any spillage and/or waste to neutralize or minimize their effect on nature;
- the promotion or maintenance of the living conditions and general good health of the population;
- the prevention and management of HIV/AIDS at the local level;
- effective waste management by minimizing its production, ensuring that it is entirely innocuous, and disposing of non-recycled waste in an environmentally friendly manner after informing and receiving the approval of administrations in charge of Mines and Environment.

Le système de protection des travailleurs contre les maladies professionnelles et à caractère professionnel doit comporter les dispositions relatives à l'application des normes et des procédures définies par la Politique

The system for protecting workers from occupational and industrial hazards must include the provisions relating to the application of standards and procedures established by the National Health Policy as part of the opera-

Nationale de Santé dans le cadre de l'exploitation et du fonctionnement des structures de soin du secteur minier dont entre autres, le dépistage des facteurs de nuisance, la visite médicale systématique des travailleurs au moins une fois l'an et la réalisation du Plan d'ajustement sanitaire.

tion and functioning of healthcare facilities in the mining sector including, inter alia, the screening for nuisance factors, routine medical visits for workers at least once a year and the realization of the Health Adjustment Plan.

Le titulaire est directement responsable des dommages et préjudices de santé causés aux travailleurs et à la Communauté locale au cas où il n'aurait pas respecté les termes de son plan sanitaire ou aurait violé l'une des obligations en matière de santé prévues au présent Code.

The titleholder is directly responsible for health-related damages and harm caused to workers and the Local Community in the event where it has failed to comply with the terms of its health plan or has breached any of its obligations relating to health specified in this Code.

En cas de cession le cessionnaire et le cédant d'un droit minier requièrent l'avis des services compétents afin de procéder à l'audit sanitaire et à l'audit environnemental du site concerné.

In case of assignment, the assignee and the assignor of a mining right will need the opinion of competent departments to perform health and environmental due diligence of the site in question.

Ces audits déterminent les responsabilités et obligations sanitaires et environnementales du cédant pendant la période où il était titulaire du droit minier en cause.

These diligence exercises will determine the health and environmental responsibilities of the transferor during the time that it held the mining right in question.

Les défrichements consistant à couper ou à extirper des arbres ou des végétaux ainsi que les travaux de fouille, d'exploitation de Mines et de Carrières, de construction de voie de communication dont l'exécution est envisagée dans le périmètre d'un Titre minier sont soumis à l'Autorisation préalable du Ministre en charge des Forêts, et le cas échéant, à la délivrance d'un Permis de coupe ou de défrichement.

Planned land-clearing consisting of cutting or removing trees or plants, as well as excavation work, Mine and Quarry operation, building communication transmission lines, which are contemplated to be performed within the perimeter of a Mining Permit, shall be subject to a prior Authorisation of the Minister responsible for Forestry and, where applicable, the granting of a cutting or clearing Permit.

Les espèces forestières de valeur identifiées par le Code Forestier ou ses textes d'application jouissent d'une protection spéciale et ne peuvent être coupées, abattues ou mutilées lors des travaux de fouille, d'exploitation des Mines et des carrières, de construction de voie de communication dont l'exécution est envisagée dans le cadre de la mise en œuvre d'un Titre minier, qu'après autorisation préalable du Ministre en charge des Forêts.

Valuable forest species identified by the Forestry Code or its implementing regulations enjoy special protection and may not be cut, felled or mutilated during excavation, operation of Mines and quarries, building of communication transmission lines, which are contemplated to be performed during the implementation of a Mining Permit, except upon prior authorisation of the Minister in charge of Forests.

Le titulaire est tenu d'adresser une demande au Ministre en charge des Mines en vue de l'obtention desdites autorisations accordée par arrêté du Ministre concerné :

The holder must submit an application to the Minister in charge of Mines to obtain these approvals granted by order of the Minister concerned.

Article 144 : Fermeture et réhabilitation des sites d'exploitations

Tout titulaire d'un Titre d'exploitation minière ou d'une Autorisation d'exploitation de carrières est tenu d'ouvrir et d'alimenter, en concordance avec son Plan de Gestion Environnementale et Sociale, un compte fiduciaire de réhabilitation de l'environnement afin de garantir la réhabilitation et la fermeture de son site d'exploitation. Ce compte est institué par décret et les modalités de son fonctionnement sont fixées par un arrêté conjoint des Ministres en charge des Mines, de l'Environnement et des Finances,

Les sommes ainsi affectées sont en franchise de l'impôt sur les bénéfices industriels et commerciaux.

La réhabilitation et la fermeture des sites d'exploitation impliquent notamment l'enlèvement par le titulaire de toutes les installations y compris toute usine d'exploitation se trouvant sur le terrain. Autant que possible, les anciens sites d'exploitation doivent retrouver des conditions stables de sécurité, de productivité agricole et sylvicole, et d'aspect visuel proches de leur état d'origine, de façon durable et d'une manière jugée adéquate et acceptable par les administrations chargées des Mines et de l'Environnement.

Le constat après inspection par les administrations chargées des Mines et de l'Environnement de la bonne remise en état des sites d'exploitation donne lieu à la délivrance d'un quitus, après avis favorable des services techniques compétents, qui libère l'ancien exploitant de toute obligation concernant son ancien Titre minier.

L'avis des services techniques compétents doit comporter :

- une évaluation de l'application des mesures d'atténuation ou de remédiation préconisées dans l'étude d'impact environnemental et social, l'étude d'impact sanitaire et dans le programme d'appui au développement sanitaire de base de la Communauté locale ;
- une analyse du système sanitaire de la zone d'implantation comprenant l'identification du potentiel dangereux, l'évaluation du degré d'exposition et la caractérisation des

Article 144: Closure and Rehabilitation of mining sites

The holder of a Mining Operation Permit or Mining operation permit for Quarry Substances is required to open and fund, in accordance with the Environmental and Social Management Plan, an environmental rehabilitation trust account to guarantee the rehabilitation and closure of its mining site. This account is established by decree and the terms of its operation shall be determined by a joint order of the Ministers in charge of Mines, Environment and Finance.

The amounts so allocated are exempt from the tax on industrial and commercial profits.

The rehabilitation and closure of mining sites imply the removal by the holder of all facilities including any production factory on the land. To the extent possible, all former mining sites must be restored to conditions that are stable with respect to safety, agricultural and forestry productivity, and surroundings and landscape restored as closely as possible to their original state, in a sustainable fashion and deemed adequate and acceptable by the administrations in charge of Mines and Environment.

The post-inspection report by the administrations in charge of Mines and Environment regarding the proper rehabilitation of mining sites is evidenced by the issuance of a notice of discharge, following the approval by the competent technical departments, which discharges the former operator of any obligation on its former Mining Permit.

The approval of the competent technical departments must include:

- an assessment of the implementation of mitigation or rehabilitation measures prescribed in the environmental and social impact study, the health impact study and in the program to support the development of basic healthcare of the Local Community;
- an analysis of the health system in the zone where the project is located including the identification of potential hazards, assessment of the level of exposure and

risques majeurs avec calcul de la probabilité de survenue d'affections morbides et,

- une analyse du système environnemental du site comprenant une description de l'environnement physique, biologique et sociologique.

A défaut, et sans préjudice de toutes autres actions pouvant être entreprises contre le titulaire, les travaux de remise en état et de réparation des dommages sanitaires et environnementaux sont exécutés d'office et aux frais du titulaire par la Direction Nationale de l'Environnement ou toute autre administration désignée à cet effet en collaboration avec la Direction Nationale des Mines.

## CHAPITRE VIII : DE L'HYGIENE ET DE LA SECURITE DU TRAVAIL

Article 145 : Obligation de réglementation

Tout titulaire de Titre minier ou d'une Autorisation est tenu de respecter les normes d'hygiène et de sécurité les plus avancées telles qu'établies par le Ministre en charge des Mines en collaboration avec le Ministre en charge de la Santé publique, le Ministre en charge du Travail et le Ministre en charge de l'Environnement.

Au cas où ces normes sont inférieures à celles respectées ailleurs par le titulaire, ces dernières prévalent. Il est à cet égard tenu de prendre et d'appliquer des règlements conformément à ces normes pour assurer dans des conditions optimales l'hygiène et la sécurité des travailleurs.

Le texte de ces règlements est préalablement soumis à l'approbation de la Direction Nationale des Mines après avis favorable des services techniques compétents. Une fois qu'ils sont approuvés, des copies de ces règlements sont affichées dans les endroits les plus visibles pour les travailleurs sur les lieux de l'exploitation et des travaux.

Lorsque dans une mine ou une carrière, certains travaux sont confiés à un entrepreneur ou à un sous-traitant, ce dernier est tenu d'observer et de faire observer les règlements en vertu du présent article.

characterization of the major risks with a calculation of the likelihood of conditions leading to death; and

- an analysis of the site's environmental system, including a description of the physical, biological and sociological environment.

Failing this, and without prejudice to any other action that may be taken against the holder, the National Environment Authority or any other administration designated for this purpose in collaboration with the National Mining Authority will carry out the work for the restoration and repair of health and environmental damage on its own initiative and at the holder's expense.

## CHAPTER VIII: OCCUPATIONAL HEALTH AND SAFETY

Article 145: Regulatory Compliance

The holder of a Mining Permit or Authorisation must observe the highest standards of health and safety as established by the Minister in charge of Mines in collaboration with the Minister in charge of Public Health, the Minister in charge of Labour, and the Minister in charge of Environment.

Where these standards are lower than the standards observed elsewhere by the holder, the latter shall prevail. In this respect, the holder must draft and implement regulations in accordance with such standards to ensure the health and safety of workers under optimal conditions.

The text of such regulations is submitted for prior approval to the National Mining Authority after approval by the competent technical departments. Once approved, copies of the regulations are posted in the most visible locations for workers on operation and work sites.

When part of the work in a mine or quarry is given to a contractor or subcontractor, the latter is obliged to respect all such regulations under this Article.

Article 146 : Cas de carence

En cas de carence d'un titulaire de Titre minier ou d'une Autorisation à prendre les règlements prévus à l'article 145 ci-dessus, le Ministre en charge des Mines peut, le titulaire entendu, prescrire par arrêté pris sur recommandation de la Direction Nationale des Mines, les mesures nécessaires pour assurer l'hygiène et la sécurité des travailleurs.

En cas d'urgence ou de péril imminent, des mesures provisoires peuvent être prescrites par la Direction Nationale des Mines dans l'attente de l'arrêté visé à l'alinéa précédent.

Dans tous les cas, le titulaire est tenu de prendre les mesures prescrites dans les délais impartis. A défaut, elles sont exécutées d'office aux frais du titulaire par la Direction Nationale des Mines.

Article 146: Default

In the event where the holder of a Mining Permit or Authorisation fails to draft the regulations referred to in Article 145 above, the Minister in charge of Mines may, after hearing the holder's submissions, prescribe by order on recommendation of the National Mining Authority, measures required to ensure the health and safety of workers.

In case of emergency or imminent peril, the National Mining Authority may prescribe provisional measures pending issuance of the order described in the preceding paragraph.

In any event, a holder is obliged to take the prescribed measures within the delays stipulated. Failure to do so results in such measures being automatically implemented by the National Mining Authority, on its own initiative and at the holder's expense.

Article 147 : Dispositions relatives aux moins de dix-huit (18) ans

Aucune personne de moins de dix-huit (18) ans ne doit être employée dans une Mine ou une Carrière ni sous terre ni au front de taille de travaux à ciel ouvert, ni au fonctionnement de machines servant à hisser ou déplacer des objets, ni à celui de treuils servant à remonter ou à descendre des personnes, ni enfin être préposée au dynamitage.

Article 147: Provisions for Persons Under Eighteen (18) Years of Age

No person under eighteen (18) years of age may be employed in a Mine or Quarry, nor underground, in open pits, nor the operation of machines for lifting or moving objects, on those for cranes for lifting or lowering people nor for dynamiting.

Article 148 : Utilisation des explosifs à usage civil

L'importation, l'exportation, la fabrication, le stockage, la manutention, l'achat et la vente des explosifs à usage civil, relèvent des Ministres chargés des Mines et de la Sécurité.

Les conditions d'importation, d'exportation, de fabrication, de stockage, de manutention, d'achat et de vente des explosifs à usage civil, sont délivrés par arrêté conjoint des Ministres en charge des Mines, de la Défense et de la Sécurité.

Article 148: Explosives for Civilian Use

The Ministers in charge of Mines and Security are responsible for the import, export, manufacture, storage, handling, buying and selling of explosives for civil use.

Conditions governing import, export, manufacture, storage, handling, purchase and sale of explosives for civil use, are issued by joint order of the Ministers in charge of Mines, Defense and Security.

Article 149 : Dispositions particulières relatives à l'Environnement, à la Santé et à la Sécurité

Article 149: Special Provisions relating to Environment, Health and Safety

Les dispositions du présent chapitre, relatives à l'Environnement, à la Santé et à la sécurité font l'objet de textes règlementaires pris conjointement par les Ministres en charge des Mines, de la Santé, de l'Environnement et de la Sécurité.

The provisions of this chapter relating to the Environment, Health and Safety are subject to regulatory provisions issued jointly by the Ministers in charge of Mines, Health, Environment and Safety.

## CHAPITRE IX : DE LA PARTICIPATION DE L'ETAT, LA TRANSFORMATION SUR PLACE DES RESSOURCES MINERALES ET LA PROMOTION DE L'ACTIVITE MINIERE

## CHAPTER IX: STATE PARTICIPATION, ONSITE MINERAL PROCESSING AND PROMOTION OF MINING ACTIVITY

Article 150 : Participation de l'Etat

Article 150: State Participation

Article 150-I : Pourcentages et modalités de la participation de l'Etat

Article 150-I: Percentages and terms relating to the participation of the State

A compter de la date d'entrée en vigueur du présent Code, l'attribution faite par l'État d'un Titre d'exploitation minière donne immédiatement droit à une participation gratuite de l'Etat, à hauteur de quinze pour cent (15%) au maximum, dans le capital de la société titulaire du Titre.

From the effective date of this Code, the grant by the State of a Mining Operation Permit immediately gives the State an ownership interest, at no cost, of up to a maximum of fifteen per cent (15%), in the capital of the company holding the Title.

Cette disposition ne s'applique pas d'office aux Conventions minières signées et ratifiées avant l'entrée en vigueur du présent Code. Sa mise en application relativement auxdites Conventions minières (signées et ratifiées) est soumise aux conditions prévues à l'article 217 du présent Code.

This provision does not automatically apply to Mining Concessions signed and ratified before the effective date of this Code. Its implementation in relation to the said Mining Concessions (signed and ratified) is subject to the conditions provided in Article 217 of this Code.

Cette participation ne peut être diluée par des augmentations éventuelles de capital. Cette participation est libre de toutes charges et aucune contribution financière ne peut, en contrepartie, être demandée à l'Etat. Cette participation est acquise dès la signature du Titre d'exploitation minière.

This interest cannot be diluted by eventual increases in capital. This participation is also free from all charges and this interest is free carry. This interest is obtained upon the signature of the Mining Operation Permit.

Cette participation gratuite de l'Etat ne peut ni être vendue, ni faire l'objet de nantissement ou d'hypothèque. Elle offre à l'Etat tous les autres droits qu'offre aux actionnaires, l'Acte uniforme de l'OHADA relatif au Droit des Sociétés Commerciales et du Groupement d'Intérêt Economique.

This interest, which is at no charge to the State, can neither be sold, nor become the subject of a pledge or mortgage. It confers on the State all the rights conferred on to shareholders by the OHADA Uniform Act relating to Commercial Companies and Economic Interest Group.

L'Etat a le droit d'acquérir une participation supplémentaire, en numéraire, selon des modalités définies avec chaque société minière concernée dans le cadre de la Convention minière. Cette option d'acquisition peut être

The State has the right to acquire a supplementary participation, in cash, according to the terms agreed with each relevant mining company within the scope of the Mining Agreement. This acquisition option may be

échelonnée dans le temps, mais ne peut être exercée qu'une seule fois. La participation totale de l'Etat due au titre du présent article ne peut excéder trente-cinq pour cent (35%).

Le tableau ci-dessous fixe, par substance minière et dans la limite de base de trente cinq pour cent (35%), les taux de participation de l'Etat dans le capital des sociétés détentrices d'un Titre d'exploitation minière.

Taux de participation de l'Etat dans les sociétés détentrices d'un Titre d'exploitation minière :

| Substances minières et produits dérivés | Droit de participation non dilutive (%) | Participation supplémentaire en numéraire (%) |
|---|---|---|
| Bauxite | 15 | 20 |
| Projet intégré Bauxite-Alumine* | 5 | 30 |
| Alumine | 7,5 | 27,5 |
| Aluminium | 2,5 | 32,5 |
| Minerai de fer | 15 | 20 |
| Acier | 5 | 30 |
| Or et diamant | 15 | 20 |
| Substance radioactive | 15 | 20 |
| Autres Substances minières | 15 | 20 |

*financement d'une mine de bauxite et d'une raffinerie d'alumine

A la demande du titulaire d'un Titre d'exploitation minière, le droit de l'Etat d'acquérir une participation supplémentaire en numéraire dans le capital d'une société titulaire d'un Titre d'exploitation minière peut être réduit en contrepartie d'une augmentation pour une valeur équivalente, déterminée par un expert indépendant choisi de commun accord, selon la Substance minière concernée, du taux de la taxe sur l'extraction des Substances minières autres que les Métaux précieux visée à l'article 161 ou de la taxe sur la production industrielle ou semi-industrielle des Métaux précieux visée à l'article 161-I du présent Code dont est redevable cette société.

La participation en numéraire de l'Etat est cessible et amodiable. L'Etat se réserve le droit de vendre aux enchères, selon un processus ouvert et transparent, tout ou partie de sa participation en numéraire, sans droit de préemption des autres actionnaires de la société titulaire du Titre d'exploitation minière.

scheduled over time, but may be exercised only once. The total participation held by the State under this Article may not exceed thirty-five per cent (35%).

The table below defines, per mineral substance and with the basic limit of thirty-five per cent (35%), the levels of State participation in the capital of companies holding a Mining Operation Permit.

Levels of State participation in companies holding a Mining Operation Permit:

| Mineral products and derivatives | Non-dilutive Shareholders' Rights% | Supplementary Cash Interest (%) |
|---|---|---|
| Bauxite | 15 | 20 |
| Bauxite-alumina (integrated project*) | 5 | 30 |
| Alumina | 7.5 | 27.5 |
| Aluminum | 2.5 | 32.5 |
| Iron ore | 15 | 20 |
| Steel | 5 | 30 |
| Gold and diamond | 15 | 20 |
| Radioactive ore | 15 | 20 |
| Other mineral substances | 15 | 20 |

*financing of a bauxite mine and an alumina refinery

At the request of a holder of a Mining Operation Permit, the right of the State to acquire an additional interest in cash in the capital of a company holding a Mining Operation Permit can be reduced in exchange for an increase of equal value, determined by an independent expert selected by mutual agreement, and according to the Mineral Substance concerned, of the tax rate on the extraction of Mine Substances other than the Precious Metals indicated in Article 161 or of the tax on the industrial or semi-industrial production of Precious Metals indicated in Article 161-I of this Code, for which such company is liable.

The interest of the State that is payable in cash is assignable and may be sub-leased. The State reserves the right to auction, in an open and transparent process, all or part of its interest that is payable in cash, with no right of pre-emption for the other shareholders of the company holding the Mining Operation Permit.

La décision et les modalités relatives à la cession de tout ou partie de la participation en numéraire de l'Etat doivent être conformes aux dispositions de la loi portant désengagement de l'Etat.

The decision relating to the assignment of all or part of the State's interest that is payable in cash, and the terms thereof, must comply with the provisions of the act relating to withdrawal by the State.

Les actionnaires de la société titulaire du Titre d'exploitation minière doivent signer un pacte d'actionnaire qui définit, entre autres, les décisions qui ne sont pas prises sans la concertation préalable de l'Etat.

The shareholders of the company holding the Mining Operation Permit must sign a shareholders' agreement that defines, inter alia, decisions which are not to be made without the prior agreement of the State.

<u>Article 150-II :</u> Société Anonyme en charge de la gestion du patrimoine minier

<u>Article 150-II:</u> Public limited company for the management of the mining patrimony

Il est institué une Société Anonyme en charge de la gestion du patrimoine minier dont l'actionnaire unique est l'Etat.

A Public Limited Company, with the State as the sole shareholder, is hereby established to direct the management of mineral resources.

Cette société est chargée de gérer en bon père de famille les titres de participation de l'Etat dans les sociétés titulaires d'un Titre d'exploitation minière. Ce faisant, cette société agit au nom et pour le compte de son actionnaire unique qui est l'Etat.

This company is mandated to diligently manage the State's ownership interests in companies holding a Mining Operation Permit. In so doing, this company acts in the name of and on behalf of its sole shareholder, the State.

Cette Société Anonyme en charge de la gestion du patrimoine minier a l'obligation de reverser sous forme de dividendes à son actionnaire unique, l'Etat, les produits et dividendes reçus.

This Public Limited Company in charge of mineral resource management is obligated to pay out in the form of dividends to its sole shareholder, the State, the products and dividends received.

Les attributions et les modalités de fonctionnement de cette Société Anonyme en charge de la gestion du patrimoine minier sont déterminées par voie réglementaire.

The powers and functioning of this Public Limited Company in charge of the management of mineral resources are determined by regulation.

<u>Article 151 :</u> Facilitation des procédures administratives par le CPDM

<u>Article 151:</u> Facilitation of Administrative Procedures of the MPCD

Pour faciliter les formalités administratives et les procédures relatives aux Titres miniers et Autorisations, les demandeurs s'adressent au Centre de Promotion et de Développement Miniers (CPDM) chargé de la gestion et du maintien du Cadastre Minier et servant d'interface entre eux et l'Administration pour toute question, requête, demande, soumission, plainte ou suivi de toute nature nécessitant l'intervention d'un service de l'Etat.

To facilitate administrative formalities and procedures relating to Mining Permits, applicants should approach the Mining Promotion and Development Centre (MPDC) which is in charge of the management and maintenance of the Mining Survey Plan and serves as liaison between such applicants and the Administration for any question, inquiry, request, submission, complaint or follow-up of any nature requiring the intervention of a department of the State.

Le CPDM se charge de faire avec diligence, les démarches auprès d'autres Services de l'Administration jusqu'à l'établissement du Titre minier. Il notifiera au demandeur, après

The MPDC undertakes to diligently take the necessary actions with the other Departments of the Administration until the Mining Permit is established. It shall notify the applicant,

le dépôt de sa demande, la décision d'octroi ou non du Titre minier d'une Autorisation, au plus tard quarante-cinq (45) jours ouvrables pour un Permis de recherche et trois (3) mois pour un Permis d'exploitation ou une Concession minière.

Article 152 : Fonds d'Investissement Minier

Le Fonds d'Investissement Minier a pour objet le Financement de la Recherche minière, de la formation ainsi que des actions concourant à la promotion du secteur minier à travers l'entité de Gestion du Patrimoine Minier. II intervient notamment dans

- le financement de tout ou partie des projets de recherches géologiques et des contrats de prestations des géo services ;
- le financement des activités de renforcement des capacités du personnel relatives au développement du secteur minier ;
- le financement de tout ou partie des prises de participations de l'Etat dans le secteur minier ;
- le financement du contrôle de l'Activité minière particulièrement du Cadastre et le contrôle quantitatif et qualitatif des produits miniers et pétroliers, exercés par les directions nationales des Mines, de la Géologie, par l'Inspection Générale des Mines et de la Géologie et par la Brigade antifraude ;
- le financement des actions de promotion du secteur.

Le budget affecté au Fonds d'Investissement Minier est inscrit chaque année en recettes et en dépenses dans la Loi de Finances. Le montant alloué au Fonds correspond à celui découlant de l'application de l'article 165 du présent Code. Le décaissement de ces crédits s'effectue selon des procédures de décaissement rapide qui seront définies par arrêté conjoint des Ministres en charge des Mines et des Finances.

after the filing of its application, of its decision to grant or deny the Mining Permit or Authorisation, no later than forty-five (45) business days for an Exploration Permit and no more than three (3) months for an Operating Permit or a Mining Concession.

Article 152: Mining Investment Fund

The purpose of the Mining Investment Fund is to Finance the Exploration for mines,, training and measures to promote the mining sector through the entity for the Management of Mineral Resources. In particular it is involved in:

- the financing of all or part of geological exploration, projects and contracts for the provision of geo services;
- the financing of activities to enhance the capacities of personnel with respect to the development of the mining sector;
- the financing of all or part of the State's acquisitions of interests in the mining sector;
- the financing of the control of Mining Activity and in particular of the Surveys, and the quantitative and qualitative testing of mining and petroleum products, exercised by the national authorities of Mines, Geology, by the Inspector General for Mines and Geology and by the anti-fraud Squad; and
- the financing of activities that promote the sector.

The budget for the Mining Investment Fund is registered each year as revenues and expenditures in the Finance Act. The amount allocated to the Mining Investment Fund corresponds to the amount resulting from the application of Article 165 of this Code. The disbursement of these credits shall be through the expedited disbursement procedures to be determined by joint order of the Ministers in charge of Mines and Finance.

## CHAPITRE X : TRANSPARENCE ET LUTTE CONTRE LA CORRUPTION DANS LE SECTEUR MINIER

Article 153 : Obligation d'identification des titulaires

Tout titulaire ou demandeur de Titre minier ou d'exploitation de carrières ainsi que leurs sous-traitants directs ont l'obligation de fournir au CPDM, l'identité de toutes les parties ayant des intérêts dans le Titre, notamment :

- Les actionnaires légalement identifiés de chaque société composant le demandeur et, le titulaire ou son sous-traitant ;
- Les filiales de chaque société composant le demandeur, le titulaire ou son sous-traitant, leur lien avec la société et la juridiction dans lesquelles elles opèrent ;
- L'identité des directeurs et cadres seniors de chaque société composant le demandeur, le titulaire ou son sous-traitant, chaque actionnaire de ces sociétés, toute personne estimée contrôler la société, et toute personne détentrice de cinq pour cent (5%) ou plus des droits de vote donnant droit au contrôle de la société ou des droits au bénéfice de la société, et la chaîne par laquelle ces droits sont exercés.

Article 154 : Interdiction de paiement de Pots-de-vin

Il est interdit à toute société active ou intéressée au secteur minier guinéen, ou à tout fonctionnaire, directeur, employé, représentant ou sous-traitant d'une telle société, ou à tout actionnaire de celle-ci agissant au nom d'une telle société, sous peine de poursuite, de proposer des offres, promesses, dons, présents ou avantages quelconques à :

- un Fonctionnaire, un officiel du Gouvernement guinéen ou à un élu afin d'influencer une décision ou un acte pris, dans le cadre de l'exercice de fonctions relatives au secteur minier, y compris mais pas seulement, l'attribution de Titres miniers ou Autorisations, la surveillance ou le contrôle des Activités minières, le suivi du paiement des

## CHAPTER X: TRANSPARENCY AND ANTI-CORRUPTION IN THE MINING SECTOR

Article 153: Holder Identification Obligations

A holder of or an applicant for a Mining Permit or Quarry operation permit and its direct subcontractors, are required to provide the MPDC with the identity of all parties having an interest in the Title, including:

- The shareholders of each company legally identified as constituting the applicant, and the holder or its subcontractor;
- The subsidiaries of each company constituting the applicant, the holder or its subcontractor, their relationship with the company and the jurisdiction in which they operate; and
- The identity of directors and senior executives of each company constituting the applicant, the holder or its subcontractor, each shareholder of these companies, any person believed to control the company, and any person holding five percent (5%) or more of the votes of the company giving the right to control the company or to the rights to the profits of this company, and the chain through which these rights are exercised.

Article 154: Prohibition of Bribes

It is prohibited for any company active or interested in the Guinean mining sector, or any official, director, employee, representative or subcontractor of such a company, or any shareholder thereof acting on behalf of such company, subject to prosecution, to make offers, promises, donations, gifts or benefits of any kind to:

- a Civil Servant, an official of the Guinean Government or an elected official, to influence a decision or action taken in connection with the exercise of functions relating to the mining sector, including but not limited to, the grant of Mining Permits or Authorisations, the supervision or control of Mining Activities, the monitoring of the

recettes minières, et l'approbation des demandes ou décision visant à proroger, amodier, céder, transférer ou annuler un Titre minier ou une Autorisation ;

- un autre individu, une association, société, ou personne physique ou morale afin d'utiliser son influence supposée ou réelle sur tout acte ou décision de tout officiel du Gouvernement guinéen ou élu dans le cadre de l'exercice de fonctions relatives au secteur minier telles que définies dans le paragraphe précédent.

Article 155 : Code de bonne conduite

Toute personne physique ou morale possédant un Titre minier, fournissant une demande pour un Titre minier, négociant des droits miniers avec le Ministère en charge des Mines ou tout autre organe du Gouvernement Guinéen, ou participant à un appel d'offres pour un Titre minier, signera avec le Ministre un Code de bonne conduite précisant au minimum :

- son engagement à respecter les lois guinéennes, y compris les dispositions du présent Code relatives à l'interdiction de paiement des Pots-de-vin ;
- son engagement à coopérer avec le Gouvernement guinéen ou le Parlement dans le cadre de toute enquête sur des violations présumées des dispositions du présent Code relatives à l'interdiction de paiement des Pots-de-vin par les sociétés ;
- son engagement à respecter les douze principes de l'Initiative pour la Transparence dans les Industries Extractives (ITIE).

La non-signature d'un tel Code de bonne conduite entrainera l'exclusion de la personne physique ou morale de tout octroi de Titre minier.

Les Codes de bonne conduite signés doivent être publiés dans le Journal Officiel et sur le site Internet officiel du Ministère en charge des Mines, ou tout autre site désigné par le Ministre.

payment of mining dues, and the approval of applications or decision intended to extend, sub-lease, assign, transfer or cancel a Mining Permit or Authorisation;

- any other individual, association, company, or individual or legal entity to use its alleged or actual influence on any action or decision of any official of the Guinean Government or elected official through the exercise of functions relating to the mining sector as defined in the previous paragraph.

Article 155: Code of Good Conduct

Any individual or legal entity possessing a Mining Permit, providing an application for a Mining Permit, negotiating mining rights with the Ministry in charge of Mines or any other organ of the Guinean Government, or participating in a call for tenders for a Mining Permit, will sign a Code of conduct with the Minister specifying at least:

- its commitment to comply with Guinean laws, including the provisions of this Code relating to the prohibition on the payment of Bribes;
- its commitment to cooperate with the Guinean Government or Parliament in connection with any investigation of alleged violations of the provisions of this Code relating to the prohibition on the payment of Bribes by companies; and
- its commitment to comply with the twelve principles of the Extractive Industries Transparency Initiative (EITI).

Failure to sign such a Code of Conduct will result in the exclusion of such an individual or legal entity from the grant of a mining Title.

Codes of conduct that have been signed must be published in the Official Gazette and on the official Website of the Ministry in charge of Mines or any other site designated by the Minister.

Article 156 : Plan de surveillance contre la Corruption

Chaque titulaire d'un Titre minier ou Autorisation présentera au Ministère en charge des Mines, quatre-vingt-dix (90) jours après la fin de chaque année civile, au plus tard, un Plan de Surveillance contre la Corruption.

Ce Plan, publié sur le site Internet officiel du Ministère en charge des Mines, ou tout autre site désigné par le Ministre, et dans un journal de large diffusion, devra contenir les éléments suivants :

- les stratégies menées pendant l'année précédente pour s'assurer que le titulaire et tout fonctionnaire, directeur, employé, représentant ou sous-traitant du titulaire ou tout actionnaire de celui-ci agissant dument en son nom, ont respecté les dispositions du présent Code relatives à l'interdiction de paiement des Pots-de-vin par les sociétés, incluant mais ne se limitant pas à l'adoption et la mise en place de mécanismes de surveillance internes, la formation des employés et associés dans le domaine de la prévention de la Corruption, et l'organisation d'audits et d'enquêtes internes destinés à la prévention et à l'identification d'actes de corruption ;

- tout cas avéré de violation des dispositions du présent Code relatives à l'interdiction de paiement des Pots-de-vin par les sociétés par les personnes visées au paragraphe précédent, porté à l'attention du titulaire, suite à une enquête interne, ou par d'autres moyens, et les actions prises pour enquêter et, si nécessaire, réprimer le délit ;

- les stratégies envisagées pour l'année suivante pour s'assurer que le titulaire et les personnes visées aux paragraphes précédents respectent les dispositions du présent Code relatives à l'interdiction de paiement des Pots-de-vin par les sociétés, incluant, mais ne se limitant pas à l'adoption et la mise en place de mécanismes de surveillance internes, la formation des employés et associés dans le domaine de la prévention de la corruption, et l'organisation d'audits et d'enquêtes internes destinés à la prévention et à l'identification d'actes de corruption.

Article 156: Anti-Corruption Monitoring Plan

Each holder of a Mining Permit or Authorisation shall submit to the Ministry in charge of Mines, no later than ninety (90) days after the end of each calendar year, an Anti-Corruption Monitoring Plan.

This Plan, published on the official Website of the Ministry in charge of Mines, or any other site designated by the Minister, or in a newspaper of wide circulation, must contain the following:

- strategies undertaken during the previous year to ensure that the holder and any civil servant director, employee, representative or subcontractor of the holder or any shareholder thereof duly acting on its behalf, have complied with the provisions of this Code relating to the prohibition on the payment of Bribes by companies, including but not limited to the adoption and implementation of internal monitoring mechanisms, training of employees and partners in the field of the prevention of Corruption, and organization of audits and internal investigations for the prevention and identification of acts of corruption;

- any proven cases of violation of the provisions of this Code relating to the prohibition on the payment of Bribes by companies by the people referred to in the preceding paragraph, brought to the attention of the holder, as a result of an internal investigation, or by other means, and the actions taken to investigate and, if necessary, punish the offence;

- the strategies proposed for the following year to ensure that the holder and the persons referred to in the preceding paragraphs comply with the provisions of this Code relating to the prohibition on the payment of Bribes by companies, including but not limited to the adoption and implementation of mechanisms of internal monitoring, training of employees and partners in the field of prevention of corruption, and the organization of audits and internal investigations for the prevention and identification of corruption.

Article 157 : Pénalités – retrait de titre

Outre les dispositions pénales prévues au Titre VIII du présent Code, la violation par un titulaire d'un Titre minier, ou par un des fonctionnaires, directeurs, employés, représentants, sous-traitants du titulaire ou actionnaires de celui-ci agissant dument en son nom, des dispositions du présent Code relatives à l'interdiction de paiement des Pots-de-vin, pourra entraîner des sanctions pouvant aller jusqu'au retrait du Titre minier concerné.

La prise de la sanction sera précédée d'une analyse qui portera sur :

- la gravité de l'infraction ;
- le temps mis depuis la commission de l'infraction ;
- les actions mises en place par le titulaire afin de constater l'infraction et d'informer le Gouvernement ;
- le niveau d'investissement déjà engagé par le titulaire afin de développer le projet.

Toute décision du Ministère en charge des Mines d'effectuer un retrait sera soumise pour avis favorable à la Commission Nationale des Mines, et publiée dans le Journal Officiel et le site Internet officiel du Ministère en charge des Mines, ou tout autre site désigné par le Ministre.

Article 158 : Interdiction d'actes de concussion aux personnes exerçant une fonction publique ou élective

Il est interdit à tout fonctionnaire de l'ordre administratif ou judiciaire, ou tout autre représentant de l'Administration publique guinéenne ou tout élu chargé de se prononcer sur un acte de gestion du secteur minier, de solliciter ou d'agréer, sous peine de poursuites, des offres, promesses, dons, présents ou avantages quelconques pour accomplir, s'abstenir d'accomplir ou abuser de son influence dans l'exercice de ses fonctions, notamment dans le cadre de l'attribution des Titres miniers, la surveillance des activités et des paiements, et l'approbation des demandes ou décisions de prorogation, d'Amodiation, de cession, de transfert ou d'annulation d'un Titre minier.

Article 157: Penalties – Title Revocation

In addition to the criminal provisions in Title VIII of this Code, a breach by a holder of a Mining Permit, or by one of the civil servants, directors, employees, representatives, subcontractors of the holder or shareholders of the latter duly acting on his behalf, of the provisions of this Code relating to the prohibition on the payment of Bribes, may result in penalties ranging up to the revocation of the Mining Permit concerned.

The following factors will be taken into account before a penalty is imposed:

- the seriousness of the offence;
- the time elapsed since the offence was committed;
- actions taken by the holder to report the offence and to inform the Government;
- the level of investment already made by the holder to develop the project.

Any decision of the Ministry in charge of Mines to proceed with a revocation will be submitted for approval by the National Mining Commission, and published in the Official Gazette and on the official Website of the Ministry in charge of Mines, or any other site designated by the Minister.

Article 158: Prohibition on Misappropriation of Public Funds by Civil Servants or Elected Officials

It is prohibited for any civil servant in an administrative or judicial position, or any other representative of the Guinean public Administration or any elected representative responsible for making decisions about an act of management in the mining sector, to solicit or accept, on penalty of prosecution, offers, promises, donations, gifts or benefits of any kind to accomplish or refrain from accomplishing or abuse of his influence in the exercise of his functions, including in the context of granting Mining Permits, monitoring activities and payments, and approval of applications or decisions related to the expansion, Lease, assignment, transfer or cancellation of a Mining Permit.

# TITRE V : DES DISPOSITIONS FINANCIERES

# TITLE V: FINANCIAL PROVISIONS

## CHAPITRE I : DROITS ET REDEVANCES SUPERFICIAIRES

Article 159 : Dispositions Générales

Article 159-I : Principe Général

Outre les impôts, redevances et taxes prévus au Code Général des Impôts, le titulaire d'un Titre minier ou d'une Autorisation est assujetti, pour ses activités en Guinée, au paiement des droits et redevances prévus aux articles 159-A à 164 du présent code minier.

Sauf dispositions contraires, la procédure applicable pour le recouvrement et le contrôle de ces droits et redevances est celle de droit commun. En particulier, les principes et notions définis dans le Code Général des Impôts ou dans le Code des Douanes s'appliquent de plein droit pour les besoins du présent Code minier.

Article 159-II : Droits fixes et redevances annuelles

L'attribution des Titres miniers et des Autorisations ainsi que, le cas échéant, leur renouvellement, extension, prolongation, cession, transmission et Amodiation, sont soumis, à la délivrance de l'acte conférant les droits, au paiement d'un droit fixe dont le montant et les modalités sont fixés par voie réglementaire.

Les Agents Collecteurs, les Comptoirs d'Achat et les Bureaux d'Achat Agréés pour la commercialisation des diamants, de l'or et autres substances précieuses sont assujettis au paiement d'une redevance fixe annuelle dont le montant est fixé par voie réglementaire.

La liquidation et le recouvrement de ces droits sont déterminés par voie réglementaire.

## CHAPTER I: SURFACE RIGHTS AND ROYALTIES

Article 159: General Provisions

Article 159-I: General principle

In addition to taxes, royalties and duties provided in the General Tax Code, the holder of a Mining Permit or Authorisation is subject, for its activities in Guinea, to the payment of duties and royalties provided in Articles 159-I to 164 of this mining code.

Except as otherwise provided, the procedure to be applied for the collection and control of these duties and royalties is that of common law. In particular, the principles and concepts set out in the General Tax Code or in the Customs Code automatically apply for the purposes of this Mining Code.

Article 159-II: Fixed fees and annual royalties

The issuance of Mining Permits and Authorisations as well as, where applicable, their renewal, expansion, continuation, transfer, assignment, and Lease, are subject, upon the granting of the deed conferring the rights, to the payment of a fixed fee, the amount and terms of which are determined by regulations.

Collection Agents, Trading Houses, and Accredited Trading Agencies for the trading of diamonds, gold and other precious substances are subject to the payment of a fixed annual royalty, the amount of which is determined by regulation.

The liquidation and recovery of these duties are determined by regulation.

Article 160 : Redevances superficiaires

Tout titulaire d'un Titre minier ou d'une Autorisation d'exploitation de Substances de carrières qui lui donne le droit de se livrer à des Activités minières ou de carrières, est soumis au paiement annuel d'une redevance superficiaire, conformément au tableau ci-après pour les Substances minières, et à un arrêté conjoint du Ministre en charge des Mines et du Ministre en charge des Finances pour les Substances de carrières.

Cette redevance superficiaire est proportionnelle à la superficie décrite dans le Titre minier ou dans l'Autorisation.

Les modalités de déclaration et de règlement de cette redevance superficiaire sont fixées par arrêté conjoint du Ministre en charge des Mines et du Ministre en charge des Finances.

La mise à jour de ces taux se fait par arrêté conjoint du Ministre en charge des Finances et du Ministre en charge des Mines.

Redevances superficiaires par titre minier :

| Nature Du Titre | Redevances Superficiaires USD/Km² | | |
|---|---|---|---|
| | Octroi | 1er renouvellement | 2e renouvellement |
| Permis de recherche | 10 | 15 | 20 |
| Permis d'exploitation industrielle | 75 | 100 | 200 |
| Permis d'exploitation semi-industrielle | 20 | 50 | 100 |
| Concession minière | 150 | 200 | 300 |
| Permis d'exploitation par dragage | 150* | 200* | 250* |

*par km

Article 160: Surface Royalties

Any holder of a Mining Permit or Mining operation permit for Quarry Substances which gives it the right to engage in Mining or Quarry Activities, is subject to the annual payment of surface royalties, in accordance with the table below for Mine Substances, and a joint order from the Minister in charge of Mines and the Minister in charge of Finance for Quarry Substances.

This surface royalty is in proportion to the surface area described in the Mining Permit or Authorisation.

The terms for declaring and paying this surface royalty are determined by joint order of the Minister in charge of Mines and the Minister in charge of Finance.

The rates are updated by joint order of the Minister in charge of Finance and by the Minister in charge of Mines.

Surface royalties by Mining Permit:

| Nature of the Title | Surface Royalties USD/ Km² | | |
|---|---|---|---|
| | Award | 1st Renewal | 2nd Renewal |
| Exploration Permit | 10 | 15 | 20 |
| Industrial Mining Operation Permit | 75 | 100 | 200 |
| Semi-Industrial Mining Operation Permit | 20 | 50 | 100 |
| Mining Concession | 150 | 200 | 300 |
| Dredging Operation Permit | 150* | 200* | 250* |

*per km

## CHAPITRE II : TAXES SUR L'EXTRACTION DES SUBSTANCES MINERALES ET TAXE SUR LES SUBSTANCES DE CARRIERE

Article 161 : Taxe sur l'extraction des Substances minières autres que les Métaux précieux

## CHAPTER II: TAXES ON THE PRODUCTION OF MINERAL SUBSTANCES AND TAX ON QUARRY SUBSTANCES

Article 161: Tax on the Production of Mineral Substances other than Precious Metals

Tout titulaire d'un Titre d'exploitation minière qui procède à l'extraction de Substances minières, autres que des Métaux précieux, est redevable d'une taxe sur l'extraction de ces Substances minières. Toutefois, les Substances radioactives ne sont pas soumises à cette taxe.

Le fait générateur de cette taxe intervient au moment de la sortie carreau-mine des Substances minières. Elle est exigible au plus tard le 15 du mois qui suit le mois où est intervenu le fait générateur. Toutefois, en ce qui concerne l'extraction des Pierres précieuses et autres Pierres gemmes, l'exigibilité de la taxe est la date de l'évaluation par le BNE.

L'assiette de cette taxe est la valeur de la Substance minière extraite. Cette valeur est déterminée en fonction de la teneur (aussi appelée le « grade »), du poids des Substances minières extraites et de l'indice de prix applicable à la Substance minière extraite. En particulier, l'assiette de la taxe sur l'extraction des substances de catégorie 1 sera ajustée proportionnellement à leur teneur effective.

L'unité de poids est définie dans le tableau ci-dessous. Il s'agit de la tonne métrique (TM) pour les Substances minières autres que les Substances radioactives, Pierres précieuses et autres Pierres gemmes, de la livre pour les Substances radioactives et du carat (Ct) pour les Pierres précieuses et autres Pierres gemmes. Si l'unité de poids extraite contient plusieurs types de Substances minières, chaque substance minière sera taxée séparément en fonction de sa teneur dans l'unité de poids extraite et de l'indice de prix qui lui est applicable.

L'indice de prix applicable à la substance minière extraite est défini dans le tableau ci-dessous en fonction de la nature de la substance minière extraite.

Toutefois, par dérogation à ce qui précède, la valeur des Pierres précieuses et autres Pierres gemmes est déterminée par le BNE en fonction de la qualité des pierres et de leur carat.

Le taux de la taxe sur l'extraction des Substances minières est défini dans le tableau ci-dessous en fonction de la nature de la substance minière extraite.

Any holder of a Mining Operation Permit who proceeds to extract Mineral Substances, other than Precious Metals, is liable for a tax on the extraction of these Mineral Substances. However, Radioactive Substances are not subject to this tax.

The event that triggers this tax occurs when Mineral Substances are first extracted from the top of the mine. It is payable no later than the 15th of the month following the month when the event that triggered the tax occurred. However, with regard to the extraction of Precious Stones and other Gemstones, the tax is payable on the date of the evaluation by the BNE.

The basis of this tax is the value of the Mine Substance extracted. This value is determined by virtue of the Mineral Substance content (also called the "grade"), the weight of Mineral Substances extracted and the price index applicable to the Mineral Substance extracted. In particular, the tax basis for the extraction of category 1 substances will be adjusted in proportion to their actual content.

The unit of weight is defined in the table below. It is the metric tonne (Mt) for Mineral Substances other than Radioactive Substances, Precious Stones and other Gemstones, the pound (lb) for Radioactive Substances and carat (Ct) for Precious Stones and other Gemstones. If the unit of weight extracted contains several types of Mineral Substances, each mineral substance will be taxed separately according to its content per unit of weight extracted and the price index applicable to it.

The price index applicable to the mineral substance extracted is defined in the table below according to the nature of the mineral substance extracted.

However, as an exception to the above, the value of Precious Stones and other Gemstones is determined by the BNE according to the quality of the stones and their carat weight.

The tax rate on the extraction of Mine Substances is defined in the table below, according to the nature of the mine substance extracted.

Tout retard de plus de trente (30) jours calendaires dans le paiement de la taxe sur les Substances minières est passible de sanctions pouvant aller jusqu'au retrait du Titre minier ainsi que jusqu'à la fermeture des installations d'extraction.

Any delay by more than thirty (30) calendar days in the payment of the tax on Mineral Substances is punishable with sanctions that could culminate in the revocation of the Mining Permit as well as the closure of the extraction facilities.

Lorsque l'Activité minière n'est pas effectuée directement par le titulaire du Permis d'exploitation industrielle ou semi-industrielle de substances minières ou de la Concession minière mais par un Sous-traitant de ce dernier, ce Sous-traitant est solidairement responsable avec le titulaire du Titre minier du paiement de la taxe sur l'extraction des Substances minières.

When the Mining Activity is not directly undertaken by the holder of the Industrial or Semi-industrial Mining Operation Permit for mineral substances or a Mining Concession, but rather by a Subcontractor of the latter, such Subcontractor is jointly and severally liable with the holder of the Mining Permit for payment of tax on the extraction of Mineral Substances.

Les modalités de déclaration et de règlement de la taxe sur l'extraction des Substances minières sont fixées par voie réglementaire.

The terms for the declaration and payment of the tax on the extraction of Mine Substances are determined by regulation.

Cette taxe est déductible pour le calcul du bénéfice imposable.

This tax is deductible when calculating taxable profit.

Taux de la taxe sur l'extraction des Substances minières par Substance :

| SUBSTANCE EXTRAITE | UNITE DE TAXATION | TAXE | ASSIETTE |
|---|---|---|---|
| MINERAI DE FER | | | |
| Minerai de fer de teneur standard | TM | 3% | Prix du minerai de fer (mesuré par le Platts China Iron Fines CFR 62%) moins les coûts de transport (mesurés par le Baltic Exchange Capesize Index Route C3-Tubarao/Qingdao) |
| BAUXITE | | | |
| Bauxite | TM | 0,075 % | Prix Vendeur LME 3 mois de la tonne d'Aluminium primaire pour une Bauxite en AI2O3 de 40% |
| AUTRES SUBSTANCES NON FERREUSES | | | |
| Métaux de base : Cuivre, Etain, Nickel, Zinc | | | |
| Concentré | TM | 3,0% | Prix FOB |
| Métal | TM | 3,0% | Prix FOB |
| Métaux mineurs : Cobalt, Titane, Molybdène | TM | 3,0% | Prix FOB |

Tax rates on the extraction of Mineral Substance, by Substance:

| SUBSTANCE EXTRACTED | UNIT OF TAXATION | TAX | BASIS |
|---|---|---|---|
| IRON ORE | | | |
| Standard content iron ore | Mt | 3% | Price of iron ore (defined by Platts China Iron Fines, CFR [Cost and Freight] 62%) less the transport costs (defined by the Baltic Exchange Capesize Index Route C3-Tubarao/Qingdao) |
| BAUXITE | | | |
| Bauxite | Mt | 0.075 % | 3 month LME Seller Price per tonne of primary Aluminum for one Bauxite in AI2O3 of 40% |
| OTHER NON-FERROUS SUBSTANCES | | | |
| Base metals: Copper, Tin, Nickel, Zinc | | | |
| Concentrate | Mt | 3.0% | FOB Price |
| Metal | Mt | 3.0% | FOB Price |
| Minor metals: Cobalt, Titanium, Molybdenum | Mt | 3.0% | FOB Price |

| PIERRES GEMMES | | | |
|---|---|---|---|
| Pierres précieuses | | | |
| Diamants bruts : | | | |
| Taxe sur la production industrielle | Ct | 5,0% | Estimation Bureau National d'Expertise (BNE) |
| Taxe sur la production semi-industrielle | Ct | 3,5% | Estimation Bureau National d'Expertise (BNE) |
| Pierre d'une valeur unitaire égale ou supérieure à cinq cent mille (500 000) USD | Ct | 5,0% | Estimation Bureau National d'Expertise (BNE) |
| Pierres précieuses autres que les Diamants (Emeraude, Rubis, Saphir, etc.) et autres Pierres Gemmes | | | |
| Taxe sur la production industrielle | Ct | 2,0% | Estimation Bureau National d'Expertise (BNE) |
| Taxe sur la production semi-industrielle | Ct | 1,5% | Estimation Bureau National d'Expertise (BNE) |
| Pierre d'une valeur unitaire égale ou supérieure à cinq cent mille (500 000) USD | Ct | 5,0% | Estimation Bureau National d'Expertise (BNE) |

Légende :
Ct : Carat = 0,20519655
LB : Livre US = 0,4535923 kg
LME : London Metal Exchange
TM : Tonne métrique

| GEMSTONES | | | |
|---|---|---|---|
| Precious Stones | | | |
| Raw diamonds: | | | |
| Tax on industrial production | Ct | 5.0% | National Bureau of Expertise (BNE) assessment |
| Tax on semi-industrial production | Ct | 3.5% | National Bureau of Expertise (BNE) assessment |
| Stone with a value per unit equal to or greater than five hundred thousand (500 000) USD | Ct | 5.0% | National Bureau of Expertise (BNE) assessment |
| Precious Stones other than Diamonds (Emeralds, Rubies, Sapphires, etc.) and other Gemstones | | | |
| Tax on industrial production | Ct | 2.0% | National Bureau of Expertise (BNE) assessment |
| Tax on semi-industrial production | Ct | 1.5% | National Bureau of Expertise (BNE) assessment |
| Stone with a value per unit equal to or greater than five hundred thousand (500 000) USD | Ct | 5.0% | National Bureau of Expertise (BNE) assessment |

Key:
Ct: Carat = 0.20519655
LB: US Pound = 0.4535923 kg
LME: London Metal Exchange
Mt: Metric Tonne

Un nouvel indice de prix sera institué par arrêté conjoint du Ministre en charge des Mines et du Ministre en charge des Finances si l'indice de prix visé dans le tableau ci-dessus devient caduc.

A new price index will be established by joint order of the Minister in charge of Mines and the Minister in charge of Finance if the price index indicated in the above table becomes obsolete.

L'indice de prix et le taux de toute Substance minière non visée dans le tableau ci-dessus seront fixés par voie réglementaire.

The price index and the rate for any Mineral Substance not indicated in the above table will be determined by regulation.

Le taux de la taxe défini dans le tableau ci-dessus sera majoré de quinze pour cent (15%) au-delà d'une période de production initiale par Substance minière fixée dans le tableau ci-dessous si le titulaire du Titre minier n'a pas fourni un rapport approuvé par le Ministre certifiant que le titulaire du Titre minier a réalisé au moins quatre-vingt pour cent (80%) des travaux relatifs à la construction des infrastructures de transformation en Guinée.

The tax rates defined in the above table will be increased by fifteen per cent (15%) beyond an initial period of production per Mineral Substance indicated in the table below, if the holder of the Mining Permit has not supplied a report approved by the Minister certifying that the holder of the Mining Permit has undertaken at least eighty per cent (80%) of the works relating to the construction of the processing infrastructure in Guinea.

Periode de Production initiale par Substance Miniere

| | Société déjà en exploitation | Société nouvelle |
|---|---|---|
| Bauxite | 8 ans | 18 ans |
| Minerai de fer | - | 20 ans |

Initial Period of Production by Mineral Substance

| | Operating Company | New Company |
|---|---|---|
| Bauxite | 8 years | 18 years |
| Iron ore | - | 20 years |

Article 161-I : Taxe sur la production industrielle ou semi-industrielle des Métaux précieux

Tout titulaire d'un Titre d'exploitation minière qui procède à l'extraction de Métaux précieux est redevable d'une taxe sur la production industrielle ou semi-industrielle des Métaux précieux.

Le fait générateur de cette taxe intervient au moment de la sortie carreau-mine des Métaux précieux.

L'assiette de la taxe est la valeur du lingot telle que déterminée à la pesée à la Banque Centrale de Guinée en tenant compte de la pureté du métal précieux et du cours du métal précieux extrait au Fixing de l'après-midi à Londres.

La taxe est exigible à la date de la pesée desdits lingots à la Banque Centrale de la République de Guinée.

Le taux de la taxe sur l'extraction des Métaux précieux est fixé à cinq pour cent (5%).

Lorsque le lingot pesé contient des Métaux précieux autres que le métal précieux dont il est principalement composé, ces autres Métaux précieux contenus dans le lingot sont soumis à la taxe sur la production industrielle ou semi-industrielle des Métaux précieux au terme de chaque trimestre de l'année civile selon des modalités fixées par voie réglementaire. La BCRG prélève, selon des modalités fixées par voie réglementaire, un échantillon des lingots pesés en vue de contrôler la teneur desdits lingots.

Tout retard de plus de trente (30) jours calendaires dans le paiement de la taxe sur la production industrielle ou semi-industrielle des Métaux précieux est passible de sanctions pouvant aller, en cas de retards prolongés ou répétés, jusqu'au retrait du Titre minier ainsi que jusqu'à la fermeture des installations d'extraction.

Article 161-I: Tax on the industrial and semi-industrial production of Precious Metals

Any holder of a Mining Operation Permit who proceeds to extract Precious Metals is liable for tax on the industrial or semi-industrial production of the Precious Metals.

The event that triggers this tax occurs when Precious Metals are first extracted from the top of the mine.

The basis of the tax is the value of the ingot as determined during weighing at the Central Bank of Guinea, taking into account the purity of the precious metal and the price of precious extracted metal at the London PM Fix.

The tax is payable at the weighing of the aforementioned ingots at the Central Bank of the Republic of Guinea.

The tax rate on the extraction of Precious Metals is fixed at five per cent (5%).

When the weighed ingot contains Precious Metals other than the precious metal it is principally composed of, these other Precious Metals contained in the ingot are subject to the tax on the industrial or semi-industrial production of Precious Metals after each quarter of the calendar year, as determined by regulation. The BCRG will, according to the terms established by regulation, take a sample of the weighed ingots with a view to verifying the content of these ingots.

Any delay of over thirty (30) calendar days in the payment of the tax on the industrial or semi-industrial production of Precious Metals is punishable by sanctions that could culminate, in the case of prolonged or repeated delays, to the revocation of the Mining Permit as well as the closure of the extraction facilities.

Lorsque l'Activité minière n'est pas effectuée directement par le titulaire d'un Titre d'exploitation minière mais par un Sous-traitant de ce dernier, ce Sous-traitant est solidairement responsable avec le titulaire du Titre minier du paiement de la taxe sur la production industrielle ou semi-industrielle des Métaux précieux.

Les modalités de déclaration et de règlement de la taxe sur la production industrielle ou semi-industrielle des Métaux précieux sont fixées par voie réglementaire.

Cette taxe est déductible pour le calcul du bénéfice imposable.

TAUX DE LA TAXE SUR LA PRODUCTION INDUSTRIELLE OU SEMI-INDUSTRIELLE DES MÉTAUX PRÉCIEUX

| SUBSTANCE PRODUITE | UNITE DE TAXATION | TAXE | ASSIETTE |
|---|---|---|---|
| Métaux précieux : Argent, Or, Platinoïdes, Palladium, Rhodium | OZ | 5,0% | Fixing de l'après-midi à Londres |

Légende :
OZ : Once Troy = 31,103477 g

Un nouvel indice de prix sera institué par arrêté conjoint du Ministre en charge des Mines et du Ministre en charge des Finances si l'indice de prix visé dans le tableau ci-dessus devient caduc.

Article 162 : Taxe sur les Substances de carrières

L'exploitation et le ramassage des Substances de carrières sont soumis au paiement d'une taxe dont les taux sont fixés par arrêté conjoint du Ministre en charge des Mines et de la Géologie et du Ministre en charge des Finances.

## CHAPITRE III : TAXES A L'EXPORTATION

Article 163 : Taxe à l'exportation sur les Substances minières autres que les Substances précieuses

When the Mining Activity is not directly carried out by the holder of the Mining Operation Permit but rather by a Subcontractor of the latter, such Subcontractor is jointly and severally liable with the holder of the Mining Permit for the payment of the tax on the industrial or semi-industrial production of Precious Metals.

The terms for the declaration and payment of the tax on the industrial or semi-industrial production of Precious Metals are determined by regulation.

This tax is deductible when calculating taxable profit.

TAX RATE ON THE INDUSTRIAL OR SEMI-INDUSTRIAL PRODUCTION OF PRECIOUS METALS

| SUBSTANCE PRODUCED | UNIT OF TAXATION | TAX | BASIS |
|---|---|---|---|
| Precious Metals: Silver, Gold, Platinum Group Metals, Palladium, Rhodium | OZ | 5.0% | London PM Fix |

Key:
OZ: Troy Ounce = 31.103477 g

A new price index will be established by joint order of the Minister in charge of Mines and the Minister in charge of Finance if the price index indicated in the above table becomes obsolete.

Article 162: Tax on Substances from Quarries

The operation and collection of Quarry Substances are subject to payment of taxes, the rates of which are determined by joint order of the Minister in charge of Mines and the Minister in charge of Finance.

## CHAPTER III: EXPORT TAXES

Article 163: Tax on the Export of Mineral Substances other than Precious Substances

Les Substances minières extraites en Guinée par les titulaires d'un Titre d'exploitation minière qui sont exportées à l'état brut, sans avoir été préalablement transformées en produits semi-finis ou finis en Guinée, font l'objet d'une taxe spécifique à l'exportation.

Mineral Substances extracted in Guinea by holders of a Mining Operation Permit and which are exported in their crude state, without having previously been processed into semi-finished or finished products in Guinea, will be subject to a specific export tax.

Toutefois, ne sont pas assujetties à cette taxe à l'exportation les exportations de Métaux précieux. Les Pierres précieuses et Pierres Gemmes sont soumises à une taxe à l'exportation spécifique définie à l'article 163-A du présent Code.

However, Precious Metals are exempt from this export tax. Precious Stones and Gemstones are subject to a specific export tax defined in Article 163-I of this Code.

L'assiette de la taxe à l'exportation sur les Substances minières est la valeur des Substances minières exportées. Cette valeur est déterminée en fonction de la teneur (aussi appelée le « grade »), du poids des Substances minières exportées et de l'indice de prix applicable aux Substances minières exportées. En particulier, l'assiette de la taxe à l'exportation des substances de catégorie 1 sera ajustée proportionnellement à leur teneur effective.

The basis of the export tax on Mineral Substances is the value of the Mineral Substances exported. This value is determined by virtue of the content (also called the "grade"), the weight of the Mineral Substance exported and the price index applicable to the Mineral Substance exported. In particular, the basis of the export tax on category 1 substances will be adjusted in proportion to their actual content.

L'unité de poids est la tonne métrique pour les Substances minières autres que les Substances radioactives, et la livre pour les Substances radioactives. Si l'unité de poids exportée contient plusieurs types de Substances minières, chaque Substance minière sera taxée séparément en fonction de sa teneur dans l'unité de poids exportée et de l'indice de prix qui lui est applicable.

The unit of weight is the metric tonne for Mineral Substances other than Radioactive Substances, and the pound for Radioactive Substances. If the unit of weight exported contains several types of Mineral Substances, each Mineral Substance will be taxed separately according to its content per unit of weight exported and the price applicable to it.

L'indice de prix applicable pour les Substances minières est défini dans le tableau ci-dessous en fonction de la nature de la Substance minière extraite.

The price index applicable to Mineral Substances is defined in the table below in relation to the nature of the Mineral Substance extracted.

Le taux de la taxe à l'exportation sur les Substances minières est défini dans le tableau ci-dessous en fonction de la nature de la Substance minière exportée.

The tax rate on the export of Mineral Substances is defined in the table below according to the nature of the Mineral Substance exported.

La taxe est exigible au moment de l'exportation des Substances minières, telle que l'« exportation » est définie par le Code des Douanes.

The tax is payable upon the export of the Mineral Substances, as "export" is defined in the Customs Code.

Le redevable de cette taxe est l'exportateur des Substances minières, tel que défini par le Code des Douanes. La taxe à l'exportation est solidairement due par le déclarant en douane

The liability for this tax lies with the exporter of the Mineral Substances, as defined in the Customs Code. The export tax is jointly and severally payable by the customs agent, acting

qui agit dans le cadre d'un mandat de représentation. Cette taxe est recouvrée par les services des douanes. La procédure douanière s'applique de plein droit.

Les modalités de calcul, de déclaration et de règlement de cette taxe sont fixées par voie réglementaire.

Taux de la taxe à l'exportation sur les Substances minières autres que les Substances précieuses

| SUBSTANCE EXPORTEE | UNITE DE TAXATION | TAXE | ASSIETTE |
|---|---|---|---|
| MINERAI DE FER | | | |
| Minerai de fer de teneur standard | TM | 2% | Prix du minerai de fer (mesuré par le Platts China Iron Fines CFR 62%) moins les coûts de transport (mesurés par le Baltic Exchange Capesize Index Route C3-Tubarao/Qingdao) |
| BAUXITE | | | |
| Bauxite | TM | 0,075% | Prix Vendeur LME 3 mois de la tonne d'Aluminium primaire pour une Bauxite en AI2O3 de 40% |
| AUTRES SUBSTANCES NON FERREUSES | | | |
| Métaux de base : Cuivre, Etain, Nickel, Zinc | | | |
| Concentré | TM | 2,0% | Prix FOB |
| Métal | TM | 2,0% | Prix FOB |
| Métaux mineurs : Cobalt, Titane, Molybdène | TM | 2,0% | Prix FOB |
| SUBSTANCES RADIOACTIVES | | | |
| Uranium | | | |
| Concentré (Yellowcake) | LB | 3,0% | Prix Ux Spot U2O8 |
| Autres substances radioactives | LB | 2,0% | Prix Ux Spot |

Légende :
LB : Livre US = 0,4535923 kg
LME : London Métal Exchange
TM : Tonne métrique

Un nouvel indice de prix sera institué par arrêté conjoint du Ministre en charge des Mines et du Ministre en charge des Finances si l'indice de prix visé dans le tableau ci-dessus devient caduc.

under a power of attorney. This tax is collected by the customs authorities. The customs procedure applies in full force.

The terms for calculation, declaration and payment of this tax are determined by regulation.

Tax rate on the export of Mineral Substances other than Precious Substances

| SUBSTANCE EXPORTED | UNIT OF TAXATION | TAX | BASIS |
|---|---|---|---|
| IRON ORE | | | |
| Standard content iron ore | Mt | 2% | Price of Iron ore (gauged by the Platts China Iron Fines CFR 62%) less the transport costs (gauged by the Baltic Exchange Capesize Index Route C3-Tubarao/Qingdao) |
| BAUXITE | | | |
| Bauxite | Mt | 0.075% | 3 month LME Selling Price per tonne of primary Aluminum for one Bauxite in 40% $Al_2O_3$. |
| OTHER NON-FERROUS SUBSTANCES | | | |
| Base metals: Copper, Tin, Nickel, Zinc | | | |
| Concentrate | Mt | 2.0% | FOB Price |
| Metal | Mt | 2.0% | FOB Price |
| Minor metals: Cobalt, Titanium, Molybdenum | Mt | 2.0% | FOB Price |
| RADIOACTIVES SUBSTANCES | | | |
| Uranium | | | |
| Concentrate (Yellowcake) | LB | 30% | Ux Spot Price $U_2O_8$ |
| Other radioactive substances | LB | 2.0% | Ux Spot Price |

Key:
LB: US Pound = 0.4535923 kg
LME: London Metal Exchange
TM: Metric Tonne

A new price index will be established by joint order of the Minister in charge of Mines and the Minister in charge of Finance if the price index indicated in the table above becomes obsolete.

L'indice de prix et le taux de toute Substance minière non visée dans le tableau ci-dessus seront fixés par voie réglementaire.

The price index and the rate of any Mineral Substance not indicated in the table above will be determined by regulation.

Article 163-I : Régime déclaratif simplifié

Article 163-I: Simplified declaratory regime

Les titulaires d'un Titre d'exploitation minière qui extraient des Substances minières en Guinée dans le but exclusif de les exporter à l'état brut, sans les revendre sur le marché intérieur, peuvent solliciter l'application d'un régime de déclaration simplifiée.

Holders of Mining Operation Permits who have been extracting Mineral Substances in Guinea with the exclusive aim of exporting them in a crude state, without reselling them in the internal market, may request the application of a simplified declaratory regime.

Ce régime les autorise à déclarer la taxe à l'extraction sur les Substances minières visée à l'article 161 du présent Code et la taxe à l'exportation sur les Substances minières autres que les Substances précieuses visée à l'article 163 du présent Code sur une seule et même déclaration.

This regime authorises them to declare extraction tax on the Mineral Substances indicated in Article 161 of this Code and the export tax on the Mineral Substances other than Precious Substances indicated in Article 163 of this Code, in one and the same declaration.

Ce régime n'est accordé que sur agrément conjoint du Ministre en charge des Mines et du Ministre en charge des Finances. Les modalités d'application de ce régime particulier sont fixées par voie réglementaire.

This regime is granted only by joint approval of the Minister in charge of Mining and the Minister in charge of Finance. The terms of the application of this particular regime are determined by regulation.

Article 163-II : Taxe à l'exportation sur les Pierres précieuses et autres Pierres Gemmes

Article 163-II: Export tax on Precious Stones and other Gemstones

Les Pierres précieuses et Pierres Gemmes extraites en Guinée par les titulaires d'un Titre d'exploitation minière et qui sont exportées à l'état brut ou taillé font l'objet d'une taxe spécifique à l'exportation.

Precious Stones and Gemstones extracted in Guinea by holders of a Mining Operation Permit and which have been exported in a crude or cut state are subject to a specific export tax.

L'assiette de la taxe à l'exportation sur les Pierres précieuses et Pierres Gemmes est la valeur des Pierres précieuses et Pierres Gemmes exportées. Cette valeur est déterminée par le Bureau National d'Expertise (BNE) en fonction de la qualité des pierres et de leur carat.

The basis of the export tax on Precious Stones and Gemstones is the value of the Precious Stones and Gemstones exported. This value is determined by the Bureau National d'Expertise (BNE) according to the quality of the stones and their carat weight.

Le taux de la taxe à l'exportation sur les Pierres précieuses est défini dans le tableau ci-dessous en fonction de la nature des Pierres précieuses et Pierres Gemmes exportées.

The export tax rate on the Precious Stones is defined in the table below according to the nature of the Precious Stones and the Gemstones exported.

Toutefois, le taux de cette taxe à l'exportation est diminué de moitié si les Pierres précieuses ou Pierres Gemmes sont exportées après avoir été taillées en Guinée.

However, the rate of this export tax is halved if the Precious Stones or Gemstones are exported after having been cut in Guinea.

La taxe est exigible au moment de l'exportation des Pierres précieuses et Pierres Gemmes, telle que l'« exportation » est définie par le Code des Douanes.

Le redevable de cette taxe est l'exportateur, tel que défini par le Code des Douanes, des Substances minières. La taxe à l'exportation est solidairement due par le déclarant en douane qui agit dans le cadre d'un mandat de représentation. La procédure douanière s'applique de plein droit.

Les modalités de calcul, de déclaration et de règlement de cette taxe sont fixées par voie réglementaire.

Taux de la taxe à l'exportation sur les Pierres précieuses et autres Pierres Gemmes

| SUBSTANCE EXPORTEE | UNITE DE TAXATION | TAXE | ASSIETTE |
|---|---|---|---|
| Pierres précieuses | | | |
| Diamants bruts : | | | |
| Taxe sur la production industrielle | Ct | 3,0% | Estimation Bureau National d'Expertise (BNE) |
| Taxe sur la production semi-industrielle | Ct | 3,0% | Estimation Bureau National d'Expertise (BNE) |
| Pierre d'une valeur unitaire égale ou supérieure à cinq cent mille (500 000) USD | Ct | 5,0% | Estimation Bureau National d'Expertise (BNE) |
| Pierres précieuses autres que les Diamants (Emeraude, Rubis, Saphir, etc.) et autres Pierres Gemmes | | | |
| Taxe sur la production industrielle | Ct | 1,5% | Estimation Bureau National d'Expertise (BNE) |
| Taxe sur la production semi-industrielle | Ct | 1,5% | Estimation Bureau National d'Expertise (BNE) |
| Pierre d'une valeur unitaire égale ou supérieure à cinq cent mille (500 000) USD | Ct | 5,0% | Estimation Bureau National d'Expertise (BNE) |

Légende : Ct : Carat = 0,20519655

Le taux de la taxe sur les Pierres précieuses ou Pierres Gemmes non visées dans le tableau ci-dessus sera fixé par voie réglementaire.

The tax is payable at the export of the Precious Stones and Gemstones, as "export" is defined in the Customs Code.

The liability for this tax lies with the exporter of the Mine Substances, as defined by the Customs Code. The export tax is jointly and severally payable by the customs agent, acting under a power of attorney. The customs procedure applies with full force.

The terms for the calculation, declaration and payment of this tax are determined by regulation.

Export tax rate on Precious Stones and other Gemstones

| SUBSTANCE EXPORTED | UNIT OF TAXATION | TAX | BASIS |
|---|---|---|---|
| Precious Stones | | | |
| Rough Diamonds: | | | |
| Tax on industrial production | Ct | 3.0% | National Bureau of Expertise (BNE) Assessment |
| Tax on semi-industrial production | Ct | 3.0% | National Bureau of Expertise (BNE) Assessment |
| Stone of a value per unit equal to or greater than five hundred thousand (500 000) USD | Ct | 5.0% | National Bureau of Expertise (BNE) Assessment |
| Precious Stones other than Diamonds (Emeralds, Rubies, Sapphires, etc.) and other Gemstones | | | |
| Tax on industrial production | Ct | 1.5% | National Bureau of Expertise (BNE) Assessment |
| Tax on semi-industrial production | Ct | 1.5% | National Bureau of Expertise (BNE) Assessment |
| Stone of a value per unit equal to or greater than five hundred thousand (500 000) USD | Ct | 5.0% | National Bureau of Expertise (BNE) Assessment |

Key: Ct: Carat = 0.20519655

The tax rate on Precious Stones and Gemstones not indicated in the table above will be determined by regulation.

Article 164 : Taxe à l'exportation sur la production artisanale d'or, de Pierres précieuses et autres Pierres Gemmes

L'or et les Pierres précieuses et Pierres Gemmes extraits en Guinée par les titulaires d'une Autorisation d'exploitation artisanale sont soumis à une taxe à l'exportation aux taux suivants :

- pour l'or, le taux de cette taxe est de un pour cent (1%), la valeur de référence pour le calcul de cette taxe étant le cours d'achat de l'or par la BCRG ;
- pour les diamants d'une valeur unitaire strictement inférieure à cinq cent mille (500 000) USD, le taux est de trois pour cent (3%) de la valeur fixée par les experts BNE ;
- pour les Pierres précieuses, autres que le diamant, et Pierres Gemmes d'une valeur unitaire strictement inférieure à cinq cent mille (500 000) USD, ce taux est fixé à un virgule cinq pour cent (1,5%) de la valeur fixée par les experts du BNE ;
- pour les pierres précieuses, y compris les diamants, d'une valeur unitaire égale ou supérieure à cinq cent mille (500 000) USD, ce taux est fixé à cinq pour cent (5%) de la valeur fixée par les experts du BNE.

Ces taux pourront être ajustés par un arrêté conjoint du Ministre en charge des Finances et du Ministre en charge des Mines.

Cette taxe est exigible au moment de l'exportation, telle que définie par le Code des Douanes. Le redevable de cette taxe est l'exportateur, tel que défini par le Code des Douanes. La procédure douanière s'applique de plein droit.

Les modalités de calcul, de déclaration et de règlement de cette taxe sont fixées par voie réglementaire.

Article 165 : Répartition entre les différents budgets

Les droits fixes, la taxe sur l'extraction des substances minières autre que les Métaux précieux, la taxe sur la production industrielle ou semi-industrielle des Métaux précieux, la taxe

Article 164: Export Tax on Artisanal Gold, Precious Stones and other Gemstone Production

Gold, Precious Stones and Gemstones extracted in Guinea by holders of an Authorisation are subject to an export tax at the rates below:

- for gold, the tax rate is one per cent (1%), the reference value for the tax calculation being the BCRG purchase price for gold;
- for diamonds with a value per unit strictly less than five hundred thousand (500,000) USD, the tax rate is three percent (3%) of the value set by BNE experts;
- for Precious Stones, other than Diamonds and Gemstones of a unit value strictly lower than five hundred thousand (500,000) USD, this rate is set at one point five (1.5) per cent of the value fixed by the BNE experts;
- for Precious Stones, including Diamonds, with a unit value equal to or greater than five hundred thousand (500,000) USD, the rate is five per cent (5%) of the value fixed by the BNE experts.

A joint decree from the Minister in charge of Finance and the Minister in charge of Mines may adjust these rates.

This tax is payable at export, as defined in the Customs Code. The liability for this tax lies with the exporter, as defined by the Customs Code. The customs procedure applies with full force.

The terms of calculation, declaration and payment of this tax are determined by regulation.

Article 165: Allocation Among Various Budgets

The fixed fees, the tax on the extraction of mineral substances other than Precious Metals, the tax on the industrial or semi-industrial production of Precious Metals, the tax

sur les Substances de carrières, la taxe à l'exportation sur les substances minières autres que sur les substances précieuses et la taxe à l'exportation sur la production artisanale d'or, payés au Budget National par les titulaires des Titres miniers ou d'Autorisations, sont répartis comme suit :

Budget National : quatre-vingt pour cent (80%)

Appui direct au budget local de l'ensemble des Collectivités locales du pays : quinze pour cent (15%)

Fonds d'Investissement Minier : cinq pour cent (5%)

La taxe à l'exportation sur la production artisanale, industrielle et semi-industrielle de Pierres précieuses et Pierres Gemmes visée à l'article 164 est repartie comme suit :

Budget National : soixante-sept pour cent (67%)

Bureau National d'Expertise (BNE) : vingt-et-un pour cent (21%)

Expert Evaluateur : douze pour cent (12%)

au vu du contrat liant l'expert évaluateur au Ministère en charge des Mines

Les montants correspondants font l'objet d'une publication dans le Journal Officiel et sur les sites internet officiels des Ministères en charge des Mines, de la Décentralisation et des Finances.

Les modalités d'utilisation, de gestion et de contrôle des ressources allouées aux Collectivités locales en vertu des dispositions qui précèdent sont déterminées par un arrêté conjoint des Ministres en charge des Mines, de la Décentralisation et des Finances, conformément aux dispositions du Code des Collectivités locales.

## CHAPITRE IV : LISTES MINIERES

Article 166 : Définition et procédure d'agrément de la liste minière

on Quarry Substances, the export tax on mineral substances other than on precious substances and the export tax on artisanal gold production, paid to the National Budget by holders of Mining Permits or Authorisations, are distributed as follows:

National Budget: eighty per cent (80%)

Direct support to the local budgets of all Local Communities of the country: fifteen per cent (15%)

Mining Investment Fund: five per cent (5%)

The export tax on artisanal, industrial and semi-industrial production of Precious Stones and Gemstones referred to in Article 164 is distributed as follows:

National Budget: sixty seven percent (67%)

Bureau National d'Expertise (BNE): twenty one percent (21%)

Expert Evaluator: twelve percent (12%)

based on the contract between the expert evaluator and the Ministry in charge of Mines.

The corresponding amounts are published in the Official Gazette and on the official websites of the Ministries in charge of Mines, Decentralization and Finance.

The terms for the use, management and monitoring of the resources allocated to the Local Collectivities pursuant to the preceding provisions are determined by a joint order of the Ministers in charge of Mines, Decentralization and Finance, in accordance with provisions of the Local Communities Code.

## CHAPTER IV: MINING LISTS

Article 166: Definition and Procedure for Approving the Mining List.

Les titulaires d'un Titre minier doivent établir et faire agréer par le Ministre en charge des Mines et le Ministre en charge des Finances, avant le démarrage de leurs opérations, et pour chacune de leurs phases d'activités définies à l'article 168 du présent Code, une liste appelée « liste minière ».

Le contenu de la liste minière est strictement limité aux catégories définies à l'article 167 du présent Code. Il regroupe l'ensemble des équipements, matériels, machines, matières premières et consommables pour lesquels le titulaire du Titre minier demande à bénéficier de l'exonération des droits et taxes à l'importation durant les phases de recherche et de construction, en application des articles 171, 171-I, 173 et 174 du présent Code, ou demande à bénéficier des taux réduits de droits de douane durant la phase d'exploitation en application des articles 179 et 180 du présent Code.

Le contenu de la liste minière est propre à chaque phase d'activité. Une liste minière pour la phase de recherche ne peut contenir que des équipements, matériels, machines, matières premières et consommables nécessaires pour cette phase de recherche. Une liste minière pour la phase de construction ne peut contenir que des équipements, matériels, machines, matières premières et consommables nécessaires pour cette phase de construction. Une liste minière pour la phase d'exploitation ne peut contenir que des équipements, matériels, machines, matières premières et consommables nécessaires pour cette phase d'exploitation.

Cette liste minière est révisable périodiquement en fonction de l'évolution des besoins des titulaires du Titre minier. Si des équipements, matériels, machines, matières premières et consommables devant être importés ne figurent pas sur la liste minière préalablement définie et agréée, un amendement de la liste existante doit être déposé auprès du Ministre en charge des Mines et du Ministre en charge des Finances pour agrément. Cet amendement doit respecter l'ensemble des conditions relatives aux listes minières, notamment quant aux catégories et au contenu de la liste.

The holders of a Mining Permit must establish for approval by the Minister in charge of Mines and the Minister in charge of Finance, before the commencement of their operations, and for each phase of activity defined in Article 168 of this Code, a list called the "mining list."

The contents of the mining list are strictly limited to the categories defined in Article 167 of this Code. It groups together all the equipment, materials, machines, raw materials and consumables for which the holder of the Mining Permit requests an exemption from import duties and taxes during the exploration, and construction phases, pursuant to Articles 171, 171-I, 173 and 174 of this Code, or requests reduced rates of customs duties during the Operating Phase pursuant to Articles 179 and 180 of this Code.

The content of the mining list is particular to each phase of activity. A mining list for the Exploration Phase may contain only equipment, materials, machines, raw materials and consumables necessary for this Exploration Phase. A mining list for the construction phase may contain only equipment, materials, machines, raw materials and consumables necessary for this construction phase. A mining list for the Operating Phase may contain only equipment, materials, machines, raw materials and consumables necessary for this Operating Phase.

This mining list may be periodically revised as the requirements of holders of the Mining Permits evolve. If there is any equipment, material, machines, raw material or consumables to be imported but does not appear on the previously defined and approved mining list, an amendment to the existing list must be filed with the Minister in charge of Mines and the Minister in charge of Finance for approval. This amendment must comply with all of the conditions relating to mining lists, particularly with regard to the categories and content of the list.

Toutefois, ne peuvent figurer sur cette liste minière les équipements, matériels, machines, matières premières et consommables dont on peut trouver l'équivalent fabriqué en Guinée et qui sont disponibles à des conditions commerciales au moins égales à celles des biens à importer.

Les listes des biens appartenant aux Sous-traitants doivent faire partie intégrante de celles des sociétés titulaires de Titres miniers auxquelles, elles sont liées. Elles doivent figurer sous une rubrique spéciale établie au nom de chaque Sous-traitant.

Les modalités relatives au dépôt, à l'agrément et à la révision de ces listes minières sont déterminées par voie réglementaire.

Un comité composé des représentants du CPDM, du Cabinet du Ministère en charge du Budget et de la Direction générale des Douanes est chargé de l'examen des listes minières.

L'inspection Générale des Mines et de la Géologie et la Direction Générale des Douanes, en collaboration avec les services techniques compétents, notamment le CPDM, la Direction Nationale des Mines, la direction Nationale de la Géologie, le Bureau d'Études et de Stratégie ainsi que tous autres services compétents, sont chargées d'assurer le suivi de la liste minière. Elles sont chargées du suivi du matériel, des engins miniers ou tous autres produits importés pendant la phase de recherche par les sociétés minières.

<u>Article 167 :</u> Catégorisation des marchandises figurant sur la liste minière

Les importations des titulaires d'un Titre minier sont classées en trois catégories :

Première catégorie : les équipements, matériels, gros outillages, engins et véhicules figurant sur le registre des immobilisations des sociétés concernées, à l'exclusion des véhicules de tourisme ;

Deuxième catégorie : les consommables destinés à l'extraction et à la concentration des substances minières brutes, y compris le fioul lourd à l'exclusion des carburants, lubrifiants courants et autres produits pétroliers ;

Nevertheless, equipment, material, machines, raw materials and consumables may not be included in the list if the equivalent thereof may be manufactured and found in Guinea and which are available on commercial terms at least equal to such goods to be imported.

The lists of goods belonging to Subcontractors must be an integral part of those of the companies holding Mining Permits to which they are linked. They must be included in a special column established in the name of each Subcontractor.

The terms relating to the filing, approval and revision of these mining lists are determined by regulation.

A committee composed of representatives of the MPCD, the Ministry in charge of the Budget and the Customs Agency is asked with examining the mining lists.

The Inspector General for Mines and Geology and the Customs Agency, in collaboration with the competent technical services, particularly the MPCD, the National Mining Authority, the National Geological Authority, the Bureau d'Études et de Stratégie, as well as all other competent departments are asked with the follow up of the mining list. They are responsible for following up with respect to the material, mining machines or any other products imported by the mining companies during the Exploration Phase.

<u>Article 167:</u> Classification of Goods Included in the Mining List

The import of holders of a Mining Permit are classified into three categories:

First category: equipment, material, heavy machinery, engines and vehicles appearing on the register of fixed assets of the companies concerned, excluding passenger vehicles;

Second category: consumables intended for the extraction and concentration of crude mine substances, including heavy fuel oil excluding petrol, ordinary lubricants and other petroleum products;

Troisième catégorie : les consommables destinés à la transformation sur place des substances minières en produits semi-finis ou finis, y compris le fioul lourd et les lubrifiants spécifiques, à l'exclusion des carburants, lubrifiants courants et autres produits pétroliers.

## CHAPITRE V : DEFINITION DES PHASES D'ACTIVITES

Article 168 : Définition des phases d'activités

Les avantages fiscaux et douaniers dont bénéficient les titulaires de Titres miniers sont propres à chaque Titre minier et varient en fonction de la phase d'activité. Ces phases sont :

- la phase de recherche ;
- la phase de construction ;
- la phase d'exploitation, qui est réputée commencer à compter de la Date de la première production commerciale.

Chaque phase est réputée se terminer lorsque commence la phase suivante, et ce même si des activités liées à la phase précédente se poursuivent. Le titulaire d'un Titre minier ne peut donc cumuler à un instant donné, pour un même titre, le bénéfice de régimes fiscaux et douaniers ouvert à des phases différentes.

Ces avantages fiscaux et douaniers sont définis au présent titre.

En ce qui concerne les produits pétroliers, les achats des titulaires de Titres miniers ne bénéficient d'aucune exonération. Toutefois, les importations de fioul lourd destiné à l'extraction et à la concentration des substances minières brutes et à la transformation sur place des substances minières en produits semi-finis ou finis sont exonérées de TVA et de droits de douanes à l'exclusion de la redevance sur le traitement des liquidations, conformément aux dispositions des articles 171, 171-I, 173, 174, 176, 179 et 180 du présent Code, sous réserve que ce fioul lourd figure sur les listes minières, pour la phase de recherche, pour la phase de construction de la mine et pour la phase d'exploitation de la mine, définies à l'article 166 du présent Code respectivement, déposées préalablement au commencement de chacune de ses phases.

Third category: consumables intended for onsite processing of mine substances into semifinished or finished products, including heavy fuel oil and specific lubricants, excluding petrol, ordinary lubricants and other petroleum products.

## CHAPTER V: DEFINITION OF PHASES OF ACTIVITY

Article 168: Definition of Phases of Activity

The tax and customs benefits enjoyed by the holders of Mining Permits are specific to each Mining Title and vary depending on the phase of activity. These phases are:

- the Exploration Phase;
- the construction phase;
- the Operating Phase, which is deemed to begin as of the Date of First Commercial Production.

Each phase is deemed to end when the subsequent phase commences, even if there are activities relating to the previous phase that are continuing. The holder of a Mining Permit may therefore not combine at a given time, for the same item, the benefits of the tax and customs regimes available for various phases.

These tax and customs advantages are set forth in this title.

With respect to petroleum products, purchases by holders of Mining Permits do not enjoy any exemption. However, imports of heavy fuel oil intended for extraction and concentration of raw mineral substances and on-site processing of mineral substances into semifinished or finished products are exempt from VAT and customs duties excluding the administrative processing fee, in accordance with the provisions of Articles 171, 171-I, 173, 174, 176, 179 and 180 of this Code, on condition that this heavy fuel oil is included in the mining lists, for the Exploration Phase and the construction phase of the mine and for the Operating Phase of the mine, defined respectively in Article 166 of this Code, filed in advance at the beginning of each one of its phases.

## CHAPITRE VI ; DISPOSITIONS FISCALES APPLICABLES A TOUTES LES PHASES D'ACTIVITES

Article 169 : Régime d'imposition des salariés employés par les titulaires d'un titre minier

Les salariés, y compris les expatriés, employés par les titulaires d'un Titre Minier ou d'une Autorisation sont soumis à l'impôt sur le revenu en Guinée conformément aux dispositions des articles 61 à 70 du Code Général des Impôts.

Article 170 : Retenue à la source sur les revenus non salariaux et effets personnels du personnel expatrié

Article 170-I : Retenue à la source sur les revenus non salariaux

Sous réserve de dispositions contraires des conventions fiscales dûment ratifiées, les titulaires d'un Titre Minier sont tenus de procéder à une retenue à la source, libératoire de tout autre impôt sur les revenus, faite sur les sommes payées en contrepartie des prestations de toute nature délivrées par des entreprises ou personnes non établies en Guinée et qui sont fournies ou utilisées en Guinée.

Cette retenue, dont le taux est fixé par l'article 198 du Code Général des Impôts, doit être prélevée par le bénéficiaire du service et reversée au Trésor Public au plus tard le 15 du mois suivant celui au cours duquel la retenue a été opérée. Elle n'est pas déductible de l'impôt sur les bénéfices.

Article 170-II : Effets personnels du personnel expatrié

Les effets personnels importés par les employés expatriés des titulaires d'un Titre minier sont exonérés de droits de douanes.

On entend par effets personnels, les effets à usage domestique et n'ayant aucun caractère commercial, dans la mesure où ils sont importés en quantité raisonnable.

## CHAPTER VI: TAX PROVISIONS APPLICABLE TO ALL PHASES OF ACTIVITY

Article 169: Tax Regime for salaried Employees of Holders of a Mining Permit

Salaried employees, including expatriates, employed by holders of a Mining Permit or Authorisation are subject to income tax in Guinea in accordance with the provisions of Articles 61 to 70 of the General Tax Code.

Article 170: Withholding on Non-Salary Revenue and Personal Belongings of Expatriate Employees

Article 170-I: Withholding on non-salary revenue

Except where otherwise provided in the provisions of duly ratified tax agreements, holders of a Mining Permit must apply a withholding, which discharges the obligation to pay any other tax on income, on sums paid in exchange for services of any nature provided by companies or persons not established in Guinea and which are supplied or used in Guinea.

This withholding, the rate of which is fixed by Article 198 of the General Tax Code, must be taken by the beneficiary of the service and remitted to the Public Treasury no later than 15 months from the month in which the deduction was made. It is not deductible from the income taxes.

Article 170-II: Personal belongings of expatriate employees

The personal effects imported by expatriate employees of holders of a Mining Permit are exempt from customs duties.

Personal effects are understood to be goods for domestic use with no commercial character, in so far as they are imported in reasonable quantities.

## CHAPITRE VII : AVANTAGES FISCAUX ET DOUANIERS EN PHASE DE RECHERCHE

Article 171 : Dispositif d'exonération durant la phase de recherche

Article 171-I : Exonérations fiscales en phase de recherche

Les titulaires d'un Permis de recherche bénéficient pendant toute la durée de la phase de recherche, de l'exonération de :

- la Taxe sur la Valeur Ajoutée (TVA) sur les importations des équipements, matériels, machines et consommables visés par la liste minière soumise, avant le démarrage de la phase de recherche, sous réserve que cette liste minière ait été agréée conformément aux dispositions de l'article 166 du présent code. Toutefois, ne sont pas exonérés de TVA les importations de biens qui sont exclus du droit à déduction en application des dispositions du Code Général des impôts, quand bien même ces biens figureraient sur la liste minière dûment agréée.
- l'Impôt Minimum Forfaitaire (IMF) ;
- la contribution des patentes ;
- la contribution à la formation professionnelle ;
- la Contribution Foncière Unique (CFU) ;
- la taxe d'apprentissage.

Le bénéfice du dispositif d'exonération est subordonné au dépôt, avant le démarrage de la phase de recherche, d'une liste minière pour la phase de recherche, conformément aux dispositions de l'article 166 du présent Code.

L'ensemble des autres dispositions du Code Général des Impôts s'applique de plein droit.

Les carburants, lubrifiants et autres produits pétroliers importés bénéficient du remboursement de la TVA, dans les limites des quotas annuels fixés par le Ministre en charge du Budget.

La durée de ces exonérations est limitée à la durée de la phase de recherche.

## CHAPTER VII: TAX AND CUSTOMS BENEFITS DURING THE EXPLORATION PHASE

Article 171: Regime for Exemption During the Exploration Phase

Article 171-I: Tax exemptions in the Exploration Phase

Holders of Exploration Permits are entitled throughout the period of exploration, to an exemption from:

- TVA or Value Added Tax (VAT) on imports of equipment, materials, machines and consumables indicated in the mining list submitted, before the beginning of the Exploration Phase, on condition that such mining list has been approved in compliance with provisions of Article 166 of this code. However, imports of goods which are excluded from the right of deduction pursuant to the provisions of the General Tax Code are not exempt from VAT, even when these goods were included in the duly approved mining list.
- Annual Minimum Tax (IMF);
- business license fee;
- Contribution to vocational training;
- Single Land Tax (CFU);
- Apprenticeship tax.

The advantage bestowed by the regime for exemption is subject to the filing, before the start of the Exploration Phase, of a mining list for the Exploration Phase, in compliance with the provisions of Article 166 of this Code.

All other provisions of the General Tax Code apply with full effect.

Petrol, lubricants and other imported petroleum products are entitled to a VAT reimbursement, within the limits of annual quotas fixed by the Minister in charge of the Budget.

The duration of these exemptions is limited to the duration of the Exploration Phase.

Article 171-II : Droits de douane

Les titulaires d'un Permis de recherche bénéficient du régime de l'Admission Temporaire pour l'importation des équipements, matériels, machines, matières premières et consommables visés dans la liste minière relative à la phase de recherche.

L'Admission Temporaire de ces biens n'est admise que si ladite liste minière a été déposée, avant le démarrage de la phase de recherche, et a été dûment agréée conformément aux dispositions de l'article 166 du présent code.

Toutefois, les matériaux et pièces de rechange des véhicules utilitaires, nécessaires au fonctionnement des matériels et équipements professionnels figurant sur la liste minière ne bénéficient pas de l'exonération :

- de la Redevance de Traitement des Liquidations ;
- de la Taxe d'Enregistrement ;
- du Prélèvement Communautaire (PC) ;
- des Centimes Additionnels.

Les titulaires d'un Permis de recherche sont tenus de fournir au CPDM, à la DNM et au service des Douanes dans le premier trimestre de chaque année un état des biens ayant bénéficié de l'Admission Temporaire.

Lorsque la construction de la mine commence, et nonobstant la continuation de toute activité de recherche, la phase de recherche est réputée terminée.

Lorsque la phase de recherche est réputée terminée, les biens ayant bénéficié du régime de l'Admission Temporaire sortent du régime de l'Admission Temporaire et doivent :

- soit être réexportés par le titulaire du Permis de recherche ;
- soit être conservés ou revendus en République de Guinée par le titulaire du Permis de recherche. Dans cette hypothèse, le titulaire du Permis de recherche est redevable de tous les droits et taxes liquidés par le service des Douanes sur la base d'une évaluation qui tient compte de la dépréciation

Article 171-II: Customs duties

Holders of an Exploration Permit are eligible for the Temporary Admission regime for the importation of equipment, material, machines, raw materials and consumables indicated in the mining list relating to the Exploration Phase.

The Temporary Admission of these goods is only permitted if the said mining list has been filed, before the start of the Exploration Phase, and has been duly approved in accordance with the provisions of Article 166 of this code.

However, materials and spare parts for utility vehicles, necessary for the functioning of professional materials and equipment included in the mining list are not eligible for the exemption:

- from the Administrative Processing Fee;
- from the Registration Tax;
- from the Community Tax (PC);
- from the Additional Surcharges.

Holders of an Exploration Permit must supply to the MPCD, the DNM and to the Customs services in the first quarter of each year an inventory of goods having benefited from the Temporary Admission.

When the construction of the mine begins, and notwithstanding the continuation of any exploration, activity, the Exploration Phase is deemed terminated.

When the Exploration Phase is deemed terminated, the goods which benefited from the Temporary Admission regime exit from the Temporary Admission Regime and must:

- either be re-exported by the holder of the Exploration Permit;
- or be kept or resold in the Republic of Guinea by the holder of the Exploration Permit. In this case, the holder of an Exploration Permit is liable for all duties and taxes charged by the Customs service on the basis of an evaluation taking into account the depreciation that has occurred

intervenue jusqu'au jour de la sortie du régime de l'admission temporaire.

Toutefois, lorsque lesdits biens figurent sur la liste minière déposée par le titulaire du Titre minier pour sa phase de construction, ce dernier peut demander au service des Douanes compétent à ce que l'Admission Temporaire de ces biens soit prorogée jusqu'à la fin de sa phase de construction.

Article 172 : Obligations déclaratives

Nonobstant les exonérations prévues par le présent Chapitre, les titulaires d'un Permis de recherche sont soumis aux obligations déclaratives de droit commun prévues aux dispositions des articles 108, 238, 239, 241 du Code Général des Impôts ainsi qu'aux obligations déclaratives de droit commun prévues au Code des Douanes.

## CHAPITRE VIII : AVANTAGES FISCAUX ET DOUANIERS EN PHASE DE CONSTRUCTION DE LA MINE

Article 173 : Exonération de la TVA et des autres impôts

Les titulaires d'un Titre d'exploitation minière bénéficient pendant toute la durée de la phase de construction de l'exonération de :

- la Taxe sur la Valeur Ajoutée (TVA) sur les importations des équipements, matériels, machines, matières premières et consommables visés par la liste minière soumise, avant le démarrage de la phase de construction, sous réserve que cette liste minière ait été agréée conformément aux dispositions de l'article 166 du présent code. Toutefois, ne sont pas exonérés de TVA les importations de biens qui sont exclus du droit à déduction en application des dispositions du Code Général des Impôts, quand bien même ces biens figureraient sur la liste minière dûment agréée, à l'exception du fuel lourd.
- l'Impôt Minimum Forfaitaire (IMF) ;
- la contribution des patentes ;
- la contribution à la formation professionnelle ;

until the date of exit from the temporary admission regime.

Nevertheless, when the said goods are included on the mining list filed by the holder of the Mining Permit for its construction phase, the latter can request from the competent Customs service that the Temporary Admission of these goods be extended to the end of its construction phase.

Article 172: Reporting Obligations

Notwithstanding the exemptions provided in this Chapter, the holders of an Exploration Permits are subject to the reporting obligations under general law pursuant to the provisions of Articles 108, 238, 239 and 241 of the General Tax Code as well as the reporting obligations under common law provided in the Customs Code.

## CHAPTER VIII: TAX AND CUSTOMS BENEFITS DURING THE CONSTRUCTION PHASE OF THE MINE

Article 173: Exemption from VAT and other Taxes

Throughout the construction phase of the mine, the holders of a Mining Operation Permit are exempt from:

- Value Added Tax (VAT) on imports of equipment, material, machines, raw materials and consumables indicated in the mining list submitted, before the beginning of the construction phase, on condition that this mining list has been approved in accordance with the provisions of Article 166 of this code. However, imports of goods which are excluded from the right of deduction pursuant to the provisions of the General Tax Code are not exempt from VAT, even when these goods were included in the duly approved mining list, except for heavy fuel oil.
- Annual Minimum Tax (IMF);
- business license fee;
- Contribution to vocational training;

- la Contribution Foncière Unique (CFU) ;
- la taxe d'apprentissage

Le bénéfice du dispositif d'exonération est subordonné au dépôt, avant le démarrage de la phase de construction, d'une liste minière pour la phase de construction de la mine, conformément aux dispositions de l'article 166 du présent Code.

L'ensemble des autres dispositions du Code Général des Impôts s'applique de plein droit.

Les carburants, lubrifiants et autres produits pétroliers importés bénéficient du remboursement de la TVA, dans les limites des quotas annuels fixés par le Ministre en charge du Budget.

La durée de ces exonérations est limitée à la durée de la phase de construction. La phase de construction prend fin à la Date de la première production commerciale. La fin de la phase de construction marque le début de la phase d'exploitation et ce nonobstant la continuation de toute activité de construction.

Article 174 : Exonération des droits de douane et obligations déclaratives

Article 174-I : Exonération des droits de douane

Pendant la phase de construction de la mine, les titulaires d'un Titre d'exploitation minière bénéficient du régime de l'Admission Temporaire pour l'importation des biens visés à la première catégorie de leur liste minière, telle que définie par l'article 167 du présent Code, c'est-à-dire pour la liste des biens figurant sur le registre des immobilisations du titulaire du titre minier.

L'Admission Temporaire de ces biens n'est admise que si ladite liste minière a été déposée, avant le démarrage de la phase de construction, et a été dûment agréée conformément aux dispositions de l'article 166 du présent Code.

Toutefois, les matériaux et pièces de rechange des biens figurant sur la première catégorie de la liste minière ne bénéficient pas de l'exonération :

- Single Land Tax (CFU);
- Apprenticeship tax.

The benefits enjoyed the exemption regime is subject to the filing, before the start of the construction phase, of a mining list for the construction phase, in compliance with the provisions of Article 166 of this Code.

All other provisions of the General Tax Code apply with full force and effect.

Petrol, lubricants and other imported petroleum products are entitled to a VAT reimbursement, within the limits of annual quotas fixed by the Minister in charge of the Budget.

The duration of these exemptions is limited to the duration of the construction phase. The construction phase ends on the Date of First Commercial Production. The end of the construction phase marks the beginning of the mining Operating Phase, notwithstanding the continuation of any construction activity.

Article 174: Exemption from Customs Duties and Reporting Obligations

Article 174-I: Exemption from customs duties

During the construction phase of the mine, holders of a Mining Operation Permit are eligible for the Temporary Admission Regime for the import of goods indicated in the first category of their mining list, as defined in Article 167 of this Code, i.e. for the list of goods appearing in the register of fixed assets of the holder of the mining permit.

The Temporary Admission of these goods is only permitted if the said mining list was filed before the start of the construction phase, and was duly approved in compliance with the provisions of Article 166 of this Code.

However, material and spare parts for goods indicated in the first category of their mining list are not eligible for the exemption:

- de la Redevance de Traitement des Liquidations ;
- de la Taxe d'Enregistrement ;
- du Prélèvement Communautaire (PC) ;
- des Centimes Additionnels.

Les titulaires d'un Titre d'exploitation minière sont tenus de fournir au CPDM, à la DNM et au service des Douanes dans le premier trimestre de chaque année un état des biens ayant bénéficié de l'admission temporaire.

Lorsque la phase d'exploitation de la mine commence, et nonobstant la continuation de toute activité de construction, la phase de construction est réputée terminée.

Lorsque la phase de construction est réputée terminée, les biens ayant bénéficié du régime de l'Admission Temporaire sortent du régime de l'Admission Temporaire et doivent :

- soit être réexportés par le titulaire du Titre d'exploitation minière ;
- soit être revendus en République de Guinée par le titulaire du Titre d'exploitation minière. En cas de revente en République de Guinée, le titulaire du permis d'exploitation industrielle et semi-industrielle ou de la concession minière est redevable de tous les droits et taxes liquidés par le service des Douanes sur la base d'une évaluation qui tient compte de la dépréciation intervenue jusqu'au jour de la sortie du régime de l'Admission Temporaire. Le taux des droits de douane applicable est le taux de droit commun ;
- soit être conservés par le titulaire du permis d'exploitation industrielle et semi-industrielle ou de la concession minière. Dans cette hypothèse, le titulaire du permis d'exploitation industrielle et semi-industrielle ou de la concession minière est redevable de tous les droits et taxes liquidés par le service des Douanes sur la base d'une évaluation qui tient compte de la dépréciation intervenue jusqu'au jour de la sortie du régime de l'admission temporaire. Le taux des droits de douane applicable est le taux de droit commun. Toutefois, si lesdits biens

- from the Administrative Processing Fee;
- from the Registration Tax;
- from the Community Tax (PC);
- from the Additional Surcharges.

Holders of a Mining Operation Permit must supply to the MPCD, the DNM and to the Customs services in the first quarter of each year an inventory of goods having benefited from the temporary admission.

When the mining Operating Phase begins, and notwithstanding the continuation of any construction activity, the construction phase is deemed terminated.

When the construction phase is deemed terminated, the goods which benefited from the Temporary Admission regime exit the Temporary Admission Regime and must:

- either be re-exported by the holder of the Mining Operation Permit;
- or be resold in the Republic of Guinea by the holder of the Mining Operation Permit. In the case of resale in the Republic of Guinea, the holder of an industrial and semi-industrial mining operation title or a mining concession is liable for all duties and taxes charged by the Customs service on the basis of an evaluation taking into account the depreciation that has occurred until the date of exit from the Temporary Admission regime. The applicable rate of customs duties is the rate under general law.
- or be kept by the holder of the industrial and semi-industrial mining operations permit or mining concession. In this instance, the holder of the industrial and semi-industrial mining operations permit or mining concession is liable for all duties and taxes charged by the Customs service on the basis of evaluation taking into account the depreciation that has occurred until the day of exiting the Temporary Admission Regime. The applicable rate of customs duties is the rate under general law. However, if the said goods are included in the mining list filed

figurent sur la liste minière déposée par le titulaire du titre minier pour sa phase d'exploitation et sont conservés par ce dernier pendant toute la durée de sa phase d'exploitation, ils sont alors soumis aux taux réduit de droits de douane prévus aux articles 179 ou 180 du présent Code, selon qu'il s'agit d'équipements de transformation sur place ou d'extraction.

by the holder of the mining permit for its mining Operating Phase and are held by the latter for the entire duration of its mining operating phase, they are then subject to the reduced rate of customs duties provided in Articles 179 or 180 of this Code, depending on whether they are for local processing or extraction equipment.

Article 174-II : Obligations déclaratives

Nonobstant les exonérations prévues par le présent Chapitre, les titulaires d'un Titre d'exploitation minière sont soumis aux obligations déclaratives de droit commun prévues aux dispositions des articles 108, 238, 239, 241 du Code Général des Impôts ainsi qu'aux obligations déclaratives de droit commun prévues au Code des Douanes.

Article 174-II: Reporting obligations

Notwithstanding the exemptions provided in this Chapter, the holders of a Mining Operation Permit are subject to the reporting obligations under common law set forth in the provisions of Articles 108, 238, 239 and 241 of the General Tax Code as well as to the reporting obligations under common law provided in the Customs Code.

## CHAPITRE IX : AVANTAGES FISCAUX ET DOUANIERS EN PHASE D'EXPLOITATION

## CHAPTER IX: TAX AND CUSTOMS BENEFITS DURING THE OPERATING PHASE

Article 175 : Exonérations

Les titulaires d'un Titre d'exploitation minière qui entrent en phase d'exploitation, bénéficient pendant trois (3) ans à compter de la Date de la première production commerciale, de l'exonération :

- de l'Impôt Minimum Forfaitaire (IMF);
- de la Contribution Foncière Unique au taux de 10%.

Les installations minières sont les immobilisations permettant l'extraction et la transformation des substances minérales. Un texte d'application définira les modalités d'application de la Contribution Foncière Unique, au-delà du délai de 3 ans mentionné dans le présent article.

Article 175: Exemptions

Holders of a Mining Operation Permit who enter into the Operating Phase are eligible for three (3) years from the Date of First Commercial Production, to exemption from:

- the Annual Minimum Tax (IMF);
- the 10% Single Land Tax.

Mining installations are fixed assets enabling the extraction and processing of mineral substances. Implementing regulations will specify the terms and conditions for levying the Single Land Tax beyond the 3-year period mentioned in this Article.

Article 176 : Imposition sur les bénéfices et autres impôts

En phase d'exploitation, les titulaires d'un Titre d'exploitation minière sont soumis, selon les règles de droit commun, à tous les impôts autres que ceux pour lesquels ils bénéficient de l'exonération prévue à l'article 175 du présent code, et notamment mais pas exclusivement :

Article 176: Taxation on Profits and other Taxes

During the Operating Phase, holders of a Mining Operation Permit are liable, under common law rules, for all taxes other than those for which they are eligible for an exemption under Article 175 of this Code, including but not limited to:

- à la Taxe sur la Valeur Ajoutée (TVA) à l'exclusion de la TVA à l'importation des biens d'équipement figurant sur la liste minière visés par la première catégorie prévue à l'article 167 du présent Code ;
- à l'impôt sur les Bénéfices Industriels et Commerciaux et de l'Impôt sur les Sociétés au taux de 30% ;
- à l'Impôt sur le Revenu des Valeurs Mobilières (IRVM) au taux de 10%;
- aux droits d'enregistrement sur les actes portant création de la société, augmentation de capital par apports nouveaux, apports en capital, incorporation de bénéfice ou de réserve, ou fusion ;
- au versement forfaitaire sur les salaires ;
- à la retenue à la source sur les revenus non salariaux (RNS) ;
- à la retenue à la source des impôts sur les salaires ;
- à la taxe unique sur les véhicules à l'exception des véhicules et engins de chantier au taux en vigueur ;
- à la contribution à la formation professionnelle ou à la taxe d'apprentissage, selon le cas ;
- à la Contribution au Développement Local, visée à l'article 130 du présent Code ;
- aux droits fixes et redevances annuelles visés à l'article 159-A du présent Code ;
- aux redevances superficiaires visées à l'article 160 ;
- à la taxe sur l'extraction des Substances minières autres que les Métaux précieux visée à l'article 161 du présent Code ;
- à la taxe sur la production industrielle ou semi-industrielle des Métaux précieux visée à l'article 161-A du présent Code ;
- à la taxe à l'exportation sur les Substances minières autres que les Métaux précieux visée à l'article 163 du présent Code ;

- Value Added Tax (VAT), excluding VAT on the import of equipment included in the mining list in the first category as set forth in Article 167 of this Code;
- Tax on Industrial and Commercial Profits or Corporate Tax at a rate of 30%;
- Taxes on Income derived from investments at a rate of 10%;
- registration dues on deeds relating to company formation, increasing its share capital through new capital contributions, capital contributions, the capitalization of profits or reserves, or merger;
- lump sum payments on salaries;
- withholding on non-salary income;
- withholding on salaries;
- single automobile tax with the exception of industrial vehicles and equipment at the rate in effect;
- contributions to vocational training or apprenticeship tax, as the case may be;
- Contributions to Local Development, set out in Article 130 of this Code;
- fixed fees and annual royalties set out in Article 159-A of this Code;
- surface royalties set out in Article 160;
- tax on the extraction of Mineral Substances other than Precious Metals set out in Article 161 of this Code;
- tax on the industrial or semi-industrial production of Precious Metals set out in Article 161-I of this Code;
- the export tax on Mineral Substances other than the Precious Metals set out in Article 163 of this Code;

- à la taxe à l'exportation sur les Pierres précieuses et Pierres Gemmes visée à l'article 163-B du présent Code.

Les carburants, lubrifiants et autres produits pétroliers importés sont imposés conformément au droit commun. Ils bénéficient toutefois du remboursement de la TVA dans les limites des quotas accordés par le Ministre en charge du Budget.

Toutefois, les importations de fioul lourd destiné à l'extraction et à la concentration des substances minières brutes et à la transformation sur place des substances minières en produits semi-finis ou finis sont exonérées de TVA sous réserve que ce fioul lourd figure sur la liste minière pour la phase d'exploitation de la mine, définie à l'article 166 du présent Code, déposée préalablement au commencement de cette phase d'exploitation.

En outre les titulaires d'un Titre d'exploitation minière sont assujettis au paiement des taxes et redevances environnementales sur les établissements classés, conformément aux dispositions du Code de l'Environnement et de ses textes d'application.

Article 177 : Des charges déductibles des bénéfices

Pendant la phase d'exploitation, les dépenses suivantes effectuées par les titulaires d'un Titre d'exploitation minière dans le but de générer un revenu, sont considérées comme des charges déductibles du bénéfice imposable pour le calcul de l'impôt sur les Bénéfices Industriels et Commerciaux et de l'Impôt sur les Sociétés :

- les frais généraux de toute nature, les dépenses de personnel et de main d'œuvre, le loyer des immeubles dont l'entreprise est locataire, les dépenses de réparation et d'entretien des locaux professionnels et du matériel, à l'exclusion des dépenses d'extension ou de transformation ;
- la taxe sur l'extraction des Substances minières autres que les Métaux précieux visée à l'article 161 du présent Code ;

- export tax on Precious Stones and Gemstones set out by Article 163-II of this Code.

Imported fuels, lubricants and other petroleum products are taxed in accordance with common law. However, they are eligible for VAT reimbursement within the limits of quotas agreed by the Minister in charge of the Budget.

However, the import of heavy fuel oil for on-site extraction and concentration of crude mine substances and for the on-site processing of mine substances into semi-finished or finished products is exempt from VAT on condition that this heavy fuel oil is included in the mining list for the Operating Phase of the mine defined in Article 166 of this Code, filed prior to the start of such Operating Phase.

In addition, the holders of a Mining Operation Permit are subject to payment of environmental taxes and royalties on classified establishments, in accordance with the Environmental Code and its implementing regulations.

Article 177: Expenses Deductible from Profits

During the Operating Phase, all of the following expenses incurred by holders of a Mining Operation Permit with the intention of generating revenue, are considered as expenses which are deductible from taxable profits for the calculation of tax on Industrial and Commercial Profits and Corporate Income Tax:

- overhead of any kind, staff and labour costs, lease rents where the company is the lessee, expenses for repairs and maintenance of professional premises and equipment, excluding expenditures for expansion or processing;
- tax on the extraction of Mine Substances other than Precious Metals set out in Article 161 of this Code;

- la taxe sur la production industrielle ou semi-industrielle des Métaux précieux visée à l'article 161-A du présent Code ;
- la taxe à l'exportation sur les Substances minières autres que les Métaux précieux visée à l'article 163 du présent Code ;
- la taxe à l'exportation sur les Pierres précieuses et Pierres Gemmes visée à l'article 163-B du présent Code.
- les frais financiers dès lors qu'ils répondent aux conditions générales de déduction des charges de l'entreprise et que les taux d'intérêt sont ceux en usage au moment où les emprunts sont contractés, dans les limites fixées par le Code Général des Impôts ;
- les déficits des années antérieures conformément aux dispositions du Code Général des Impôts ;
- les amortissements réellement effectués par l'entreprise. Les titulaires d'un Titre d'exploitation minière sont autorisés à pratiquer des amortissements dégressifs conformément aux dispositions du Code Général des Impôts ;
- la part annuelle versée dans le Compte fiduciaire de réhabilitation des sites miniers prévu à l'article 144 du présent Code ;
- la Provision pour Reconstitution de Gisements prévue à l'article 178 du présent Code ;
- la Contribution au Développement Local prévue à l'article 130 du présent Code ;
- les pertes de change enregistrées à la suite de fluctuations du cours des changes selon les modalités définies dans le Code Général des Impôts.

Ces charges sont déductibles du bénéfice imposable pour le calcul de l'impôt sur les Bénéfices Industriels et Commerciaux et de l'Impôt sur les Sociétés sous réserve qu'elles remplissent les conditions de déductibilité des charges fixées à l'article 93 du Code Général des Impôts.

- tax on the industrial or semi-industrial production of Precious Metals set out in Article 161-A of this Code;
- export tax on Mine Substances other than Precious Metals set out in Article 163 of this Code;
- export tax on Precious Stones and Gemstones set out in Article 163-B of this Code.
- Financial expenses provided they meet the general conditions for deducting company expenses and that the interest rates are those which applied when the loans were contracted, within the limits set by the General Tax Code;
- losses from previous years in accordance with the General Tax Code;
- amortisations actually incurred by the company. Holders of a Mining Operation Permits are authorised to carry out declining balance amortisation in accordance with the provisions of the General Tax Code;
- the annual share transferred to the trust account for the rehabilitation of mining sites provided in Article 144 of this Code;
- provision for the Rehabilitation of Deposits set out in Article 178 of this Code;
- the Contribution to Local Development provided in Article 130 of this Code;
- losses recorded on exchange rates as a result of price fluctuations of exchange rates pursuant to the terms defined in the General Tax Code.

These charges are deductible from the taxable profit for the calculation of tax on Industrial and Commercial Profit and of Corporate Tax, on condition they meet the conditions for deducting expenses as specified in Article 93 of the General Tax Code.

Article 178 : Provision pour Reconstitution de Gisement et droits de douane pendant la phase d'exploitation

Article 178-I : Provision pour Reconstitution de Gisement

Une provision pour reconstitution de Gisement d'un montant maximum de dix pour cent (10%) du bénéfice imposable peut être constituée, en phase d'exploitation, par les titulaires d'un Titre d'exploitation minière à la fin de chaque exercice.

En cas d'exercice déficitaire, la provision sera calculée sur la base de zéro virgule cinq pour cent (0,5%) de la valeur des produits marchands exploités par l'entreprise.

La provision ainsi constituée est déductible du bénéfice imposable pour le calcul de l'impôt sur les Bénéfices Industriels et Commerciaux et de l'Impôt sur les Sociétés.

Cette provision doit faire l'objet d'une inscription comptable distincte permettant d'identifier l'année de constitution de la provision. Elle devra être employée dans les deux ans de sa constitution pour l'achat d'immobilisations destinées à la recherche et l'extraction de Substance minières ou à la transformation sur place des Substances minières en produits finis et semi-finis sur le territoire de la Guinée.

La provision ainsi employée n'a pas à être réintégrée dans le bénéfice imposable pour le calcul de l'impôt sur les Bénéfices Industriels et Commerciaux et de l'Impôt sur les Sociétés, sous réserve que les immobilisations ainsi acquises ne soient pas revendues dans les trois (3) années qui suivent leur date d'acquisition. Toutefois, la valeur des immobilisations ainsi acquises sera réduite du montant de la provision utilisée pour financer leur acquisition pour calculer leur base d'amortissement.

La partie de la provision qui n'aurait pas été utilisée dans les deux ans de sa constitution doit être rapportée aux résultats du troisième exercice qui suit celui au titre duquel elle a été constituée. D'autre part, la provision qui aurait été utilisée pour procéder à des achats autres que des achats d'immobilisations visées au paragraphe 4 du présent article doit être immédiatement réintégrée dans le bénéfice imposable.

Article 178: Provision for the Rehabilitation of Deposits and Customs Duties During the Operating Phase

Article 178-I: Reserve for the Rehabilitation of a Deposit

A reserve for the Rehabilitation of Deposits up to a maximum amount of ten per cent (10%) of the taxable profit may be established during the operations phase by holders of a Mining Operation Permit at the end of each financial year.

In a fiscal year ending in losses, the reserve will be calculated on the basis of zero point five per cent (0.5%) of the value of the marketable products developed by the company.

The reserve thus established is deductible from the taxable profit for the calculation of the tax on Industrial and Commercial Profits and Corporate Tax.

This reserve must be recorded separately in accounts allowing for the identification of the year during which the reserve was established. It should be used within two years of being established for the purchase of fixed assets to be used in the exploration, and extraction of Mineral Substances or for the on-site processing of Mineral Substances into semi-finished or finished products in the territory of Guinea.

The reserves thus used is not to be reintegrated into the taxable profit for the calculation of tax on Industrial or Commercial Profits and Corporate Tax, on condition that the fixed assets thus acquired are not resold within the three (3) years following their date of acquisition. However, the value of the fixed assets thus acquired will be reduced by the amount of the reserve used to finance the acquisition for the purpose of calculating the basis for their amortization.

The part of the reserve which has not been used within two years of its establishment must be reported in the figures of the third financial year following that within which it was established. In addition, the reserve which has been used to effect purchases other than the purchases of fixed assets set out in paragraph 4 of this Article must immediately be integrated into the taxable profit.

Article 178-II : Des droits de douane en phase d'exploitation

Pendant la phase d'exploitation de la mine, les titulaires d'un Titre d'exploitation minière sont redevables des droits de douanes à l'importation dans les conditions de droit commun à l'exception des importations de biens figurant sur leur liste minière pour la phase d'exploitation de la mine qui bénéficient des taux préférentiels visés aux articles 179 et 180 du présent Code.

Les titulaires d'un Titre d'exploitation minière sont notamment soumis :

- à la Redevance de Traitement des Liquidations ;
- à la Taxe d'Enregistrement ;
- au Prélèvement Communautaire (PC) ;
- aux Centimes Additionnels.

Article 179 : Des droits de douane pour équipements de transformation sur place

Les titulaires d'un Titre d'exploitation minière acquittent, pendant la phase d'exploitation, les droits de douane au taux unique de cinq pour cent (5%) :

- pour l'importation des biens visés à la première catégorie de leur liste minière, telle que définie par l'article 167 du présent Code, c'est-à-dire pour la liste des biens figurant sur le registre des immobilisations des titulaires ou bénéficiaires, dès lors qu'ils sont destinés à la transformation sur place des substances minières en produits finis et semi-finis ;
- pour l'importation des biens visés à la troisième catégorie de leur liste minière, telle que définie par l'article 167 du présent Code, c'est-à-dire pour les consommables destinés à la transformation sur place des substances minières en produits finis et semi-finis, à l'exclusion des carburants, lubrifiants et autres produits pétroliers.

Le bénéfice du taux unique de droits de douane de cinq pour cent (5%) est subordonné au dépôt, préalablement à la phase d'exploitation, d'une liste minière pour la phase d'exploitation de la mine, conformément aux dispositions de l'article 166 du présent Code.

Article 178-II: Customs duties in the Operating Phase

During the Operating Phase of the mine, the holders of a Mining Operation Permit are liable for customs duties on imports under general law conditions, with the exception of the importation of goods included in the mining list for the Operating Phase of the mine, which is eligible for privileged rates as indicated in Articles 179 and 180 of this Code.

The holders of a Mining Operation Permit are notably liable for:

- the Administrative Processing Fee;
- the Registration Tax;
- the Community Tax (PC);
- the Additional Surcharges.

Article 179: Customs Duties for Onsite Processing Equipment

The holders of a Mining Operation Permit will pay, during the Operating Phase, customs duties at a flat rate of five per cent (5%):

- for the importation of goods indicated in the first category of their mining list, as defined in Article 167 of this Code, i.e. the list of goods included on the register of fixed assets belonging to titleholders or beneficiaries, as soon as they are assigned for local processing of mineral substances into finished and semi-finished products;
- for the importation of goods indicated in the third category of their mining list, as defined by Article 167 of this Code, i.e. consumables intended for the local processing of mine substances into finished or semi-finished products, with the exclusion of fuels, lubricants and other petroleum products.

The eligibility of a flat rate customs duty of five per cent (5%) is subject to the filing, prior to the Operating Phase, of a mining list for the Operating Phase of the mine, in compliance with the provisions of Article 166 of this Code.

Toutefois, par exception au premier paragraphe du présent article, les importations de fioul lourd destiné à la transformation sur place des substances minières en produits semi-finis ou finis sont exonérées de droits de douane sous réserve que ce fioul lourd figure sur la liste minière pour la phase d'exploitation de la mine définie à l'article 166 du présent Code déposée préalablement au commencement de la phase d'exploitation.

However, with the exception of the first paragraph of this Article, the import of heavy fuel oil for on-site processing of mineral substances into semi-finished or finished products is exempt from customs duties on condition that the heavy fuel oil is included in the mining list for the Operating Phase of the mine defined in Article 166 of this Code filed prior to the start of the Operating Phase.

<u>Article 180 :</u> Des droits de douane pour les équipements d'extraction

<u>Article 180:</u> Customs Duties for Extraction Equipment

Les titulaires d'un Titre d'exploitation minière acquittent, pendant la phase d'exploitation, les droits de douanés au taux unique de six virgule cinq pour cent (6,5%) :

- pour l'importation des biens visés à la première catégorie de leur liste minière, telle que définie par l'article 167 du présent Code, c'est-à-dire pour la liste des biens figurant sur le registre des immobilisations des titulaires ou bénéficiaires, dès lors qu'ils sont destinés à l'extraction et à la concentration des substances minières brutes ;
- pour l'importation des biens visés à la deuxième catégorie de leur liste minière, telle que définie par l'article 167 du présent Code, c'est-à-dire pour les matières premières et autres consommables destinés à l'extraction et à la concentration des substances minières brutes, à l'exclusion des carburants, lubrifiants et autres produits pétroliers.

Le bénéfice du taux unique de droits de douane de six virgule cinq pour cent (6,5%) est subordonné au dépôt, préalablement à la phase d'exploitation, d'une liste minière pour la phase d'exploitation de la mine, conformément aux dispositions de l'article 166 du présent Code.

Toutefois, par exception au présent article, les importations de fioul lourd destinés à l'extraction et à la concentration des substances minières brutes sont exonérées de droits de douane sous réserve que ce fioul lourd figure sur la liste minière pour la phase d'exploitation de la mine définie à l'article 166 du présent Code déposée préalablement au commencement de la phase d'exploitation.

The holders of a Mining Operation Permit must pay, during the Operating Phase, customs duties at a flat rate of six point five percent (6.5%):

- for the importation of goods indicated in the first category of their mining list, as defined by Article 167 of this Code, i.e. the list of goods included in the register of fixed assets belonging to titleholders or beneficiaries, as soon as they are assigned to the extraction and concentration of crude mine substances;
- for the importation of goods indicated in the second category of their mining list, as defined in Article 167 of this Code, i.e. the raw materials and other consumables intended for the extraction and concentration of crude mine substances, with the exception of fuels, lubricants and other petroleum products.

The eligibility of a flat rate customs duty of six point five per cent (6.5%) is subject to the filing, prior to the Operating Phase, of a mining list for the Operating Phase of the mine, in accordance with the provisions of Article 166 of this Code.

However, as an exception of this Article, importations of heavy fuel oil intended for extraction and concentration of crude mine substances are exempt from customs duties on condition that this heavy fuel oil is included in the mining list for the Operating Phase of the mine defined in Article 166 of this Code filed prior to the start of the Operating Phase.

## CHAPITRE X : SOUS-TRAITANTS DIRECTS

Article 181 : Sous-traitants directs et régime de déconsolidation

Article 181-I : Définition des sous-traitants directs

Les Sous-traitants directs sont les sous-traitants, définis à l'article 1 du présent Code, qui livrent directement des biens ou fournissent directement des services aux titulaires d'un Titre minier. Sont donc exclus, entre autres, de cette définition les sous-traitants des sous-traitants directs.

L'activité de ces Sous-traitants directs doit être strictement limitée à une activité de recherche, de construction d'installations minières, telles que définies à l'article 168 du présent Code, ou à une activité d'extraction.

Article 181-II : Régime fiscal et douanier des sous-traitants directs

Sous réserve qu'ils aient constitué une liste minière conforme aux dispositions de l'article 181-B du présent Code, les Sous-traitants directs des titulaires d'un Titre minier bénéficient des dispositions douanières et fiscales uniquement sur les droits et taxes à l'importation de leurs biens comme prévu :

- aux articles 171 à 172 du présent Code lorsque le titulaire du Permis de recherche pour lequel ils travaillent est en phase de recherche ;
- aux articles 173 à 174-A du présent Code lorsque le titulaire d'un Permis d'exploitation industrielle et semi-industrielle ou d'une concession minière pour lequel ils travaillent est en phase de construction ;
- aux articles 176 et 177 et aux articles 178-A à 180 du présent Code lorsque le titulaire d'un Permis d'exploitation industrielle et semi-industrielle ou d'une Concession minière pour lequel ils travaillent est en phase d'exploitation.

## CHAPTER X: DIRECT SUB-CONTRACTORS

Article 181: Direct Subcontractors and De-consolidation Regime

Article 181-I: Definition of direct subcontractors

Direct Subcontractors are subcontractors, defined in Article 1 of this Code, who directly supply goods or directly provide services to holders of a Mining Permit. Therefore, among others, subcontractors of direct subcontractors are excluded from this definition.

The activities of these direct Subcontractors must be strictly limited to activities of exploration,, construction of mining facilities, as defined in Article 168 of this Code, or extraction activities.

Article 181-II: Tax and customs regime for direct subcontractors

Conditional upon having established a mining list in compliance with the provisions of Article 181-II of this Code, direct Subcontractors of holders of a Mining Permit shall benefit from the customs and tax provisions solely with respect to duties and taxes upon importation of their property as set out:

- in Articles 171 to 172 of this Code, when the holder of an Exploration Permit for whom they are working is in the Exploration Phase;
- in Articles 173-174-I of this Code when the holder of an Industrial and Semi-industrial Mining Operation Permit or mining concession for whom they are working is in the construction phase;
- in Articles 176 and 177 and in Articles 178-I to 180 of this Code when the holder of an Industrial and Semi-industrial Mining Operation Permit or Mining Concession for whom they are working is in the Operating Phase.

Article 181-III : Obligations des sous-traitants directs

Le Sous-traitant direct doit constituer, conformément aux dispositions des articles 166 et 167 du présent Code, et dans les conditions prévues à ces articles, une liste minière, par phase d'activité, définissant les catégories d'équipements, matériels, machines et consommables :

- pour lesquelles le Sous-traitant direct demande à bénéficier de l'exonération des droits et taxes à l'importation, en application des articles 171 et 171-A du présent Code, durant la phase de recherche du titulaire du Permis de recherche pour lequel il travaille ;
- pour lesquelles le Sous-traitant direct demande à bénéficier de l'exonération des impôts, droits et taxes à l'importation, en application des articles 173 et 174 du présent Code, durant la phase de construction du titulaire du Permis d'exploitation industrielle et semi-industrielle ou de la concession minière pour lequel il travaille ;
- pour lesquelles le Sous-traitant direct demande à bénéficier des taux réduits de droits de douane, en application des articles 179 et 180 du présent Code, durant la phase d'exploitation du titulaire du Titre d'exploitation minière pour lequel il travaille.

Le contenu de la liste minière est strictement limité aux catégories définies à l'article 167 du présent Code et il est propre à chaque phase d'activité.

Le Sous-traitant direct doit faire agréer sa liste minière par le Ministre en charge des Mines et le Ministre en charge des Finances avant le démarrage de ses opérations. Cette liste doit être une partie intégrante de la liste de la société titulaire du Titre minier, dont elle constituera une rubrique spécifique.

Afin de faire agréer sa liste, le Sous-traitant doit joindre à cette liste :

- une copie du Titre minier du titulaire du Titre d'exploitation minière pour lequel il travaille ;

Article 181-III: Obligations of direct subcontractors

A direct Subcontractor must establish, in accordance with the provisions of Articles 166 and 167 of this Code, and under the conditions provided in these Articles, a mining list for each phase of activity, setting out the categories of equipment, materials, machines and consumables:

- for which the direct Subcontractor requests an exemption from import duties and taxes during the Exploration Phase of the holder of the Exploration Permit for which it is working, pursuant to Articles 171 and 171-I of this Code;
- for which the direct Subcontractor may request an exemption from the import charges, duties, and taxes during the construction phase of the holder of an Industrial or Semi-industrial Mining Operation Permit or a mining concession for whom it is working, pursuant to Articles 173 and 174 of this Code;
- for which the direct Subcontractors may request the benefit of reduced rates of customs duties during the Operating Phase of the holder of the Mining Operation Permit for whom it is working, pursuant to Articles 179 and 180 of this Code.

The content of the mining list is strictly limited to the categories set out in Articles 167 of this Code and is specific to each phase of activity.

A direct Subcontractor must have its list approved by the Minister in charge of Mines and the Minister in charge of Finance before the beginning of its operations. This list must be an integral part of the list of the company holding the Mining Permit, where it will comprise a specific column.

In order to have its list approved, the Subcontractor must attach:

- a copy of the Mining Permit of the holder of the Mining Operation Permit for whom it is working;

- une attestation paraphée et signée par un responsable de l'entreprise titulaire du Titre minier qui l'emploie, légalement habilité à engager cette dernière, qui certifie que la liste minière soumise par le Sous-traitant direct remplit l'ensemble des conditions prévues au présent Code pour bénéficier des exonérations douanières prévues aux articles 171-A et 174 du présent Code ou des taux réduit de droits de douane prévus aux articles 179 et 180.

L'entreprise, titulaire du Titre d'exploitation minière, qui emploie le Sous-traitant direct est solidairement responsable avec ce dernier du paiement de tous droits et taxes, et pénalités éventuellement y afférentes, dont ce Sous-traitant est redevable.

## CHAPITRE XI : BARRIERE FISCALE D'EXPLOITATION

Article 181-IV : Régime de déconsolidation

En application des dispositions de l'article 168 du présent code, les titulaires d'un Titre minier ne peuvent cumuler, à un instant donné, et pour un même titre, le bénéfice d'avantages fiscaux ouverts à des phases d'activité différentes.

Toutefois, une personne morale qui détient plusieurs titres miniers peut obtenir, en application des dispositions du présent Code, des avantages fiscaux pour chacun de ces titres miniers. Ces avantages fiscaux peuvent se rapporter à des phases d'activité différentes pour chacun de ces titres miniers.

Aux fins du présent Code ainsi que pour l'application des dispositions de droit commun du Code Général des Impôts, cette personne morale est réputée avoir une personnalité fiscale distincte pour chacun de ces titres miniers. Si cette personne morale exerce par ailleurs une activité tierce autre qu'une activité pour laquelle un titre minier est requis en application des dispositions du présent Code, elle est également réputée avoir une personnalité distincte au titre de cette activité. Chaque activité en relation avec un titre minier ou avec une activité tierce doit être identifiée par un numéro d'identification fiscal distinct et doit faire l'objet d'une comptabilité distincte.

- an attestation, initialled and signed by an official of company which holds the Mining Permit, that is employing them, and who is legally authorised to bind the company, certifying that the mining list submitted by the direct Subcontractor fulfils all conditions stipulated in this Code for an entitlement to the customs exemptions provided in Articles 171-I and 174 of this Code, or to the reduced customs duties provided in Articles 179 and 180.

The company holding the Mining Operation Permit and which employs the direct Subcontractor is jointly and severally liable with the latter for the payment of all duties and taxes, as well as any penalties relating thereto, for which such Subcontractor is liable.

## CHAPTER XI: OPERATION RING FENCING

Article 181-IV: Deconsolidation regimes

Pursuant to the provisions of Article 168 of this Code, holders of a Mining Permit cannot combine, at any one time and for the same title, the benefit of tax advantages applicable to different phases of activity.

However, a legal entity that holds several mining permits may obtain, pursuant to the provisions of this Code, tax advantages for each of these mining permits. These tax advantages may relate to different phases of activity for each of these mining permits.

For the purpose of this Code, as well as for the application of common law provisions of the General Tax Code, this legal entity is deemed to have a separate personality for tax purposes for each of these mining permits. If this legal entity is also carrying out another activity other than an activity for which the mining permit is required pursuant to the provisions of this Code, it will also be deemed to have a separate personality for the purpose of this activity. Each activity relating to a mining permit or to another activity must be identified by a separate tax number and must have separate accounting records.

Il en ressort qu'il ne peut être procédé à aucune compensation entre impôts, droits et taxes de même nature entre activités identifiées par un numéro d'identification distinct et que, notamment, les charges supportées au titre d'un titre minier ne peuvent être déductibles du bénéfice imposable d'un autre titre minier.

It follows that there can be no reconciliation effected between charges, duties and taxes of the same nature between activities identified by a separate identification number and that, in particular, the charges incurred under one mining permit cannot be deducted from the taxable profit of another mining permit.

D'autre part, toute livraison de bien ou prestation de service entre deux activités identifiées par un numéro d'identification fiscal distinct d'une même personne morale doit faire l'objet d'une facturation pro-forma et d'une évaluation au prix du marché conduisant à la constatation d'un produit taxable pour l'activité identifiée par le numéro vendeur ou prestataire et d'une charge déductible pour l'activité identifiée par le numéro preneur. Toutefois, ces livraisons et prestations ne sont pas considérées comme des opérations pour les besoins de la TVA.

In addition, any supply of goods or provision of service between two activities identified by a separate tax identification number, but for the same legal entity, must be the object of a pro-forma invoice, an assessment of market prices to determine a taxable product for the activity identified by the seller or provider identification number, and a deductible charge for the activity identified by the identification number of the acquirer of goods or services. However, these supplies and provisions are not considered to be operations for the purposes of VAT.

Par notion de prix du marché, on entend un prix normal de vente au même stade de commercialisation et dans des conditions comparables de pleine concurrence.

Market price means a normal sale price at the same stage of marketing and on comparable terms and on an arm's length basis.

Lorsque l'évaluation des prestations ou livraisons entre deux activités identifiées par un numéro d'identification distinct n'est pas jugée satisfaisante par l'Administration des Impôts, cette dernière peut procéder à une évaluation d'office desdites prestations ou livraisons, à charge pour le contribuable de démontrer que son évaluation initiale correspond au prix du marché.

When the evaluation of the provisions or supplies between two activities identified by a separate identification number is not deemed satisfactory by the Tax Administration, the latter may proceed to an evaluation as of right of the said provisions or supplies, with the burden being on the taxpayer to demonstrate that its initial evaluation corresponds to the market price.

Toutes les autres dispositions du Code Minier et du Code Général des Impôts s'appliquent de plein droit.

All other provisions of the Mining Code and the General Tax Code apply with full force and effect.

## CHAPITRE XII : STABILISATION DES REGIMES FISCAUX ET DOUANIERS

## CHAPTER XII: STABILIZATION OF FISCAL AND CUSTOMS REGIMES

Article 182 : Application de la stabilisation aux substances minières

Article 182: Application of Stabilization Regime to Mineral Substances

La stabilisation du régime fiscal et douanier est garantie aux titulaires d'un Titre d'exploitation minière qui ont signé une Convention minière.

The stabilization of the fiscal and customs regime is guaranteed to holders of a Mining Operation Permit who have signed a Mining Agreement.

La durée maximale de la période de stabilisation du régime fiscal et douanier est fixée à 15 ans. Cette période de stabilisation court à compter de la date d'octroi du Titre d'exploitation.

Pendant cette période de stabilisation, les taux des impôts, droits et taxes ne sont sujets à aucune augmentation ou diminution. Ces taux demeurent tels qu'ils étaient à la date d'octroi du Titre minier. D'autre part, aucune nouvelle taxe ou imposition de quelque nature que ce soit n'est applicable au titulaire du Titre minier pendant cette période.

Sont visés, de manière limitative, par la stabilisation, les taux :

- de l'impôt sur les Bénéfices Industriels et Commerciaux et de l'Impôt sur les Sociétés ;
- de la Contribution au Développement Local, visée à l'article 130 du présent Code ;
- du droit unique d'entrée défini au présent Code.

Sont également visés, de manière limitative, par la stabilisation, les taux et assiettes, sous réserves des dispositions relatives à la modification d'indices :

- de la taxe sur l'extraction des substances minières autres que les Métaux précieux visée à l'article 161 du présent Code ;
- de la taxe sur la production industrielle ou semi-industrielle des Métaux précieux visée à l'article 161-A du présent Code ;
- de la taxe à l'exportation sur les substances minières autres que sur les substances précieuses visées à l'article 163 du présent Code ;
- de la taxe à l'exportation sur les Pierres précieuses et Pierres Gemmes visée à l'article 163-B du présent Code.

Sont notamment expressément exclus de la stabilisation, les taux des droits fixes, des redevances annuelles et des redevances superficiaires visés aux articles 159-A et 160 du présent Code ainsi que des droits d'accises et taxes environnementales.

The maximum duration of a period of stabilization of the fiscal and customs regime is 15 years. This period of stabilization runs from the date on which the Mining Operation Permit is granted.

During this period of stabilization, the rates of levies, duties and taxes will neither be increased nor reduced. These rates will remain as they were on the date the Mining Permit was granted. In addition, no new tax or levy of any kind whatsoever is applicable to the holder of the Mining Permit during this period.

Specifically referred to, on a limited basis, in the stabilization clause are the rates:

- of the Commercial and Industrial Profit and Corporate Tax;
- of the Contributions to Local Development, set out in Article 130 of this Code;
- of the flat rate entry fee defined in this Code.

Also specifically referred to, on a limited basis, by the stabilization clause, are the base rates, subject to the provisions relating to the changes in indices:

- of tax on the extraction of Mineral Substances other than the Precious Metals indicated in Article 161 of this Code;
- of tax on industrial or semi-industrial production of Precious Metals set out in Article 161-I of this Code;
- of export tax on mineral substances other than on the precious substances set out in Article 163 of this Code.
- of export tax on Precious Stones and Gemstones set out in Article 163-II of this Code.

Specifically expressly excluded from stabilization are the rates for fixed fees, annual royalties and surface royalties indicated in Articles 159-I and 160 of this Code as well as excise duties and environmental taxes.

A l'exception de la taxe sur l'extraction ou sur la production et de la taxe à l'exportation, la stabilisation ne couvre pas l'assiette des impôts, droits et taxes.

With the exception of the tax on extraction or production and export tax, stabilization does not cover the bases for contributions, fees and taxes.

Toutefois, tout changement d'assiette, durant la période de stabilisation, qui ne s'appliquerait pas à l'ensemble des contribuables d'un même impôt, d'un même droit ou d'une même taxe, mais qui affecterait exclusivement les titulaires de Titres miniers, sera réputé discriminatoire et ne sera pas opposable à ces derniers.

However, any change in tax base during the period of stabilization, which does not apply to all taxpayers subject to the same contribution, fee or tax, but which will affect holders of Mining Permits exclusively, will be deemed discriminatory and will not be binding on them.

Article 183 : Changement de classification de l'autorisation d'exploitation de Substances de carrières

Article 183: Changes in the Classification of the Operating Permit for Quarry Substances.

Le titulaire d'une Autorisation d'exploitation de Substances de carrières dont l'exploitation nécessite des investissements importants dépassant un montant fixé par voie réglementaire et dont la part de production destinée à l'exportation représente au moins cinquante pour cent (50%), ou dont l'extraction annuelle dépasse trente mille (30 000) m³, peut demander auprès du service compétent à ce que son autorisation soit assimilée à un Permis d'exploitation industrielle et semi-industrielle et bénéficier de ce fait des avantages fiscaux et douaniers en phase de construction et d'exploitation visés aux Chapitres VIII à XI du Titre V du présent Code.

The Mining operation permit for Quarry Substances whose operation requires significant investment in excess of an amount fixed by regulation and for which the share of production for export represents at least fifty per cent (50%), or for which annual extraction exceeds thirty thousand (30,000) m³, may apply to the competent agency that its authorisation be reclassified as be an Industrial and Semi-industrial Mining Operation permit and enjoy all the fiscal and customs benefits in the phases of construction and operation indicated in Chapters VIII to XI of Title V in this Code.

## CHAPITRE XIII : RÉGLEMENTATION DES CHANGES

## CHAPTER XIII: CURRENCY REGULATIONS

Article 184 : Ouverture de comptes en devises

Article 184: Opening of Foreign Currency Accounts

Les titulaires d'un Titre minier ainsi que leurs Sous-traitants directs, sont soumis à la réglementation de change en vigueur en République de Guinée. Ils sont tenus de rapatrier leurs recettes en devises, issues des exportations de Substances minières, sur les comptes de la Banque Centrale de la République de Guinée (BCRG) ouverts dans les livres d'une banque étrangère de premier ordre.

Holders of a Mining Permit and their direct Subcontractors, are subject to exchange control regulations in force in the Republic of Guinea. They must repatriate their foreign exchange earnings, from the export of Mineral Substances, into accounts with the Central Bank of the Republic of Guinea (BCRG) opened in the books of a first-class foreign bank.

Des arrangements bancaires appropriés sont conclus à cet effet avec la BCRG pour la couverture des dépenses en francs guinéens, l'ouverture des comptes en devises, et pour tous types de transaction à l'extérieur y compris les paiements des fournisseurs étrangers

Appropriate banking arrangements are made with the BCRG in this regard to cover expenditure in Guinean francs, open currency accounts, and for any type of foreign transaction, including payments to foreign suppliers of goods and services necessary to conduct

de biens et services nécessaires à la conduite des Activités minières ainsi que pour le service de la dette.

Mining Activities, as well as for debt servicing.

Article 185 : Garanties de transfert

Article 185: Transfer Guarantees

Sous réserve de satisfaire les obligations prévues à l'article 184 du présent Code, il est garanti aux titulaires de Titres miniers ou d'Autorisations le libre transfert à l'étranger des dividendes et des produits des capitaux investis ainsi que le produit de la liquidation ou de la réalisation de ses avoirs.

Subject to the satisfaction of their obligations set forth in Article 184 of this Code, all holders of Mining Permits are guaranteed free repatriation abroad of dividends and income from invested capital, as well as the proceeds of liquidation or sale of their assets.

Toutefois, les revenus distribués par une société de droit guinéen à des non-résidents font l'objet d'une retenue à la source au taux prévu par l'article 189 du Code Général des Impôts, sous réserve du taux préférentiel de l'IRVM pour le secteur minier prévu à l'article 176 du présent Code, ou de conventions fiscales prévoyant un taux plus favorable. Cette retenue à la source est liquidée par la société de droit guinéen distributrice.

However, profits distributed by a Guinean company to non-residents are subject to withholding and at the rate set forth in Article 189 of the General Tax Code, subject to the preferential rates for income derived from investments for the mining sector, set forth in Article 176 of this Code, or tax treaties which offer a more favorable rate. This withholding is to be liquidated by the Guinean company making the distribution.

Il est garanti au personnel étranger résidant en République de Guinée, employé par des titulaires d'un Titre minier ou d'une Autorisation, la libre conversion et le libre transfert dans leurs pays d'origine, de tout ou partie des salaires ou autres éléments de rémunération qui leur sont dus, sous réserve que leurs impôts et autres taxes aient été acquittés conformément aux dispositions du présent Code et du Code Général des Impôts.

Foreign workers residing in the Republic of Guinea and employed by holders of a Mining Permit or Authorisation, are guaranteed the free conversion and repatriation to their home country of all or part of their salaries or other forms of remuneration due to them, subject to their income and other taxes having been paid in accordance with the provisions of this Code and the General Tax Code.

Article 186 : Déclaration d'importation et d'exportation des matières précieuses

Article 186: Declaration of Import and Export of Precious Materials

L'importation et l'exportation de l'or sont soumises à déclaration préalable à la BCRG. Celles des Pierres précieuses et des autres Pierres gemmes sont soumises à déclaration préalable au BNE.

The import and export of gold is subject to prior notification to the BCRG. The import and export of Precious Stones and other Gemstones are subject to prior notification to the BNE.

Ces opérations d'importation et d'exportation doivent, dans tous les cas, se faire en présence d'un représentant de la Direction Générale des Douanes.

These import and export operations must, in all events, be carried out in the presence of a representative of the General Directorate of Customs.

## CHAPITRE XIV : AUTRES DISPOSITIONS COMPTABLES ET ÉCONOMIQUES

Article 187 : Plan comptable national et audit

Le titulaire d'un Titre minier ou d'une Autorisation d'exploitation industrielle et semi-industrielle de Substances de carrières, doit tenir, en République de Guinée, une comptabilité conformément au SYSCOHADA, faire certifier, pour chaque exercice, par un Commissaire aux comptes agrée en Guinée son bilan et ses comptes d'exploitation et communiquer ses états financiers à chaque fin d'exercice au Ministre en charge des Mines et au Ministre en charge des Finances au plus tard le 30 avril de l'exercice suivant.

En application des dispositions du Code des Douanes, du Code Général des Impôts et du Livre des Procédures Fiscales ou de tout autre texte applicable, il doit conserver pendant la durée de droit commun l'ensemble des documents comptables et pièces justificatives en Guinée et en donner accès, sur demande, au personnel de l'État autorisé aux fins de vérification ou de contrôle. Il doit faciliter le travail de vérification et de contrôle de ce personnel autorisé par l'État.

Toutefois, les obligations visées au présent article ne sont pas applicables aux exploitations artisanales.

Article 188 : Dépenses engagées par l'État

Au cas où l'État aurait effectué des travaux de recherche dans l'emprise d'un Titre minier, préalablement à son attribution, les dépenses y afférentes sont, après audit et évaluation par un auditeur indépendant, remboursées par le titulaire du Titre minier sur le compte du Fonds d'Investissement Minier. Les modalités de traitement de ces dépenses seront définies lors de l'établissement de la Convention minière ou du cahier des charges.

Toutefois, ne sont pas remboursables les dépenses engagées par l'État dans le cadre des études géologiques fondamentales, de la cartographie géologique de base, de la prospection minière stratégique, y compris toutes les méthodes géologiques, géophysiques, géo-

## CHAPTER XIV: OTHER ACCOUNTING AND ECONOMIC PROVISIONS

Article 187: National Accounting Plan and Audit

The holder of a Mining Permit or an Authorisation for Industrial or Semi-industrial Mining Operation for Quarry Substances must keep an accounting system in the Republic of Guinea in compliance with SYSCOHADA, have its balance sheet and operating accounts certified each fiscal year by an Auditor licensed in Guinea, and forward its financial statements to the Minister responsible for Mines and the Minister responsible for Finance, no later than April 30th of the year following each financial year.

In applying the provisions of the Customs Code, General Tax Code and Handbook of Tax Procedures, or any other applicable text, it must keep for the duration required by general law, all accounting records and supporting documents in Guinea and provide access to them, on request, for the purpose of verification and audit by authorised personnel of the State. It must facilitate the auditing and control by this personnel authorised by the State.

However, the obligations set forth in this Article do not apply to artisanal mining operations.

Article 188: Expenses of the State

In the event that the State has carried out exploration, work on a given Mining Permit before issuing same, the associated expenses are, after audit and evaluation by an independent auditor, reimbursed by the holder of the Mining Permit to the account of the Mining Investment Fund. The procedures for processing these expenses will be defined when the Mining Agreement or terms of reference are drawn up.

However, expenses incurred by the State in the form of basic geological studies, basic geological cartography, strategic mine prospecting, including all methods (geological, geophysical, geochemical, etc.) for discovering occurrences within the perimeter

chimiques, et autres devant aboutir à la découverte d'indices sur le périmètre du Permis de recherche préalablement à l'émission dudit Permis.

of the Exploration Permit, prior to the issuance of such permit, will not be taken into account.

Article 189 : Amortissement

Un titulaire d'un Titre minier peut opter pour que l'amortissement des immobilisations achetées en phase de recherche et en phase de construction soit différé à compter du début de sa phase d'exploitation. La période d'amortissement retenue est la période définie à l'article 101 du Code Général des Impôts.

L'option pour ce droit à amortissement différé est sujette à l'approbation préalable du Directeur Général des Impôts auquel doit être fourni :

- copie du rapport d'audit de l'expert comptable du titulaire du Titre minier relatif aux achats d'immobilisations durant les phases de recherche et de construction ;
- copie des factures d'achat des immobilisations pour lesquelles l'amortissement est demandé.

Article 189: Amortization

A holder of a Mining Permit can opt to defer the amortization of fixed assets purchased during the exploration, and construction phases, as from the start of its Operating Phase. The amortization period adopted will be the period defined in Article 101 of the General Tax Code.

The option for right to the deferred amortization is subject to prior approval by the Director General of Taxation to whom must be provided:

- a copy of the audit report by the accounting expert of the holder of the Mining Permit, pertaining to the purchase of fixed assets during the exploration, and construction phases;
- a copy of the purchase invoices for fixed assets for which amortization is requested.

# TITRE VI : DE LA SURVEILLANCE ADMINISTRATIVE ET TECHNIQUE DES ACTIVITES MINIERES

Article 190 : Surveillance administrative et technique

Les Ingénieurs et Agents ainsi que les Fonctionnaires du Ministère en charge des Mines et d'autres structures participant à la gouvernance minière, et particulièrement ceux placés sous les ordres des Directions en charge des Mines et de la Géologie et de l'Inspection Générale des Mines et de la Géologie, de la Direction Générale des Douanes, de la Direction Nationale des Impôts ainsi que des services relevant du Ministère en charge de l'Environnement, ont la responsabilité, sous l'autorité du Ministre en charge des Mines, de veiller à l'application du présent Code et de ses textes d'application, ainsi que de la surveillance administrative et technique des travaux de recherches, d'exploitation, de transformation des Mines et carrières et de leurs dépendances.

Ces Ingénieurs, Fonctionnaires et Agents visés au présent article ont qualité pour exercer une surveillance de police pour la conservation des édifices et la protection des Titres miniers et ont qualité d'agents permanents du contrôle du circuit de la commercialisation des substances précieuses depuis les zones de production jusqu'aux comptoirs d'achat ou aux frontières pour leurs exportations. Ils assistent les exploitants et les conseillent sur les inconvénients ou améliorations de leurs activités.

Des arrêtés du Ministre en charge des Mines et des décrets pris sur sa recommandation édictent les règles particulières à observer pour certains travaux miniers ou de carrières.

# TITLE VI: ADMINISTRATIVE AND TECHNICAL SUPERVISION OF MINING ACTIVITIES

Article 190: Administrative and Technical Supervision

Engineers and Agents as well as Civil servants of the Ministry in charge of Mines and other structures participating in mining governance, and particularly those under the command of Authorities responsible for Mines and Geology and the Inspector for Mines and Geology, Customs Agency, National Tax Department as well as departments under the Minister responsible for the Environment, are responsible, under the authority of the Minister in charge of Mines, to ensure the implementation of this Code and its implementing regulations, as well as the administrative and technical supervision of exploration,, operation and processing works of Mines and quarries and their appurtenances.

These Engineers, Civil servants and Agents referred to in this Article have the authority to exercise police powers for the preservation of buildings and ensure protection of Mining Permits and have the authority to act as permanent agents for monitoring marketing channels for precious substances from the production zones to the trading houses or to the borders for their export. They assist and advise operators on the disadvantages or improvements of their activities.

Orders of the Minister in charge of Mines and decrees issued on his recommendation set out the specific rules to be observed for certain mining or quarry works.

Les cadres et agents exécutant les opérations de surveillance administrative et technique doivent être munis d'un ordre de mission délivré par une autorité compétente dont la durée est limitée dans le temps ou officiellement désignés pour assumer ces fonctions par un acte revêtu de la signature du Ministre en charge des Mines.

Dans le domaine sanitaire et environnemental le suivi et le contrôle sont assurés par la Direction Nationale des Mines en collaboration avec les services techniques compétents. Ces opérations peuvent être fortuites et inopinées pour :

- s'assurer de l'application effective du plan d'ajustement sanitaire visé à l'article 218 du présent Code ;
- évaluer le niveau d'exécution et la conformité des recommandations précédentes ;
- modifier le Plan si nécessaire ;
- établir un procès verbal à soumettre aux autorités compétentes et qui fait état du niveau d'exécution des recommandations.

Article 191 : Surveillance financière

Les cadres et agents du Ministère en charge des Mines, notamment ceux de l'Inspection Générale des Mines et de la Géologie et du Ministère en charge des Finances dûment habilités ont de droit accès à tout document, relevés de compte, à tout compte financier et pièces justificatives obtenus ou réalisés par les titulaires des Titres miniers ou d'Autorisations. De même les titulaires des Titres miniers ou d'Autorisations sont tenus de transmettre périodiquement à l'Administration toutes les informations relatives aux mouvements de fonds opérés sur le territoire de la République de Guinée et à l'étranger dans le cadre des Activités minières et de carrières.

Les cadres et agents exécutant les opérations de surveillance financière doivent également être munis d'un ordre de mission conformément au quatrième alinéa de l'article 190 ci-dessus.

Executives and agents carrying out administrative and technical oversight duties must have a mission order issued by a competent authority, the duration of which is limited in time or officially designated to perform these functions by an instrument bearing the signature of the Minister in charge of Mines.

The National Mining Authority in partnership with the competent technical departments is responsible for health and environmental supervision. These operations may be unscheduled and unexpected in order to:

- ensure the effective implementation of the health adjustment plan referred to in Article 218 of this Code;
- assess the level of implementation and compliance with prior recommendations;
- amend the Plan if necessary;
- draw up a report to submit to the competent authorities indicating the degree to which the recommendations have been implemented.

Article 191: Financial Supervision

Duly authorised executives and agents of the Ministry in charge of Mines, and in particular those of the Inspector General for Mines and Geology and the Ministry in charge of Finance, are entitled to inspect any document, statement of account, financial account and supporting documents obtained or drawn up by holders of Mining Permits or Authorisations. Similarly, holders of Mining Permits or Authorisations must periodically forward to the Administration all information relating to flow of funds effected in the territory of the Republic of Guinea and abroad as part of the Mining and Quarry Activities.

Executives and agents carrying out financial oversight duties should also be provided with a mission order in accordance with the fourth paragraph of Article 190 above.

Article 192 : Contrôle quantitatif et qualitatif des produits

Les quantités et qualités des ressources minières à l'exportation ainsi que les produits pétroliers importés par les sociétés minières doivent faire l'objet d'une vérification stricte des services compétents du Ministère en charge des Mines en rapport avec l'Institut de Normalisation et de Métrologie.

Tout navire assurant l'exportation des produits miniers ou livrant des produits pétroliers est obligatoirement soumis aux opérations de contrôle technique. Les écarts constatés doivent être justifiés sous l'appréciation des services compétents de l'Etat.

Article 193 : Conservation de la documentation géologique et minière

Les Ingénieurs des Mines et autres Fonctionnaires et Agents placés sous les ordres du service en charge de l'information et de la documentation géologique sont chargés de l'élaboration, la mise à jour, la conservation et la diffusion de la documentation concernant les substances minérales ou fossiles.

Article 192: Quantitative and Qualitative Control of Production

The quantities and qualities of mining resources for export as well as petroleum products imported by the mining companies must be subject to close inspection by the competent departments of the Ministry in charge of Mines in partnership with the Standards and Metrology Institute.

Any vessel carrying mining products for export or delivering petroleum products is subject to mandatory technical inspection. Discrepancies must be justified under the assessment of the relevant competent departments of the State.

Article 193: Retention of Geological and Mining Documentation

Mining Engineers and other Civil servants and Agents under the authority of the geological information and documentation department are responsible for drawing up, updating, preserving and circulating documentation concerning mineral or fossil substances.

# TITRE VII : DECLARATIONS DE FOUILLES ET DES LEVES GEOPHYSIQUE ET GEOTECHNIQUE

Article 194 : Obligation de déclaration

Toute personne physique ou morale qui entreprend un sondage, un ouvrage souterrain, une fouille, quel qu'en soit l'objet, à l'exception des puits à usage domestique, dont la profondeur dépasse dix (10) mètres, est tenue de le déclarer à la Direction Nationale des Mines et doit pouvoir justifier de cette déclaration.

Toute ouverture ou fermeture de travaux de recherches ou d'exploitation de Mines ou de Carrières, tout levé géophysique, toute étude géotechnique, toute campagne de prospection géochimique ou d'études de minéraux lourds doit également faire l'objet d'une déclaration préalable auprès de la Direction des Mines. Cette déclaration doit être faite au moins un mois avant l'ouverture et trois (3) mois avant la fermeture des travaux. Tout changement important dans la méthode d'exploitation adoptée, toute modification de l'étendue des travaux et tout changement du programme des travaux est également soumis à déclaration préalable au moins un mois à l'avance.

Article 195 : Confidentialité des informations fournies

Les documents et renseignements recueillis en application de l'article 194 ci-dessus ne peuvent être rendus publics ou communiqués à des tiers par l'Administration minière sauf autorisation de l'auteur des travaux avant l'expiration d'un délai de trois (3) ans à compter de la date à laquelle ils ont été obtenus.

# TITLE VII: DECLARATIONS OF EXCAVATIONS AND GEOPHYSICAL AND GEOTECHNICAL SURVEYS

Article 194: Obligation to Notify

Any individual or legal entity which undertakes a sampling, an underground structure, an excavation, irrespective of the purpose, with the exception of wells for domestic use, the depth of which exceeds ten (10) meters, is required to declare such activity to the National Mining Authority and must be able to justify this statement.

Prior disclosure to the National Mining Authority is also required for any opening or closing of exploration or Mine or Quarry operation work, any geophysical survey, geotechnical study, any campaign for geochemical prospecting or for the study of heavy minerals. This declaration must be made at least one month before the opening and three (3) months before closure of the works. Any significant change adopted in the method of operation, any change in the scope of work and any change in work program is also subject to prior notification at least one month in advance.

Article 195: Confidentiality of Information Provided

Documents and information collected under Article 194 above shall not be made public or disclosed to third parties by the Mining Administration without the express permission of the author of the works, until the expiry of a period of three (3) years from the date on which they were obtained.

Pour les travaux exécutés dans le lit des fleuves ou rivières et par exception aux dispositions du paragraphe ci-dessus, les renseignements intéressant la sécurité de la navigation, tombent immédiatement dans le domaine public.

Article 196 : Droit d'accès

Les Directions en charge des Mines et de la Géologie ont pouvoir d'accéder à tous sondages, ouvrages souterrains et travaux de fouille pendant ou après leur exécution et quelle que soit leur profondeur, et de se faire remettre tous échantillons ou de se faire communiquer tous documents et renseignements d'ordre géologique, géotechnique, Hydraulique, hydrographique, topographique, chimique, minier ou commercial.

Article 197 : Communication de renseignements et découvertes

Les titulaires de Titres miniers ou d'Autorisations sont tenus d'aviser immédiatement le CPDM de toutes les substances qu'ils découvrent, qu'elles soient ou non couvertes par leur titre.

Les informations ainsi communiquées au CPDM sur les substances visées au Chapitre IV du Titre IV du présent Code sont tenues confidentielles.

Les titulaires de Titres miniers ou d'Autorisation doivent communiquer au service d'information de documentation géologique et minière, les informations géologiques, topographiques, minières et autres qu'ils auront recueillies au cours de leurs travaux dans le périmètre de leur Titre.

Toute défaillance à cette obligation d'information notamment, le refus de communiquer après une mise en demeure ou la communication volontaire d'informations erronées sur les résultats de la recherche, expose les titulaires des Titres miniers ou des Autorisations au paiement d'une indemnité évaluée par un expert en fonction du préjudice causé et/ou au retrait pur et simple du Titre minier ou de l'Autorisation.

For work performed on river or stream beds, information regarding navigational safety immediately falls within the public domain, notwithstanding the above paragraph of this Article.

Article 196: Right of Access

The National Mining Authority and the National Geological Authority shall have a right to access all samplings, underground structures and excavation works during or after their execution and irrespective of their depth, and can require the submission of any samples or geological, geotechnical, Hydraulic, hydrographic, topographical, chemical, mining or commercial information.

Article 197: Notification of Information and Discoveries

Holders of Mining Permits or Authorisations are required to immediately notify the MPCD of all substances they discover irrespective of whether such substance is covered by their title.

Any information so disclosed to the MPCD about the substances referred to in Chapter IV of Title IV of this Code is confidential.

Holders of Mining Permits or Authorisation must disclose to the department of information and geological and mining documentation, all geological, topographical, mining and other information collected during their works within the perimeter of their Title.

Holders of Mining Permits or Authorisations are liable for the payment of compensation assessed by valuation based on the harm caused and/or to outright revocation of the Mining Permit or Authorisation for any failure to adhere to this requirement and in particular the refusal to disclose after a formal notice has been issued, or the intentional disclosure of false information about exploration, results.

Article 198 : Obligation d'analyse des échantillons par le Laboratoire National de la Géologie

Les titulaires de Titres miniers ou d'Autorisations sont tenus de déposer au Laboratoire National de la Géologie, des échantillons provenant des recherches géologiques et minières ainsi que des échantillons de produits miniers destinés à l'exportation.

La teneur et la qualité de référence sont celles déterminées par le Laboratoire National de la Géologie et éventuellement par un Laboratoire tiers en cas de contestation.

Toutefois, sur autorisation du Directeur du Laboratoire National de la Géologie, le titulaire d'un Titre minier peut, lorsque le Laboratoire n'a pas les capacités requises, effectuer des analyses d'échantillons en dehors de la Guinée. Les résultats des analyses sont communiqués au Laboratoire National de la Géologie.

Ces analyses porteront aussi bien sur les substances du Titre octroyé que sur tous les autres éléments du groupe auquel il appartient.

Article 199 : Dangers et accidents

Tout accident survenu dans une Mine, une Carrière ou leurs dépendances doit être porté à la connaissance de la Direction Nationale des Mines et de son représentant local dans un délai n'excédant pas les soixante-douze (72) heures.

Tout accident grave ou mortel survenu dans une mine, une carrière ou dans ses dépendances doit être porté par le titulaire à la connaissance de la Direction Nationale des Mines, de son représentant local, des autorités Administratives et Judiciaires dans un délai n'excédant pas vingt-quatre (24) heures.

Dans ce cas, il est interdit de modifier l'état des lieux où est survenu l'accident ainsi que de déplacer ou de modifier les objets qui s'y trouvaient avant que les constatations de l'accident par les services compétents en présence du représentant de l'Inspection Générale du travail et du représentant de la Direction Nationale des Mines ne soient terminées ou avant que ce dernier en ait donné l'autorisation.

Article 198: Obligation for Samples Analysis by the National Laboratory of Geology

Holders of Mining Permit or Authorisations must file, at the National Laboratory of Geology, samples from geological and mining exploration and samples of mineral products for export.

The content and quality of reference are those determined by the National Laboratory of Geology and possibly a third party Laboratory where there is a dispute.

However, with authorisation of the Director of the National Laboratory of Geology, the holder of a Mining Permit may, when the Laboratory does not have the required capacity, perform the analyses of samples outside of Guinea. The results of the analyses are then forwarded to the National Laboratory of Geology.

These analyses will relate to both the substance of the granted Permit, and all the other elements of the group to which it belongs.

Article 199: Hazards and Accidents

Any accident in a Mine, Quarry or their appurtenances must be brought to the attention of the National Mining Authority and its local representative within a period not exceeding seventy-two (72) hours.

Any serious or fatal accident having occurred in a mine, quarry or its appurtenances must be brought to the attention by the holder to the National Mining Authority, its local representative and the Administrative and Legal authorities within a period not exceeding twenty-four (24) hours.

In this case, it is forbidden to alter the conditions of the premises where the accident occurred and to move or modify objects that were there before the competent authorities have noted their findings in the presence of the representative of the Inspector General for Labour and a representative of the National Mining Authority or until the latter has given authorisation.

Toutefois, cette interdiction ne s'applique pas aux travaux de sauvetage ou de consolidation urgente.

Les titulaires doivent se soumettre aux mesures qui peuvent être ordonnées en vue de prévenir ou de faire disparaître les causes de danger que leurs travaux feraient courir à la sécurité publique, à l'hygiène des ouvriers mineurs, à la conservation de la mine ou de la carrière ou des carrières voisines, des sources d'eau, des voies publiques.

En cas d'urgence ou en cas de refus par les intéressés de se conformer à ces injonctions, les mesures nécessaires sont prises par la Direction Nationale des Mines ou des Agents dûment habilités, et exécutées d'office aux frais des intéressés.

En cas de péril imminent, la Direction Nationale des Mines ou les Agents dûment habilités prennent immédiatement les mesures nécessaires pour faire cesser le danger et peuvent, s'il y a lieu, adresser à cet effet toutes réquisitions utiles aux autorités locales. Un texte d'application précisera les dites mesures.

Article 200 : Fin des travaux

L'Exploitant doit, lorsqu'il cesse l'exploitation d'un Gîte où subsistent des réserves recouvrables, le laisser dans une condition qui permettra la reprise rationnelle de l'exploitation. A défaut, les travaux nécessaires sont exécutés d'office par la Direction Nationale des Mines à la charge de cet exploitant.

However, this prohibition does not apply to the works of rescue or emergency re-enforcement work.

Holders must carry out any measures that may be ordered with a view to prevent or eliminate the sources of danger that their work would cause to the public safety, hygiene of miners, and conservation of the mine or quarry or nearby quarries, of water sources, public roads.

In case of emergency or in case of refusal by the parties to comply with these injunctions, necessary measures are taken by the National Mining Authority or the duly authorised Agents, and executed automatically at the expense of the parties concerned.

In case of imminent danger, the National Mining Authority or the duly authorised Agents, shall take immediate steps to stop the danger and may, if necessary, make all useful requisitions to the local authorities. An implementing provision will specify such measures.

Article 200: Project Completion

The Operator must, upon ceasing the operation of a Deposit where recoverable reserves remain, leave the Deposit in a condition that will allow operations to be resumed in a rational manner. Should the Operator fail to do so, the necessary works are to be performed by the National Mining Authority at such operator's expense.

# TITRE VIII : DES DISPOSITIONS PENALES

# TITLE VIII: CRIMINAL PROVISIONS

Article 201 : Contestations

Toutes les contestations auxquelles donnent lieu les actes administratifs pris en exécution du présent Code sont de la compétence des juridictions nationales.

Article 201: Disputes

National courts have jurisdiction over any disputes caused by administrative actions taken pursuant to this Code.

Article 202 : Rapports de la Direction Nationale des Mines

Dans tous les cas où les contestations entre particuliers concernant les empiétements de périmètres de Titres miniers ou d'Autorisations sont portées devant les tribunaux, les rapports de la Direction Nationale des Mines peuvent tenir lieu de rapport d'expert.

Article 202: Reports of the National Mining Authority

In all cases where disputes between individuals concerning encroachments of perimeters of Mining Permits or Authorisations are brought to courts, reports of the National Mining Authority may be used as an expert's report.

Article 203 : Action publique

Conformément aux dispositions des articles 1eret 13 du Code de Procédure Pénale, les Ingénieurs des Mines, les autres Fonctionnaires et Agents dûment assermentés et placés sous la responsabilité de la Direction Nationale des Mines, sont habilités à engager et exercer l'action publique en cas d'infraction aux dispositions du présent Code et de ses textes d'application.

Article 203: State Prosecution

In accordance with the provisions of Articles 1 and 13 of the Code of Criminal Procedure, Mine Engineers, other Civil servants and Agents duly sworn and acting under the authority of the National Mining Authority, are authorised to undertake and conduct prosecutions for contraventions of the provisions of this Code and its implementing provisions.

Article 204 : Constatation des infractions et procès-verbaux

Les infractions aux prescriptions du présent Code et des textes pris pour son application sont constatées par les Officiers de Police Judiciaire, les Agents assermentés de la Direction Nationale des Mines et tous autres Agents spécialement commis à cet effet.

Les procès-verbaux dressés par les personnes citées et autorisées en vertu du présent article font foi jusqu'à preuve du contraire.

Article 204: Recording of Criminal Offences and Reports

Offences under this Code and its implementing provisions are recorded by Judicial Police Officers, sworn Agents of the National Mining Authority and all other Agents specially appointed for this purpose.

Reports drawn up by the persons mentioned and authorised under this Article shall be deemed to be authentic unless proven otherwise.

Article 205 : Saisies, poursuites, perquisitions et visites

Les Officiers de Police Judiciaire, les Agents assermentés de la Direction Nationale des Mines et les autres Agents spécialement commis à cet effet ont qualité pour procéder aux enquêtes, poursuites, saisies et aux perquisitions s'il y a lieu et conformément aux dispositions du Code de procédure pénale.

Article 206 : Des falsifications

Sera puni d'un emprisonnement de deux mois à trois ans et d'une amende de quinze millions (15 000 000) GNF à vingt-cinq millions (25 000 000) GNF ou de l'une de ces deux peines seulement, quiconque aura :

- falsifié une inscription sur un Titre minier ou sur une Autorisation ;
- fait une fausse déclaration en vue d'obtenir frauduleusement un Titre minier ou une Autorisation ;
- détruit, déplacé ou modifié d'une façon illicite une borne de délimitation de périmètre de Titre minier ou d'Autorisation.

En cas de récidive, l'amende est portée au triple et la peine d'emprisonnement au double.

Article 207 : Défaut d'autorisation d'opérer

Sera puni d'un emprisonnement de deux mois à trois ans et d'une amende de dix millions (10 000 000) GNF à quinze millions (15 000 000) GNF ou de l'une des deux peines seulement, quiconque se sera livré à des travaux de recherches ou d'exploitation de Mine ou de Carrière sans Titre minier ou Autorisation, ou en dehors des limites de son Titre ou de son Autorisation, ou qui entreprend des travaux d'exploitation avec un Permis de recherche.

L'amende ci-dessus sera de vingt millions (20 000 000) GNF à trente millions (30 000 000) GNF si la substance visée est le diamant ou une autre Gemme.

Article 205: Seizures, Prosecution, Searches and Inspections

Judicial Police Officers, sworn Agents of the National Mining Authority and other Agents specially appointed for this purpose are authorised to conduct investigations, prosecutions, seizures and searches if applicable and in accordance with the provisions of the Code of criminal procedure.

Article 206: Fraud

Anyone who does the following will be punished with imprisonment of between two (2) months and three (3) years and a fine of fifteen million (15,000,000) GNF to twenty-five million (25,000,000) GNF or one of the two sentences only:

- forges information on a Mining Permit or an Authorisation;
- makes a false statement with the intent to fraudulently obtain a Mining Permit or an Authorisation;
- destroys, moves or modifies, in any unlawful way, a boundary marker delimiting the perimeter of a Mining Permit or an Authorisation.

This fine is tripled and the prison sentence doubled for subsequent offences committed.

Article 207: Failure to Obtain an Authorisation to Operate

Anyone who carries out exploration, work or mining operation of a Mine or Quarry without a Mining Permit or Authorisation, or beyond the limits of its Permit or of its Authorisation, or who undertakes mining operation work with an Exploration Permit, will be punished with imprisonment of two months to three years and a fine of ten million (10,000,000) GNF to fifteen million (15,000,000) GNF or one of the two sentences only.

The above fine will be twenty million (20,000,000) GNF to thirty million (30,000,000) GNF if the substances in question are diamonds or other gems.

La condamnation entraînera la saisie au profit de l'Etat des produits de l'exploitation frauduleuse et des instruments utilisés pour celle-ci.

The conviction will result in the State seizing the proceeds of the fraudulent operations as well as the instruments used for the fraudulent operation.

En cas de récidive, l'amende est portée au triple et la peine d'emprisonnement au double.

This fine is tripled and the prison sentence doubled for any subsequent offence.

Article 208 : Défaut de déclaration

Article 208: Failure to Notify

Sera puni d'une amende de sept millions cinq cent mille (7 500 000) GNF à quinze millions (15 000 000) GNF :

- tout défaut de déclaration, au Ministère en charge des Mines la Direction nationale des Mines prévues au présent Code ;
- tout défaut d'aviser le Ministre en charge des Mines ou la Direction Nationale des Mines, tel que le prévoit le présent Code ;
- toute entrave à l'exercice des droits de la Direction Nationale des Mines que confère le présent Code.

Any of the following will be punishable by a fine of seven million, five hundred thousand (7,500,000) GNF to fifteen million (15,000,000) GNF:

- any failure to file a report required by this Code to the Ministry in charge of Mines and the National Mining Authority;
- any failure to notify the Minister responsible for Mines and the National Mining Authority, as provided in this Code;
- any hindrance to the exercise of the rights of the National Mining Authority that this Code confers.

En cas de récidive, l'amende est portée au triple et la peine d'emprisonnement au double.

This fine is tripled and the prison sentence doubled for any subsequent offence.

Article 209 : Violations des zones de protection et de sécurité

Article 209: Breach of Protected and Security zones

Quiconque se sera rendu coupable de violation des dispositions contenues dans les articles 110, 111, 112 et 113 du présent Code sera puni d'un emprisonnement de 15 jours à 6 mois et d'une amende de deux millions cinq cents mille (2 500 000) GNF à dix millions (10 000 000) GNF ou de l'une de ces deux peines seulement.

Whoever is found guilty of violating the provisions contained in Articles 110, 111, 112 and 113 of this Code shall be punished with imprisonment of between 15 days and 6 months and a fine of two million five hundred thousand (2,500,000) GNF to ten million (10,000,000) GNF, or one of the two sentences only.

En cas de récidive, l'amende est portée au triple et la peine d'emprisonnement au double.

This fine is tripled and the prison sentence doubled for any subsequent offence.

Article 210 : Actes de sabotage, de destruction et voies de fait

Article 210: Sabotage, Destruction and Assault

Les sociétés minières et leurs sous-traitants directs doivent bénéficier de la sécurité nécessaire à la jouissance paisible du Titre pour l'exécution correcte de leurs activités et de leurs obligations.

Mining companies and their direct subcontractors must benefit from the security necessary to enjoy peaceful enjoyment of the Title for the proper execution of their activities and their obligations.

Sans préjudice des dispositions du Code pénal, tout acte individuel ou collectif de sabotage, de destruction ou autres voies de fait ayant pour cible, les travailleurs, les actifs et autres biens mobiliers ou immobiliers des sociétés minières et de leurs sous-traitants directs donne droit, conformément aux dispositions du Code civil, à une réparation civile de tout préjudice direct en résultant.

Without prejudice to the provisions of the Criminal Code, any individual or joint act of sabotage, destruction or other assaults that target, workers, assets and other movable or immovable property of the mining companies and their direct subcontractors, give rise to a right, in accordance with the Civil Code, to compensation for any direct damage resulting from the aforementioned acts.

En cas de récidive, l'amende est portée au triple et la peine d'emprisonnement au double.

This fine is tripled and the prison sentence doubled for any subsequent offence.

Article 211 : Autres violations

Article 211: Other Offences

Sans préjudice de l'application des dispositions du Code pénal, sera puni d'un emprisonnement de quinze (15) jours à six (6) mois et d'une amende de cinq millions (5 000 000) GNF à quinze millions (15 000 000) GNF, quiconque aura commis une infraction aux dispositions du présent Code relatives aux :

- substances radioactives ;
- dangers et périls, ainsi qu'à l'hygiène et à la sécurité du travail.

Without prejudice to the provisions of the Criminal Code, anyone who contravenes the provisions of this Code relating to the following will be punished with imprisonment of fifteen (15) days to six (6) months and a fine of five million (5,000,000) GNF to fifteen million (15,000,000) GNF:

- radioactive substances;
- hazards and dangers, as well as health and safety at work.

En cas de récidive, l'amende est portée au triple et la peine d'emprisonnement au double.

This fine is tripled and the prison sentence doubled for any subsequent offence.

Article 212 : Détention frauduleuse des matières précieuses

Article 212: Fraudulent Possession of Precious Materials

A l'exception des personnes énumérées à l'article 62ci-dessus, toute personne trouvée en possession de diamants et autres Gemmes à l'état brut sera punie d'une peine de six (6) mois à deux (2) ans de prison et d'une amende égale à deux fois la valeur de la marchandise saisie sans que cette amende puisse être inférieure à vingt millions (20 000 000) GNF ou de l'une de ces deux peines seulement.

With the exception of those listed in Article 62 above, any person found in possession of rough diamonds and other rough Gems shall be punished with a penalty of six (6) months to two (2) years in prison and a fine equal to twice the value of the goods seized, but in no case may that fine be less than twenty million (20,000,000) GNF.

En cas de récidive les peines citées plus haut sont portées au double, sans préjudice d'une interdiction de séjour de trois (3) à cinq (5) ans.

The aforementioned maximum penalties shall be doubled for any subsequent offence, without prejudice to local banishment of three (3) to five (5) years.

La condamnation entraîne la saisie, au profit de l'Etat, des diamants ou des Gemmes trouvés sur le contrevenant ainsi que les moyens ayant servi au transport des produits saisis.

Upon conviction, the State will seize the diamonds or Gems found on the offender as well as the means of transport used for the products seized.

Article 213 : Violation des dispositions du présent Code relatives au paiement de Pots-de-vin

Est constitutive d'actes de corruption active ou de trafic d'influence définis respectivement aux articles 194 et 195 du Code pénal et sera punie des amendes et emprisonnements prévus par ledit Code, la violation des dispositions du présent Code relatives à l'interdiction de paiement des Pots-de-vin.

Toute personne morale reconnue coupable de paiement de Pots-de-vin est sanctionnée par une amende civile maximale de cinq pour cent (5%) du chiffre d'affaires de la dernière année avant le jugement, ou de cinq pour cent (5%) du chiffre d'affaires de l'année pendant laquelle le délit a été commis, ou à la hauteur des dommages causés par le délit, la valeur la plus élevée s'appliquant. Cette amende s'appliquera nonobstant l'application de toute autre amende prévue par le Code pénal.

Article 214 : Indexation du montant des amendes

En cas de variation importante des conditions économiques prévalant en Guinée, les montants des amendes spécifiés aux articles 206, 207, 208, 209 et 211 du présent Code pourront être modifiés par arrêté conjoint des Ministres en charge des Mines et des Finances.

Article 215 : Pénalités prévues par les autres Codes

Nonobstant les pénalités prévues au présent Code et par application de l'article 7du présent Code, il est expressément précisé que les pénalités prescrites par les Codes Pénal, du Travail et de l'Environnement s'appliquent.

Article 216 : Mise à jour et Publication du règlement des pénalités

Le montant des pénalités prévues dans le présent Code pourra être ajusté par arrêté conjoint des Ministres en charge des Mines et des Finances pour refléter les changements des conditions financières et économiques de la République de Guinée.

Article 213: Violation of Bribery Provisions of this Code

A breach of the provisions of this Code regarding the prohibition of companies from paying Bribes constitutes an act of active corruption or influence peddling, respectively defined in Articles 194 and 195 of the Criminal Code and will be punish by fines and imprisonment provided by the said Criminal Code.

Any legal entity convicted of a Bribe will be liable for a civil fine of up to five percent (5%) of its turnover for the year preceding the judgment, or five percent (5%) of its turnover for the year in which the offense was committed, or for up to the amount of the damage caused by the offence, whichever is highest. This fine will apply notwithstanding the application of any other fine provided by the Criminal Code.

Article 214: Indexing of Fines

In case of significant variation in the economic conditions in Guinea, the amount of the fines specified in Articles 207, 208, 209 and 211 of this Code may be amended by joint order of the Ministers responsible for Mines and Finance.

Article 215: Penalties Prescribed under other Codes

Notwithstanding the penalties set out in this Code and pursuant to Article 7 of this Code, it is expressly stated that the penalties prescribed by the Penal, Labour and Environmental Codes, also apply.

Article 216: Update and Publication of the Regulation on Penalties

The amount of the penalties set forth in this Code may be adjusted by joint order of the Ministers responsible for Mines and Finance in order to reflect changes in financial and economic conditions in the Republic of Guinea.

Le règlement des pénalités prévues au présent Code fait l'objet d'une publication dans le Journal Officiel et sur le site Internet officiel du Ministère en charge des Mines, ou tout autre site désigné par le Ministre.

The penalty regulation provided for in this Code, are published in the Official Gazette and on the official Website of the Ministry in charge of Mines, or any other site designated by the Minister.

# TITRE IX : DES DISPOSITIONS DIVERSES, TRANSITOIRES ET FINALES

Article 217 : Dispositions transitoires

Article 217-I : Entrée en vigueur et régime applicable aux Conventions minières préalablement signées et ratifiées

Le présent Code ne remet pas en cause la propriété et la validité des titres miniers existants avant son adoption.

Le présent Code s'applique entièrement et dans toutes ses dispositions aux titulaires de Titres miniers et d'Autorisations n'ayant pas encore fait l'objet de Conventions minières.

En ce qui concerne les titulaires de Conventions minières signées dans le strict respect de la législation minière en vigueur au moment de leur signature, l'application des dispositions du présent Code sera faite par amendements à la Convention existante, sous forme d'avenant, qui ne sera valable et n'entrera en vigueur qu'après avoir été approuvé par le Conseil des Ministres, signé par le Ministre en charge des Mines, fait l'objet d'un avis juridique de la Cour suprême et ratifié par l'Assemblée Nationale.

L'avenant comprendra des amendements définissant les modalités concrètes convenues d'accord parties en vue d'assurer la mise en application des dispositions du présent Code. Ces amendements seront de trois ordres :

- Les amendements entièrement conformes aux dispositions du présent Code et d'application immédiate, relatifs à la transparence, à la lutte contre la corruption, au transfert des intérêts dans un Titre minier et à l'impôt sur les plus values, à la protection de l'environnement, aux relations avec les communautés locales, à la santé, l'hygiène et la sécurité au travail.

# TITLE IX: MISCELLANEOUS, TRANSITIONAL AND FINAL PROVISIONS

Article 217: Transitional Provisions

Article 217-I: Entry into force and regime applicable to previously signed and ratified Mining Concessions

This Code does not affect the ownership and validity of mining permits existing before its adoption.

This Code and each of its provisions applies in full to the holders of Mining Permits and Authorisations which have not yet been the subject of a Mining Agreement.

With regard to the holders of Mining Concessions signed in strict compliance with mining legislation in force at the time of signing, the provisions of this Code will be applied through amendments to the existing Agreement, in the form of supplementary clauses, which will not be valid and will not enter into force until after having been approved by the Council of Ministers, signed by the Minister responsible for Mines, been the subject of a legal opinion of the Supreme Court and ratified by the National Assembly.

The supplementary clauses will be comprised of amendments setting out the precise terms agreed by the parties in order to ensure the proper application of the provisions of this Code. These amendments can relate to three area:

- Amendments which conform entirely to the provisions of this Code and shall take immediate effect, relating to transparency, the fight against corruption, the transfer of interests in a Mining Permit and tax on capital gains, as well as environmental protection, relations with local communities, and health, hygiene and safety at work.

- Les amendements entièrement conformes aux dispositions du présent Code et d'application progressive, sur une période de durée négociée mais ne pouvant excéder huit ans. Ces amendements, relatifs à la formation, l'emploi et la préférence aux entreprises guinéennes seront entièrement conformes aux dispositions du présent Code au terme de la période transitoire.

- Tout autre amendement, notamment en ce qui concerne le régime fiscal et douanier, la participation de l'Etat au capital des sociétés minières, le droit de l'Etat au transport et à la commercialisation, l'obligation de se conformer au Code des assurances et les règles de change, fera l'objet de négociations entre les titulaires de Conventions minières et le Gouvernement.

Les amendements sont applicables à compter de la date de ratification de l'avenant à la Convention minière de base, pour toutes les Activités minières postérieures à cette date. Jusqu'à la date de ratification de chaque avenant, les termes de la Convention minière de base s'appliquent.

Les négociations entre le Gouvernement et les titulaires desdites Conventions minières sont menées dans le cadre d'un Programme global de Revue des Conventions et Titres miniers, mis en œuvre par un Comité Technique et un Comité Stratégique, créés par voie réglementaire. Il sera tenu compte des droits miniers existants et des obligations de l'Etat y afférent, des circonstances particulières à l'attribution de chaque Titre minier, et de toute autre particularité, attribut ou contexte pertinent afin de garantir la faisabilité des projets et la pérennité des exploitations.

Les sociétés minières concernées sont tenues d'apporter leur entière coopération à ce programme, afin d'aboutir, au plus tard 24 mois après la publication du présent Code amendé, à des amendements acceptés et signés par toutes les Parties. Ce délai ne tient pas compte de la période supplémentaire nécessaire à la procédure de ratification par l'Assemblée Nationale des avenants négociés.

- Amendments which conform entirely to provisions of this Code and shall be applied progressively over a period to be negotiated, but which may not exceed eight years. These amendments, relating to the training, employment and giving preference to Guinean companies shall conform entirely to the provisions of this Code during the transitional period.

- Any other amendment, including those regarding the tax and customs regime, State participation in the capital of mining companies, the State's rights over transportation and trading, the obligation to comply with the Insurance and Foreign Exchange Codes, will be negotiated between the holders of Mining Concessions and the Government.

The amendments shall be applicable from the date of ratification of the amendments to the basic Mining Agreement, for all Mining Activities subsequent to this date. Until the date on which each amendment is ratified, the terms of the original Mining Agreement will apply.

Negotiations between the Government and the titleholders of the aforementioned Mining Concessions will be undertaken as part of a comprehensive program for the review of Mining Concessions and Titles, initiated by the Technical Committee and a Strategic Committee, both of which were created by regulation. Existing mining rights and associated obligations of the State will be taken into account, as well as the particular circumstances surrounding the grant of each Mining Permit, and any other relevant details, attributes or context necessary to guarantee the feasibility of the projects and the longevity of mining.

The mining companies concerned must fully cooperate with the review program in order to obtain, no longer than 24 months after the publication of this amended Code, amendments accepted and signed by all Parties. This deadline does not take into account the additional period necessary for the National Assembly to complete the ratification procedure of the negotiated supplementary clauses.

A l'issue du délai de 24 mois, si aucun avenant n'a été signé par un titulaire de Convention minière, les Parties se réuniront pour évaluer les points d'accord et de désaccord, et parvenir, dans les plus brefs délais, à un avenant mutuellement accepté, adapté aux termes économiques du projet ou de l'exploitation minière.

Article 217-II : Publication des Titres miniers et des Conventions minières

Tous les Titres miniers, ainsi que toute Convention minière, sont publiés dans le Journal Officiel et sur le site Internet officiel du Ministère en charge des Mines, ou tout autre site désigné par le Ministre. Toute clause de confidentialité présente dans une Convention minière interdisant la publication d'une Convention minière est nulle et non avenue.

Article 218 : Disposition transitoire en matière de santé

Les Titres miniers existants à la date d'entrée en vigueur du présent Code doivent faire l'objet d'un Plan d'Ajustement Sanitaire préalablement approuvé et validé par les services techniques compétents avant d'être soumis à l'approbation de l'autorité compétente dans un délai de six (6) mois.

Article 219 : Règlements de différends

Les différends opposant un ou plusieurs investisseurs miniers à l'Etat et relatifs à l'étendue de leurs droits et obligations, à l'exécution ou l'inexécution de leurs engagements à la fin de leurs Titres, à la cession, la transmission ou l'Amodiation de leurs droits qui en résultent peuvent être soumis à la procédure de règlement amiable.

Si une des parties estime que la procédure amiable a échoué, le différend est porté, soit devant les tribunaux guinéens compétents, soit à l'arbitrage national ou international.

Dans tous les autres cas, les différends résultant de l'interprétation et de l'application du présent Code sont portés devant les tribunaux guinéens compétents.

Article 220 : Abrogation des dispositions antérieures

At the end of the 24 month period, if no supplementary clause has been signed by the holder of a Mining Agreement, the Parties will meet to evaluate the points they agree and disagree on, and to produce, in as short a time as possible, mutually accepted supplementary clauses, adapted to the economic terms of the project or mining operation.

Article 217-II: Publication of Mining Permits and Mining Concessions

All Mining Permits, as well as any Mining Agreement, are published in the Official Gazette and on the official website of the Ministry in charge of Mines, or any other site designated by the Minister. Any confidentiality clause in a Mining Agreement which prohibits the publication of a Mining Agreement is null and void.

Article 218: Transitional Health Provisions

Mining Permits existing on the date on which this Code enters into force shall be subject to a Health Adjustment Plan previously approved and validated by the competent technical departments before being submitted for approval to the competent authority within a period of six (6) months.

Article 219: Dispute Resolution

Disputes between one or more mining investors and the State with regard to the extent of their rights and obligations, the performance or non-performance of their commitments at the end of their Titles, the assignment, transfer or Lease of their rights resulting of it, may be subject to the procedure for amicable settlement.

If a party believes that the procedure of amicable settlement has failed, the dispute shall be submitted, to either the competent Guinean courts or to national or international arbitration.

In all other cases, disputes arising from the interpretation and implementation of this Code are to be brought before the competent Guinean courts.

Article 220: Repeal of Previous Provisions

Sous réserve des dispositions de l'article 217 du présent Code sont abrogées toutes dispositions contraires à celles du présent Code, notamment la Loi L/95/036/CTRN du 30 juin 1995 portant Code Minier de la République de Guinée, de la Loi L/93/025/CTRN du 10 juin 1993 relative à l'exploitation artisanale et à la commercialisation du diamant et autres Gemmes.

Article 221 : Publication au Journal Officiel

La présente Loi sera enregistrée, publiée au Journal Officiel de la République de Guinée et exécutée comme Loi de l'Etat.

Subject to the provisions of Article 217 of this Code all provisions contrary to the provisions of this Code are repealed, including those contained in Act L/95/036/CTRN of 30 June 1995 relating to the Mining Code of the Republic of Guinea and Act L/93/025/CTRN of 10 June 1993 relating to the artisanal operation and marketing of diamonds and Gems.

Article 221: Publication in the Official Gazette

This law shall be registered, published in the Official Gazette of the Republic of Guinea, and enforced as State law.

# Guinée-Conakry aux éditions L'Harmattan

## *Dernières parutions*

**ET VINT LE VIRUS EBOLA**
**Rumeurs, stupeurs et réalités en Guinée**
*Diallo Abdoul Goudoussi*
Le dernier quart du XXe siècle a connu l'apparition de nouvelles épidémies d'une ampleur et d'une gravité sans précédent : c'est le cas du virus Ebola, apparu en 1976 dans l'ex-Zaïre et qui vient d'affecter profondément l'Afrique de l'Ouest en 2014. L'auteur, résidant en Guinée, donne un témoignage de la perception de la maladie par les communautés et citoyens de son pays et de la sous-région, entre rumeurs, stupeurs et réalités. L'ouvrage relate aussi la mobilisation pour la riposte contre Ebola, afin de rompre la chaîne de contamination, et présente les conséquences collatérales de la maladie.
*(Harmattan Guinée, 11.50 euros, 80 p.)*
*ISBN : 978-2-343-06100-9, ISBN EBOOK : 978-2-336-37508-3*

**L'AFFAIRE ALPHA CONDÉ VUE PAR UN TÉMOIN DU PROCÈS**
*Konaté Ibrahima Kalil*
Incarcéré depuis le second tour de l'élection présidentielle de décembre 1998 sur l'ordre du président Lansana Conté, Alpha Condé est accusé d'avoir fomenté un complot contre la vie du chef d'État guinéen. L'auteur retrace ici les moments les plus forts du procès, les propos et les attitudes qui caractérisent la justice, mais aussi la société guinéenne dans son ensemble. Il a le souci de restituer la vérité et de montrer comment la justice et la politique ont fonctionné en Guinée.
*(Harmattan Guinée, 30.00 euros, 294 p.)*
*ISBN : 978-2-343-06106-1, ISBN EBOOK : 978-2-336-37518-2*

**LE PRÉSIDENT AHMED SÉKOU TOURÉ, MA FEMME ET MOI**
*Guilavogui Georges Koly*
Voici un témoignage né d'un devoir citoyen et patriotique : en effet, l'auteur est considéré tantôt comme une victime miraculée du régime Sékou Touré, tantôt comme un jeune téméraire qui a tenu tête au président. À travers quelques événements, l'auteur souhaite permettre de mieux connaître l'homme Ahmed Sékou Touré dans ses dimensions sociale, humaine et politique, même si le principal artisan de l'indépendance nationale a suscité et suscite encore des prises de position contradictoires entre ses admirateurs et ses détracteurs.
*(Harmattan Guinée, 21.00 euros, 212 p.)*
*ISBN : 978-2-343-06105-4, ISBN EBOOK : 978-2-336-37520-5*

**EL HADJ BOUBACAR BIRO DIALLO AU PERCHOIR DE L'ASSEMBLÉE NATIONALE MULTIPARTITE DE LA RÉPUBLIQUE DE GUINÉE (1995-2002)**
*Diallo Mamadou Saliou, Diallo Mody Sory - Préface de Lamine Kamara*
L'ambition de ce livre est de faire connaître au grand public le travail accompli par l'Assemblée nationale guinéenne entre 1995 et 2002, la première législature multipartite du pays après l'indépendance. L'ouvrage veut faire connaître aux lecteurs les réalités de l'histoire politique d'un pays engagé sur la voie de la démocratisation, et présenter un homme qui s'est distingué dans la

lutte pour la construction d'un État de droit en République de Guinée, à travers des anecdotes, des témoignages, des repères biographiques et une retranscription de ses discours.
*(Harmattan Guinée, 34.00 euros, 334 p.)*
*ISBN : 978-2-343-05183-3, ISBN EBOOK : 978-2-336-37495-6*

**LE SCANDALE GÉOLOGIQUE GUINÉEN**
*N'Diaye Ibrahima Sory - Préface d'Ibrahima Soumah*
Cet ouvrage fait un état des principales ressources minières de la Guinée. Il évoque les grandes étapes des travaux géologiques et miniers entrepris dans le pays ainsi que les résultats qui en ont découlé. Se fondant sur l'analyse du contexte géologique, l'auteur estime que le sol et le sous-sol de la Guinée n'ont pas fini de livrer la totalité de leurs secrets. Il invite donc à la poursuite des travaux de recherche d'ordre stratégique et tactique dans les zones considérées comme porteuses.
*(Harmattan Guinée, 15.50 euros, 142 p.)*
*ISBN : 978-2-343-06109-2, ISBN EBOOK : 978-2-336-37594-6*

**LA GESTION DES RISQUES PROFESSIONNELS ET ENVIRONNEMENTAUX**
**Dans le domaine minier guinéen**
*N'Diaye Ibrahima Sory - Préface de Kémoko Touré*
Les contraintes réglementaires et de résultats qui s'attachent à la gestion des risques sont devenues si fortes que la performance d'une entreprise dépend «viscéralement» de la maîtrise des risques inhérents à son fonctionnement, à son environnement, à ses ressources, à sa production et au système dans lequel elle opère. Sur la base du vécu professionnel et dans un style pragmatique, cet ouvrage propose des outils adaptables aux contraintes managériales et opérationnelles, particulièrement dans le domaine minier.
*(Harmattan Guinée, 21.00 euros, 196 p.)*
*ISBN : 978-2-343-06101-6, ISBN EBOOK : 978-2-336-37596-0*

**AUTOSUFFISANCE ALIMENTAIRE DE LA GUINÉE**
**Une longue bataille, de 1958 à nos jours**
*Keita Mamy*
Cet ouvrage est une revue de la politique agricole mise en oeuvre sous la colonisation, en Guinée, et 50 ans après celle-ci. Il s'articule autour du vaste et sensible sujet de l'autosuffisance alimentaire, dont la réalisation demeure encore le principal défi national à relever, et cela depuis l'accession du pays à la souveraineté nationale en 1958. Ce livre fait un examen détaillé et une analyse critique de l'ensemble des actes politiques, administratifs, et techniques qui ont contribué à ce triste résultat, en tirant les leçons utiles qui s'imposent en ce qui concerne les décisions futures.
*(Harmattan Guinée, 27.00 euros, 274 p.)*
*ISBN : 978-2-343-06104-7, ISBN EBOOK : 978-2-336-37505-2*

**PLAN D'ACTION NATIONAL D'ADAPTATION AUX CHANGEMENTS CLIMATIQUES (PANA)**
*Ministère de l'Environnement, des Eaux et Forêts*
*Préface de Mahmoud Camara*
En ratifiant en 1993 la convention-cadre des Nations unies sur les changements climatiques, la Guinée s'est engagée à œuvrer pour une politique de développement durable. Le Plan d'action national d'adaptation aux changements climatiques se fixe comme but d'exposer les mesures urgentes à entreprendre pour s'adapter aux effets néfastes des changements climatiques : amélioration de la desserte en eau, particulièrement en milieu rural, protection de la zone côtière, sauvegarde des formations forestières, etc.
*(Harmattan Guinée, 20.00 euros, 190 p.)*
*ISBN : 978-2-343-06126-9, ISBN EBOOK : 978-2-336-37595-3*

**TRANCHANTES CHRONIQUES**
*Thiâ'nguel Soulay - Préface d'Alpha Bacar Barry*
L'auteur nous offre là un livre alléchant, voire dérangeant. C'est le premier recueil de ses célèbres chroniques, en particulier celles connues sous le titre *Les Tranchantes de Thiâ'nguel*, diffusées

quotidiennement sur Lynx FM. Elles sont rédigées dans une langue terriblement musicale, franchement provocante, délibérément rebelle, et affranchie de toute censure sociétale ou muselière mentale...
*(Harmattan Guinée, 27.00 euros, 274 p.)*
*ISBN : 978-2-343-06097-2, ISBN EBOOK : 978-2-336-37519-9*

**LE KANIA SOLI**
**Ode et danse traditionnelles guinéennes**
*Fofana Abdoulaye Sayon*
Le soli, à la fois ode et danse traditionnelle, célèbre les garçons circoncis et les filles excisées, tout en rendant hommage à leurs parents. Ce soli, qui a évolué dans le temps, est inséparable de laga, l'école secrète, yongoyoli, le chargé de la circoncision, de bili, liqueur qui met en transe, et de fendali, un savoir inculqué par le moyen d'énigmes dans une civilisation de l'oralité. Le kania soli est une danse de duel et d'affrontement entre les protagonistes.
*(Harmattan Guinée, 11.00 euros, 70 p.)*
*ISBN : 978-2-343-06107-8, ISBN EBOOK : 978-2-336-37521-2*

**TRANSITION MILITAIRE ET ÉLECTION PRÉSIDENTIELLE 2010 EN GUINÉE**
**L'indépendance piégée**
*Tolno Charles-Pascal*
La Guinée a souvent vécu des moments tumultueux. Après la colonisation refusée, en vain, par de grands combattants, il y eut l'indépendance nationale, marquée par la puissante personnalité du président Sékou Touré. Puis ce fut l'ère du général Lansana Conté, nationaliste convaincu, solide dans ses convictions politiques et sociales. À sa mort, une transition militaire, engagée par le capitaine Moussa Dadis Camara, prit la gestion du pays en main.
*(Coll. Études africaines, série Politique, 28.00 euros, 274 p.)*
*ISBN : 978-2-343-05454-4, ISBN EBOOK : 978-2-336-37368-3*

**LA MIGRATION POUR ÉTUDES**
**L'expérience du retour et du non-retour des diplômés guinéens après une formation au Canada**
*Barry Mamadou Gando*
Quelles sont les motivations des étudiants guinéens à poursuivre leurs études au Canada ? Quelles raisons ont poussé certains diplômés à prendre le chemin du retour après leur formation au Canada et d'autres à demeurer dans le pays d'accueil ? Après avoir répondu à ces questions, l'auteur s'est intéressé à l'insertion ou réinsertion sociale, familiale et professionnelle des diplômés retournés en Guinée ou installés au Canada.
*(Coll. Études africaines, 25.00 euros, 254 p.)*
*ISBN : 978-2-343-05707-1, ISBN EBOOK : 978-2-336-37489-5*

**LA GUINÉE FACE À SES PRISONS**
**Rapport de la Commission pénitentiaire**
*Membres de la Commission pénitentiaire du ministère de la Justice de la République de Guinée*
*Avant-propos de Mamadou Aliou Barry*
Dans le souci d'évaluer objectivement la lutte pour l'amélioration des conditions générales de détention, la Commission pénitentiaire a mené une enquête dans les centres de détention opérationnels du pays. Ce rapport, assorti de recommandations, est publié dans le but de permettre au gouvernement et à l'Assemblée nationale d'avoir en leur possession des informations à jour afin d'agir efficacement pour l'amélioration du système pénitentiaire guinéen et la professionnalisation des agents des services pénitentiaires.
*(Coll. Harmattan Guinée, 13.50 euros, 122 p.)*
*ISBN : 978-2-343-05881-8, ISBN EBOOK : 978-2-336-37244-0*

**FRIA, UNE HISTOIRE DE RÉUSSITES ET DE RENDEZ-VOUS MANQUÉS**
*Souaré Sékou - Préface d'Alfa Oumar Rafiou Barry*
Ce livre est constitué pour l'essentiel des mémoires de l'auteur sur cette usine d'alumine. Il retrace l'histoire de la société (de Pechiney à Rusal), depuis ses origines, en passant par la présentation de

ses différents gestionnaires ainsi que les crises traversées. L'accent est mis sur les enjeux techniques, la formation, et surtout la problématique de la pérennité d'une industrie de transformation de bauxite en Guinée.
*(Coll. Harmattan Guinée, 13.00 euros, 104 p.)*
*ISBN : 978-2-343-05097-3, ISBN EBOOK : 978-2-336-36872-6*

**INDÉPENDANCE (L') DE LA GUINÉE EN 1958**
**Chronologie et commentaires**
*Keita Sidiki Kobélé*
L'auteur de ce livre a choisi l'année 1958, l'une des plus controversées de l'histoire de l'indépendance guinéenne, pour démontrer ses théories : l'histoire véritable doit refuser de céder sa place à la légende, à l'affabulation, aux chroniques arrangées. Elle doit, pour ce faire, exiger l'approfondissement des recherches documentaires afin de mieux appréhender tous les tenants et les aboutissants ou tous les aspects d'un fait.
*(25.00 euros, 252 p.)*
*ISBN : 978-2-343-04646-4, ISBN EBOOK : 978-2-336-36704-0*

**TOURBILLON (LE) VERS LA SORTIE**
*Barry Aminata*
Ce troisième épisode de *Tourbillon* marque le point final d'un vécu décrit dans une tourmente politico-sociale. L'auteur a voulu être le témoin d'une histoire, la sienne, qui s'est déroulée en Guinée.
*(Coll. Harmattan Guinée, 14.00 euros, 136 p.)*
*ISBN : 978-2-343-05387-5, ISBN EBOOK : 978-2-336-36797-2*

**FORMATION INITIALE DES MAÎTRES EN GUINÉE ET ENJEUX DE LA SCOLARISATION PRIMAIRE UNIVERSELLE**
*Diané Baba - Préface Hadja Aida Bah Diallo*
Ce livre tente d'apporter des réponses à plusieurs questions que soulève l'introduction, dans le système guinéen de formation des maîtres, d'un programme novateur. Des interrogations fondamentales se posent pour baliser le dispositif de formation des instituteurs. Ce livre questionne le processus d'administration du modèle en termes d'efficacité interne et externe, de pertinence, de cohérence, d'apprentissage et de transfert.
*(Coll. Harmattan Guinée, 25.00 euros, 246 p.)*
*ISBN : 978-2-343-05098-0, ISBN EBOOK : 978-2-336-36433-9*

**MON CAHIER DE MORALE**
**Cours de morale dispensés par Germaine Legoff à l'ENRJF de Rufisque (1944-1945)**
*Bah Hadja Nima - Préface de Boubacar Diallo*
En ce début de XXIe siècle, la Guinée traverse une crise sociale, politique, économique et culturelle d'une ampleur sans précédent. Ce constat atteste qu'il y a un déficit en matière d'éducation civique et morale (ECM). Face à cette situation, l'auteur, ancienne Rufisquoise, apporte son expérience de «legoffienne». Elle met à notre disposition son cahier de morale de l'École Normale Supérieure de jeunes filles de Rufisque. Ces cours ont été conduits de main de maître par Germaine Legoff, l'éducatrice mythique.
*(Coll. Harmattan Guinée, 11.50 euros, 86 p.)*
*ISBN : 978-2-343-03333-4, ISBN EBOOK : 978-2-336-36315-8*

**L'HARMATTAN ITALIA**
Via Degli Artisti 15; 10124 Torino
harmattan.italia@gmail.com

**L'HARMATTAN HONGRIE**
Könyvesbolt ; Kossuth L. u. 14-16
1053 Budapest

**L'HARMATTAN KINSHASA**
185, avenue Nyangwe
Commune de Lingwala
Kinshasa, R.D. Congo
(00243) 998697603 ou (00243) 999229662

**L'HARMATTAN CONGO**
67, av. E. P. Lumumba
Bât. – Congo Pharmacie (Bib. Nat.)
BP2874 Brazzaville
harmattan.congo@yahoo.fr

**L'HARMATTAN GUINÉE**
Almamya Rue KA 028, en face
du restaurant Le Cèdre
OKB agency BP 3470 Conakry
(00224) 657 20 85 08 / 664 28 91 96
harmattanguinee@yahoo.fr

**L'HARMATTAN MALI**
Rue 73, Porte 536, Niamakoro,
Cité Unicef, Bamako
Tél. 00 (223) 20205724 / +(223) 76378082
poudiougopaul@yahoo.fr
pp.harmattan@gmail.com

**L'HARMATTAN CAMEROUN**
BP 11486
Face à la SNI, immeuble Don Bosco
Yaoundé
(00237) 99 76 61 66
harmattancam@yahoo.fr

**L'HARMATTAN CÔTE D'IVOIRE**
Résidence Karl / cité des arts
Abidjan-Cocody 03 BP 1588 Abidjan 03
(00225) 05 77 87 31
etien_nda@yahoo.fr

**L'HARMATTAN BURKINA**
Penou Achille Some
Ouagadougou
(+226) 70 26 88 27

**L'HARMATTAN SÉNÉGAL**
10 VDN en face Mermoz, après le pont de Fann
BP 45034 Dakar Fann
33 825 98 58 / 33 860 9858
senharmattan@gmail.com / senlibraire@gmail.com
www.harmattansenegal.com

**L'HARMATTAN BÉNIN**
ISOR-BENIN
01 BP 359 COTONOU-RP
Quartier Gbèdjromèdé,
Rue Agbélenco, Lot 1247 I
Tél : 00 229 21 32 53 79
christian_dablaka123@yahoo.fr

Achevé d'imprimer par Corlet Numérique - 14110 Condé-sur-Noireau
N° d'Imprimeur : 127888 - Dépôt légal : avril 2016 - *Imprimé en France*

www.ingramcontent.com/pod-product-compliance
Lightning Source LLC
LaVergne TN
LVHW010021081026
849535LV00016B/2577